**COLECCIÓN
LA MUCHACHA DE DOS CABEZAS**

DESOBEDIENCIA
ANTOLOGÍA DE ENSAYOS POLÍTICOS
HENRY DAVID THOREAU

TRADUCCIÓN Y NOTAS DE LAURA NARANJO GUTIÉRREZ,
CARMEN TORRES GARCÍA Y MARCOS NAVA GARCÍA

errata naturae

PRIMERA EDICIÓN: octubre de 2015

© de la traducción de «Economía» y «Leyes superiores», Marcos Nava
© de la traducción del resto de textos, Laura Naranjo y Carmen Torres
© Errata naturae editores, 2015
C/ Maestro Arbós 3, 3º, 310
28045 Madrid
info@erratanaturae.com
www.erratanaturae.com

ISBN: 978-84-16544-02-8
DEPÓSITO LEGAL: M- 29978-2015
CÓDIGO BIC: JP
DISEÑO DE PORTADA E ILUSTRACIONES: David Sánchez
MAQUETACIÓN: María O'Shea
IMPRESIÓN: Kadmos
IMPRESO EN ESPAÑA – PRINTED IN SPAIN

Índice

PRÓLOGO DE LOS EDITORES   9

EL ESPÍRITU COMERCIAL DE LOS TIEMPOS MODERNOS   15

LA BARBARIE DE LOS ESTADOS CIVILIZADOS   19

¿QUÉ PERSIGUEN LOS HOMBRES?   23

LA VERDADERA JUSTICIA   27

DEFENSA DE LA EDUCACIÓN UNIVERSAL   31

WENDELL PHILLIPS ANTE EL LYCEUM DE CONCORD   33

CONTRA LOS REFORMADORES   39

DESOBEDIENCIA CIVIL   57

LA ESCLAVITUD EN MASSACHUSETTS   87

ECONOMÍA   107

LEYES SUPERIORES   197

DEFENSA DEL CAPITÁN BROWN   211

EL MARTIRIO DE JOHN BROWN   243

LOS ÚLTIMOS DÍAS DE JOHN BROWN   249

UNA VIDA SIN PRINCIPIOS   259

PRÓLOGO DE LOS EDITORES

Como todos los grandes filósofos, Ralph Waldo Emerson también dijo alguna tontería. Por ejemplo ésta, referida a Henry David Thoreau y escrita en el panegírico que publicó tres días después de la muerte de su discípulo: «No tuvo tentaciones contra las que luchar, ni apetitos, ni pasiones». Como si la tentación de vivir una vida a la espigada altura de sí mismo no fuera una pasión extrema, potencialmente demoledora, que mantuvo a Thoreau siempre en guardia y en tensión para no ceder a la posibilidad de vivir una vida ajena, impropia, una vida que otros se habrían ocupado de pensar, pautar y cercar.

¿Cómo debería vivir mi vida? Ésta fue la gran pregunta que Thoreau acechó, o por la que fue acechado, durante toda su existencia. Una pregunta que, en ocasiones, orillaba también la cuestión política que aborda este volumen. Aunque no de la manera en la que quizás a veces, por mera inercia, podríamos pensar. Al fin y al cabo, como el propio Thoreau admitía en una carta fechada en 1856, apenas unos años antes de su muerte, en general no hacía demasiado caso de la política. Pero ¿qué entendía Thoreau por «política» cuando afirmaba de este modo su desinterés? Seguramente se refería a los grandes titulares de los periódicos, moribundos a las pocas horas, cuya lectura no recomendaba a todos aquellos que apreciaran su tiempo y sospecharan algo sobre el valor irreemplazable de la existencia; o a los correteos y comparsas de Washington y a su avejentada interpretación de la democracia, aun siendo ésta allí tan escandalosamente joven;

o a las campañas, las promesas, los votos, los fraudes, las decepciones y las nuevas campañas, como la rueda destructora del dios Taranis. De hecho, Thoreau, como muchos de sus contemporáneos de mediados del siglo XIX en Estados Unidos, sentía una profunda desafección por esa política y sus políticos, seguramente como consecuencia de la rápida extensión de la corrupción en las novísimas instituciones gubernamentales y de las sucesivas e incumplidas promesas presidenciales, sobre todo por parte de Andrew Jackson, relativas a la devolución del poder a los ciudadanos. Un contexto que sin duda nos resulta familiar.

Quizás por todo ello, Thoreau se interesó por la política en la medida y en las ocasiones en que la realidad lo empujó, por así decirlo, a vivir políticamente y a abandonar los espacios naturales y salvajes en los que pasaba buena parte de su tiempo y en los que el Estado le resultaba invisible y su acción, desprovista de fuerza y alcance. Al fin y al cabo, Thoreau se encaró con lo político como con todo lo demás: haciendo un ejercicio de pensamiento que respondía de forma estricta a su propia experiencia, es decir, pensaba aquello que vivía y, al mismo tiempo, vivía tal como pensaba. En este sentido, Thoreau no fue un gran lector de la historia del pensamiento político y pocas son las referencias a esta tradición que aparecen en sus escritos. Su reflexión política se presenta así como un relámpago, como una iluminación súbita y discontinua, sin interés alguno en la sistematicidad o la coherencia, más allá de la coherencia consigo mismo y su propia vivencia. Y si hoy en día Thoreau es un clásico del pensamiento político y un referente inexcusable para los debates sobre la desobediencia civil o las relaciones entre el Estado y el individuo, sería sin duda para su propia sorpresa, después de publicar apenas un par de libros en su vida, y uno de ellos a su costa y endeudándose dolorosamente a causa de sus ínfimas ventas.

Así, en sus ensayos políticos Thoreau siempre habla de un modo u otro desde la primera persona, y las grandes preguntas que atraviesan su reflexión (¿cuál es la responsabilidad individual en relación con la injusticia social?, ¿cuál es el fundamento y el límite de la obediencia de los ciudadanos en relación con la autoridad política?, ¿puede justificar la libertad el uso de la violencia?, ¿cuáles son nuestras verdaderas necesidades y quién debe garantizarlas?) derivan de forma directa y necesaria de su propia biografía. A este respecto, es interesante recordar que Cynthia, la madre de Thoreau, a la que éste adoraba, fue fundadora de la Sociedad Femenina Antiesclavista de Concord, y la casa familiar fue refugio en innumerables ocasiones de esclavos fugitivos con los que Thoreau convivió desde niño. Más tarde él mismo ayudó a muchos de ellos (por ejemplo, enseñándoles a orientarse de noche en los bosques gracias a las estrellas, de modo que pudieran alcanzar la frontera canadiense), y terminó escribiendo algunos de los textos más osados y de mayor alcance reivindicativo de cuantos reclamaron el fin de la esclavitud en Estados Unidos, tal como pueden leerse en el presente volumen.

El padre de Thoreau, por su parte, fue comerciante, siempre tras el negocio de su vida. Y el primer ensayo de cierta relevancia de su hijo, escrito a los veinte años y que abre este libro, fue «El espíritu comercial de los tiempos modernos»: una crítica mordaz y acerada de la economía de su tiempo y de los hombres que la amparaban desde las oficinas de sus empresas, sus fábricas y sus comercios a lo largo y ancho del país, obsesionados con las supuestas bondades del trabajo y con la búsqueda ilimitada de los beneficios. Poco después de escribir este texto, y a requerimiento de su padre, Thoreau trabajó en el nuevo negocio familiar, una fábrica de lápices. Una vez allí revolucionó el sistema de fabricación del grafito gracias a una serie de innovaciones de carácter experimental y creativo: desde entonces y durante décadas fueron los lápices de mayor calidad de Estados Unidos, sólo comparables a los Faber-Castell alemanes. Aunque Thoreau no disfrutó del «éxito», pues abandonó la fábrica en cuanto el nuevo sistema estuvo en marcha y la exigencia paterna cumplida, deseoso de volver a estar a la altura de su propia vida, que poco tenía que ver con los réditos de la actividad industrial y las interminables jornadas en el taller alejado de la naturaleza. ¿Se vislumbran en esta secuencia familiar los orígenes de la intemperante reflexión de Thoreau contra el paternalismo del Estado y sus injerencias en la inalienable autonomía del individuo? Quién sabe.

Fiel en cualquier caso a la inextricable relación de su vida y su pensamiento, Thoreau trabajaba sus textos de manera absolutamente cotidiana, día a día y sin programa alguno, anotando ideas, sueños y citas en su diarios, que se convertían en un auténtico semillero del que brotaban después, a veces mucho después, todos sus ensayos. Y en el caso de aquellos de alcance político, es interesante reseñar que prácticamente todos ellos acabaron obteniendo forma como lecturas públicas en el Lyceum de Concord, es decir: que sólo fueron definitivamente escritos en la medida en la que iban a convertirse en un verdadero cara a cara con la sociedad a la que esos mismos textos juzgaban, y en muchos casos reprobaban y desenmascaraban. Sin ese impulso hacia la comunidad y la discusión, seguramente no habrían pasado de ser unas cuantas notas sueltas y privadas. Los de Thoreau son, por tanto, ensayos políticos en el sentido más radical del término.

Así, «Economía» fue leído ante sus conciudadanos de Concord en 1847, si bien el texto fue escrito a partir de las anotaciones y vivencias de Thoreau durante los dos años previos, que pasó en la famosa cabaña alzada junto a la laguna de Walden. Un año después leyó en esa misma tribuna del Lyceum «The Rights and Duties of the Individual in Relation to Government», que un año después sería publicado bajo el título de «Resistance to Civil Government», y finalmente reeditado, en 1866 y ya de forma póstuma, bajo el título por el que lo conocemos hoy, «Desobediencia civil». El texto parte del arresto sufrido por Thoreau tras negarse a pagar un impuesto para financiar al Gobierno. Sus razones eran nítidas y contundentes: la guerra contra México librada por Estados Unidos era para Thoreau una guerra esclavista y no estaba dispuesto a apoyar con su dinero a un Estado que consentía la esclavitud de seres humanos. Lo cierto es que la esclavitud estaba prohibida en los estados del Norte, pero la Constitución no establecía nada con relación a los nuevos territorios o estados. De modo que, tal como auguraron Thoreau y muchos otros, cuando Estados Unidos ganó la guerra y se anexionó Texas, este territorio se convirtió en un nuevo e inmenso estado esclavista bajo el amparo del gobierno federal.

De la misma manera, «Una vida sin principios» fue leído en el Lyceum en 1854; «La esclavitud en Massachusetts» durante un mitin antiesclavista celebrado poco después en Framingham; «Defensa del capitán Brown» fue leído en diversos auditorios en 1859; y «Los últimos días de John Brown» fue escrito para ser leído durante el entierro de John Brown en 1860. Por tanto, como se puede ver, prácticamente todos los grandes textos políticos de Thoreau fueron en realidad declaraciones públicas, aperturas al debate y llamamientos deliberados a la conciencia política y al deber cívico de sus conciudadanos en relación con los grandes temas y discusiones de la época: la guerra, la barbarie, la esclavitud, la objeción de conciencia, la desobediencia civil, la naturaleza de la libertad, los límites de la autonomía individual o la legitimidad de la violencia.

A pesar de todo ello, a pesar de la vocación evidentemente comunitaria y práctica de su pensamiento y sus escritos, Thoreau ha sido acusado en innumerables ocasiones de «purismo individualista», de «no tener en cuenta la imbricación de las fuerzas sociales», de «mantenerse en un contexto abstracto». Es cierto que Thoreau primó la dimensión individual y moral del sujeto, así como la autoridad de la conciencia sobre la acción del individuo y frente a toda restricción institucional, pero no rescindió por ello el contrato cívico que lo unía con la sociedad ni la aspiración a conformar sutiles alianzas insurgentes con aquellos con quienes compartía su tiempo. Ni siquiera cuando se retiró a la cabaña de la laguna pasó más de una semana sin acercarse a Concord, a apenas una milla y media de distancia, o sin recibir una visita. Es cierto que odiaba la mera idea de formar parte de cualquier colectivo con nombre o apartado de correos, pero consideraba la amistad, esa forma más elevada y sutil de asociación, un auténtico regalo de los dioses.

En términos políticos, Thoreau fue sin duda un disidente e impregnó sus escritos con una fuerza tonificante que, aún hoy, anima nuestro propio espíritu de la resistencia y sostiene nuestra guardia en alto, algo quizás más necesario que nunca en una sociedad dominada por el control blando pero ubicuo de cada opinión y cada deseo. A la manera de la famosa divisa de *Walden* —«simplifica, simplifica»—, la propuesta de Thoreau, incluida su propuesta política, es simple, en el mejor sentido de la palabra: nos sugiere rechazar las falsas bondades de la civilización (la riqueza, el poder, el industrialismo, el éxito, el intelectualismo) y acercarnos a los verdaderos dones de la naturaleza (la simplicidad, la sobriedad, la belleza, la imaginación, la vida). Y la excepcionalidad de Thoreau reside en haber llevado a cabo esta propuesta no tanto por medio de una obra como de una vida filosófica, en la que sus escritos ocupan el lugar de auténticas experiencias vitales.

EL ESPÍRITU COMERCIAL
DE LOS TIEMPOS MODERNOS

Con razón se ha dicho que la historia del mundo es la historia del progreso de la humanidad; cada época se caracteriza por algún desarrollo peculiar, por algún elemento o principio que va evolucionando continuamente gracias a los trabajos y esfuerzos simultáneos, si bien inconscientes e involuntarios, de la mente humana. A través del estudio minucioso y de la observación, se ha descubierto que la principal característica de nuestra época es la libertad perfecta: la libertad de pensamiento y de acción. El griego indignado, el polaco oprimido y el americano celoso coinciden en esto. Tanto el escéptico como el creyente, tanto el hereje como el fiel hijo de la Iglesia han empezado a disfrutar de ella. Ha generado un grado inusual de energía y actividad: ha generado el *espíritu comercial*. El hombre piensa más rápido y más libremente que nunca. Además, se mueve más rápido y con mayor libertad. Es más inquieto, pues goza de una independencia de la que no había disfrutado jamás. Ya no le basta con el viento y las olas: debe vaciar las entrañas de la tierra para construir un camino de hierro en su superficie.

Si alguien examinara esta colmena nuestra desde un observatorio entre las estrellas, percibiría un insólito grado de agitación en los últimos años. En una celda habría martilleo y corte, horneado y fermentación, y, en otra, compraventa, cambio de divisas y declamación de discursos. ¿Qué impresión recibiría de una observación tan general e imparcial? ¿Le parecería que la humanidad está usando este mundo sin abusar de él? Sin duda, primero se asombraría ante la profusa belleza de nuestro orbe; nunca se cansaría de admirar sus variadas regiones y estaciones, con sus cambios de librea. Y no podría evitar fijarse en ese animal inquieto para cuyo beneficio fue inventado, pero, allá donde encontrara a uno capaz de admirar con él su hermosa morada, hallaría a los noventa y nueve restantes rasguñando un poco de polvo dorado de su superficie.

Al considerar la influencia del espíritu comercial en el carácter moral de una nación, sólo hemos de fijarnos en el principio que la rige. Debemos buscar su origen y el poder que lo sigue manteniendo y sustentando, en un ciego y nada varonil amor por la riqueza. ¿Nos hemos preguntado en serio si la prevalencia de semejante espíritu puede ser perjudicial para una comunidad? Lo que está claro es que, dondequiera que exista, se convierte en el espíritu *regidor* y, como consecuencia natural, infunde en nuestros pensamientos y afectos un grado de su propio egoísmo: nos volvemos egoístas en nuestro patriotismo, en nuestras relaciones domésticas y en nuestra religión.

Que los hombres, fieles a su naturaleza, cultiven los afectos morales, que lleven vidas viriles e independientes, que hagan de las fortunas los medios y no los fines de su existencia, y así no volveremos a oír hablar del espíritu comercial. El mar no se estancará, la tierra seguirá siendo tan verde como siempre y el aire será igual de puro. Este mundo curioso en el que habitamos es más maravilloso que conveniente, más bello que útil y, por tanto, existe más para ser admirado y disfrutado que utilizado. Debería alterarse de algún modo el orden de las cosas: el séptimo día debería ser el día de trabajo de los hombres, el día en que se ganasen la vida con el sudor de su frente, y los otros seis días, el domingo de los afectos y del alma, en los que arreglar su extenso jardín y beber de las suaves influencias y sublimes revelaciones de la Naturaleza.

Pero hasta el mayor esclavo de la avaricia, el más ferviente y egoísta adorador del becerro de oro, trabaja sin descanso por otros propósitos que la mera adquisición de las cosas buenas de este mundo: se está preparando, gradual e inconscientemente quizás, para vivir una vida más intelectual y espiritual. Aunque quiera, y por muy degradada y sensual que sea su experiencia, el hombre no puede escapar a la Verdad. Sobre el estruendo y el bullicio del comercio, la Verdad se hace oír por el comerciante en su mesa o por el avaro que cuenta sus ganancias, así como en el retiro del estudio, por su humilde y paciente seguidor.

Sin embargo, en este asunto no todo son sombras, también hay luces: el espíritu que estamos considerando no es malo siempre y sin excepción. De hecho, nos alegramos de que sea un indicio más de la libertad completa y universal que caracteriza la época en la que vivimos, un indicio de que la especie humana está dando un paso más en esa infinita serie de progresos que le aguarda. Nos alegramos de que la historia de nuestra época no vaya a constituir un capítulo estéril en los anales del mundo, de que el progreso que registre sea, casi con total seguridad, general y rotundo. Nos regodeamos en esos mismos excesos que son fuente de ansiedad para el bueno y el sabio como prueba de que el hombre no siempre será esclavo de lo material, sino que, dentro de poco, al desechar esos deseos terrenales que lo identifican con las bestias, pasará los días de su estancia en este su paraíso inferior como correspondería al mismísimo Señor de la Creación.

LA BARBARIE
DE LOS ESTADOS CIVILIZADOS

La justicia de la reivindicación de una nación para que se la considere civilizada parece depender, principalmente, del grado en que el Arte ha triunfado sobre la Naturaleza. La cultura, implícita en el término «Civilización», es la influencia que el Arte, y no la Naturaleza, ejerce en el hombre. Éste mezcla su propia voluntad con las esencias inalteradas que lo rodean y se convierte, a su vez, en la criatura de sus propias creaciones.

El fin de la vida es la educación. Una educación es buena o mala según la disposición o estado mental que induce. Si tiende a abrazar y desarrollar el sentimiento espiritual, a recordarle continuamente al hombre su misteriosa relación con lo divino y la Naturaleza y a exaltarlo por encima del trabajo duro y penoso de este mundo prosaico, es bueno. Creo que la civilización no sólo no cumple esta premisa, sino que es directamente contraria a ella. El hombre civilizado es el esclavo de la materia. El arte pavimenta la tierra, no sea que se manche las suelas de los zapatos; construye paredes, de modo que no ve el cielo; año sí, año no, el sol sale en vano para él, la lluvia cae y el viento sopla, pero no le llegan. Desde su tipi de ladrillo y mortero, alaba a su Creador por el agradable calor de un sol que nunca ve o por la fertilidad de una tierra que pisa con desprecio. ¿Quién dice que esto no es una pantomima?

Basta ya de las influencias del Arte.

Nuestros toscos antepasados tenían visiones abiertas y amplias de las cosas, rara vez estrechas o parciales. Se entregaban por completo a la Naturaleza: contemplarla era parte de su alimento diario. Ella era formidable, como sus ideas. No se puede convencer al habitante de una montaña de que utilice un microscopio; está acostumbrado a abarcar imperios de un solo vistazo. La naturaleza está continuamente ejerciendo una influencia moral sobre el hombre, se acomoda a su alma, de ahí que las ideas de este último sean tan gigantescas como sus montañas. Podemos ver un ejemplo de esto si desviamos la mirada hacia los baluartes de la libertad: Escocia, Suiza y Gales.

¿Puede el Arte idear algo más formidable que los Alpes? ¿Hay algo más sublime que el trueno entre las montañas?

El salvaje es amplio de miras; su mirada, como la del poeta:

Va alternativamente de los cielos a la tierra y de la tierra a los cielos[1].

Se adentra así en el futuro y deambula con tanta familiaridad por la tierra de los espíritus como el hombre *civilizado* por su parcela arbolada o por sus jardines de esparcimiento. Su vida es poesía hecha realidad, una epopeya perfecta: la tierra entera es su terreno de caza, vive veranos e inviernos, el sol es su reloj y él se dirige hacia su salida o su puesta, hacia la morada del invierno o hacia la tierra de donde procede el verano. Nunca se detiene a escuchar el trueno, pero éste le recuerda al Gran Espíritu: es su voz. Para él, la centella no es tan terrible como sublime, el arcoíris no es tan bello como maravilloso, el sol no es tan cálido como glorioso.

El salvaje muere y es enterrado, duerme con sus ancestros y en pocos inviernos su polvo vuelve al polvo y su cuerpo se mezcla con los elementos. El hombre civilizado no puede dormir

---

[1] Cita de William Shakespeare, *El sueño de una noche de verano*, acto V, escena 1. (Todas las notas de esta edición, salvo que se indique lo contrario, son de sus traductores).

ni en su tumba. Ni siquiera allí tienen descanso los agotados ni el malvado deja de perturbar. Con el martilleo de la piedra y el chirriar de los pernos, los propios gusanos se sienten casi engañados. El Arte erige su monumento, el conocimiento contribuye a su epitafio y el interés añade el *Carey fecit* como freno conveniente a las emociones sobrenaturales que, de otra manera, una lectura atenta sugeriría.

Una nación puede ser tremendamente civilizada y, aun así, adolecer de falta de sabiduría. La sabiduría es el resultado de la educación, y la educación, al ser el producto, o el desarrollo, de lo que hay dentro de un hombre, por contacto con el No Yo, está más segura en manos de la Naturaleza que del Arte.

El salvaje puede llegar a ser sabio, y suele serlo. Nuestro indio es más hombre que el habitante de una ciudad. Él vive como un hombre, piensa como un hombre y muere como un hombre. El ciudadano, por su parte, está más instruido, pero la Instrucción es la criatura del Arte y no resulta esencial para el hombre perfecto: la Instrucción no provee Educación alguna. Un hombre puede dedicar sus días al estudio de una única especie de animálculo, invisible a simple vista, y así convertirse en el fundador de una nueva rama de la ciencia, sin haber aportado nada al propósito fundamental por el que le fue concedida la vida.

El naturalista, el químico o el físico no es más hombre por todo el conocimiento que alberga. La vida sigue siendo tan corta como siempre, la muerte igual de inevitable y los cielos igual de lejanos.

¿QUÉ PERSIGUEN LOS HOMBRES?

Todo hombre se encuentra, en mayor o menor medida, sometido al influjo de alguna pasión que lo domina y, de manera casi invariable, siente debilidad por alguna empresa. Esta debilidad, este objeto de deseo y fin de todos sus esfuerzos, ejerce una poderosa influencia sobre sus semejantes al determinar su carácter; así que muchos, cuando se saben poseedores de este conocimiento aparentemente pequeño, creen desentrañar nuestras ideas y sentimientos más íntimos. Cuando oímos decir de un hombre que el dinero es el ídolo que venera y que ha entregado su alma a la persecución de la riqueza, nos imaginamos a alguien en continua lucha por alcanzar algo que está destinado a no conseguir jamás y que no disfruta de la vida tal cual se le ofrece, sino que vive en permanente estado de expectación. En resumen: alguien que ha recreado en su mente un Elíseo imaginario, hacia el que ningún paso adelante le lleva más cerca. En otras palabras: imaginamos a alguien que nunca está satisfecho con la riqueza que ya amasa, sino que espera encontrar al llegar a cierta cima todo lo que desea y al alcance de la mano. Pero, ¡ay!, cuando corona un pico, sólo consigue ver con mayor claridad la inmensa altitud del que le sigue a continuación. Que todo el mundo se avergüence de reconocer esta búsqueda en cuestión como propia es ya un signo más que suficiente para demostrar su vileza.

Los aristócratas dirán lo que quieran, pero la libertad y la igualdad de derechos son y siempre serán gratificantes, hasta que la propia naturaleza cambie; y consideraremos que quien ambiciona ejercer autoridad sobre sus semejantes ha actuado movido por motivos especialmente egoístas. La autogratificación debe ser su único objetivo. Tal vez desee que su nombre pase a la posteridad, que en años venideros digan algo más sobre su persona aparte de que vivió y murió. Puede que lo muevan motivos aún más abyectos, que se deleite en el mero disfrute del poder y sienta una suerte de satisfacción ante la idea de ordenar y ser obedecido. Resulta evidente entonces que él —que así alcanza al fin el culmen de sus deseos— será una maldición para la humanidad. Sus hazañas siempre serán recordadas, pero ¿es eso grandeza? Si es así, prefiero pasar por la vida sin pena ni gloria.

Pero admite que aquéllos pueden conquistar; que éstos pueden engañar;
Es absurdo llamar grande a un villano[1].

Pequeño, muy pequeño es el número de quienes trabajan por el bien común. Parece haber algo noble, algo elevado en abandonar el interés propio en beneficio del de nuestros semejantes, lo que provoca en nosotros sentimientos de admiración y respeto. Quien actúa así es un verdadero patriota, que, al dejar de lado todo pensamiento egoísta y sin que sus benévolas intenciones se vean contaminadas por el pensamiento de la fama que está adquiriendo, continúa con la gran labor que ha asumido con infatigable celo; que es como quien se abre camino a través de un jardín rebosante de frutas de toda clase sin desviarse ni detenerse a contemplar las zarzas que le impiden progresar, sino que avanza con los ojos puestos en la fruta dorada que tiene ante él. Es digno de todo elogio: la suya es sin duda una verdadera grandeza. Está satisfecho consigo mismo y con todo cuanto le

---

[1] Versos pertenecientes al *Ensayo sobre el hombre* de Alexander Pope (1688-1744), epístola IV: «Sobre la naturaleza y estado del hombre con respecto a la felicidad».

rodea y no le perturban *sus* cargos de conciencia, cuyo recuerdo mora con el tormento que deja, aunque

> Una sola hora de trabajo gratificante pesa más que años enteros
> De estúpidos mirones y sonoros vítores[2].

---

[2] Ídem.

LA VERDADERA JUSTICIA

El fin de todo castigo es el bienestar del Estado —el bien de la comunidad en general—, no el sufrimiento de un individuo. Al legislador no le importa lo que un hombre merece, por no hablar de la imposibilidad de fijar dicho punto; sería absurdo aprobar leyes contra la prodigalidad, la falta de caridad y muchos otros defectos de semejante naturaleza, como si fuera posible forzar a un hombre para que lleve una vida virtuosa. Dejaremos esto a un tribunal más alto. Hasta ahora, en lo que respecta únicamente al interés público, el castigo es justificable: si traspasamos cierto límite, nuestra propia conducta se convierte en delictiva. Observemos en primer lugar las consecuencias de la severidad.

¿El rigor del castigo incrementa el temor que opera en nuestra mente para disuadirnos del acto? Definitivamente lo hace si es inevitable. Pero allá donde la muerte es un castigo general, aunque parezca que la severidad trae aparejada cierta ventaja, la incertidumbre que acompaña la ejecución de la ley la contrarrestará con creces. Resulta que en Inglaterra, por ejemplo, donde en los tiempos de Blackstone[1] ciento sesenta delitos se

---

[1] Sir William Blackstone (1723-1780) fue un jurista británico famoso por publicar, bajo el título de *Comentarios sobre las leyes de Inglaterra*, las lecciones que había impartido en Oxford. Sus escritos tuvieron una influencia decisiva en el desarrollo de la Constitución de los Estados Unidos de América. La «fórmula de Blackstone» o «ratio de Blackstone», que, en derecho penal, indica el principio que establece que «es mejor que diez personas culpables escapen a que un inocente sufra», vinculada al principio de inocencia, fue nombrada así en su honor.

consideraban capitales, entre los años 1805 y 1817, de los seiscientos cincuenta y cinco que fueron acusados de robo —ciento trece de los cuales estaban condenados a la pena capital—, ninguno fue ejecutado. Con todo, no podemos condenar la actuación del jurado, la culpable era la ley. Por otro lado, de haber sido segura la muerte, la ley habría existido muy poco tiempo. Los sentimientos de justicia natural y la opinión pública habrían convergido para abolirla. De hecho, allá donde esos delitos considerados capitales conforman una clase numerosa y los ladronzuelos y las falsificaciones de poca monta se elevan a la misma categoría que el asesinato, el allanamiento de morada y otras cosas semejantes, la ley parece frustrar sus propios fines. La parte afectada, movida tal vez por la compasión, se abstiene de interponer una acción judicial y así se permite que numerosos fraudes escapen impunes por falta de un castigo proporcional a la infracción. El jurado, movido igualmente por los mismos motivos, procede como le marcan sus sentimientos. Mientras un delito sea más atroz y denigrante que otro, resulta absolutamente necesario que se establezca una correspondiente distinción al sancionarlos. De lo contrario, si el castigo es el mismo, los hombres llegarán a considerar la culpa igual en cada caso.

Ya basta de que el mal que espera condena rebase la ventaja anhelada. Yo digo que es suficiente con que las consecuencias se cumplan y el beneficio anhelado no se obtenga. Pues esa esperanza de escapar del castigo, una esperanza que nunca abandona al canalla mientras le quede un soplo de vida, es la que lo vuelve ciego a las consecuencias y le permite mirar a los ojos a la desesperación. Quitémosle esta esperanza y descubriremos que la certeza es más efectiva que la severidad del castigo. Ningún hombre se cortará los dedos adrede. Los malhechores suelen pasar de un delito a otro aún más atroz por el propio defecto de la ley, pues el castigo no es mayor, pero la certeza de no ser descubierto aumenta en demasía. En este caso, actúan siguiendo el viejo dicho de que «preso por mil, preso por mil y quinientos». Algunos han preguntado: «¿No se puede sustituir la recompensa por un castigo? ¿Es la esperanza un incentivo menos poderoso para la acción que el miedo? Cuando la farmacopea política se hace con ambos ingredientes, ¿por qué emplear el amargo en lugar del dulce?». Este razonamiento es absurdo. ¿Merece un hombre que se le recompense por abstenerse de cometer un asesinato? ¿Es la mayor virtud meramente negativa o más bien consiste en el cumplimiento de un millar de deberes rutinarios, escondidos a los ojos del mundo? ¿Sería una buena política hacer de la virtud más elevada objeto de recompensa? Me pregunto si el perdón no tendrá un efecto más beneficioso que una ejecución pública sobre las mentes de aquellos a quienes no les afecta de manera inmediata, ya sean hombres honrados o depravados.

Si aceptamos en cualquier caso que el bienestar de la sociedad exige cierto grado de severidad, es fundamental que este grado guarde proporción con el delito. Si se pierde de vista esta correlación, el castigo se vuelve injusto así como inútil. Al igual que tampoco debemos actuar según el principio de que el delito debe evitarse a toda costa, cueste lo que cueste, lo que nos llevaría, obviamente, por mal camino.

DEFENSA DE LA EDUCACIÓN UNIVERSAL

Mantengo que el Gobierno debería proporcionar educación a todos los niños, incluso a aquellos cuyos padres se niegan a hacerlo, y que por lo tanto se crían, o más bien crecen, en la ignorancia. En primer lugar, el bienestar del individuo y, en segundo lugar, el de la comunidad, lo exigen. Educar a los hijos constituye el mismo deber para un padre que proporcionarle alimento y abrigo. Y, ¿de qué depende este último deber? ¿Por qué se ha de alimentar y vestir a un niño sino para permitirle que reciba una educación y haga buen uso de ella? Una educación para cuya propia obtención no está mejor capacitado que para suplir sus necesidades físicas. De hecho, el cultivo de estas necesidades físicas sólo es importante en la medida en que esté al servicio del cultivo del hombre como ser intelectual. Eso nadie lo discute. De amenazar la pobreza o la negligencia con privar al niño de su derecho —un derecho más preciado y más digno de atesorarse y defender que ninguno de los que éste pueda disfrutar—, en ese caso, me parece que es el deber de ese vecino cuyas circunstancias se lo permiten ponerse de parte del niño y desempeñar el papel de un padre. El deber en este caso asciende a obligación moral y es tan legítimo como el deber de conservar la vida del infante cuyos desalmados padres permitirían que se muriera de hambre en una cuneta. ¿Qué provecho obtendría un hombre que tiene suficiente para comer y beber y los medios para vestirse si perdiera su propia alma[1]?

---

[1] Referencia a Marcos 8, 36: «Porque ¿qué aprovechará el hombre, si ganare todo el mundo, y perdiere su alma?». Esta frase aparece también en Mateo 16, 26.

Ante la pasividad del Estado, y en la medida en la que estos vecinos puedan aúnar esfuerzos y aliviar de manera más efectiva al desafortunado mediante una comunidad de buenos oficios, es su deber o, en otras palabras, el deber de la comunidad, hacerlo, de modo que redunde en el bienestar del niño.

Por otro lado, que semejante proceder sea coherente con el bien supremo de la comunidad —es más, que sea esencial al mismo—, difícilmente deja margen a la duda. No acometeré, obviamente, la demostración de que la comunidad debería hacer todo lo posible por su propio bien; esto es por completo innecesario, pues, definitivamente, el bienestar de la posteridad debe someterse a consulta.

WENDELL PHILLIPS[1]
ANTE EL LYCEUM DE CONCORD

Concord, Massachusetts,
12 de marzo de 1845

Señor director:

Por tercer invierno consecutivo, nuestros espíritus se han visto renovados y nuestra fe en el destino de Massachusetts fortalecido por la presencia y la elocuencia de Wendell Phillips, a quien brindamos todo nuestro agradecimiento y nuestra simpatía. Una parte respetable de nuestros conciudadanos se mostró reticente a admitir a este caballero en el Lyceum, conciudadanos que, confiamos, como estamos seguros de que al menos harán sus descendientes, sabrán mantener la compostura en todo momento cada vez que éste sea el orden del día. En todo caso, la gente votó que se le oiría y que ellos mismos acudirían al salón de actos, traerían a sus amigos consigo y guardarían silencio para que, efectivamente, se le pudiera oír. Fuimos testigos de cómo algunos, tanto hombres como mujeres, que hacía mucho tiempo que habían *salido* de entre estas filas[2], volvían a franquear

---

[1] Wendell Phillips (1811-1844), abogado, político y reformador social, fue un firme defensor de la causa del abolicionismo y de los indígenas norteamericanos. Miembro de la Sociedad Antiesclavista Estadounidense, fue su presidente desde 1865 y estuvo considerado el mejor orador de la Sociedad. Antes de esta fecha, ya había hablado en el Lyceum de Concord en dos ocasiones: el 21 de diciembre de 1842 y el 18 de enero de 1844. Su tercera intervención, el 11 de marzo de 1845, es la que recoge Thoreau en el texto que nos ocupa.

[2] Thoreau se refiere aquí a los *come-outers*, epíteto acuñado en la década de 1830 para designar a los abolicionistas que se salían de las organizaciones establecidas, como la Iglesia o el

las libres y hospitalarias puertas del Lyceum y un gran número de nuestros vecinos confesó que esta vez habían disfrutado de una «ocasión honorable».

La intención del orador fue mostrar lo que el Estado y, sobre todo, la Iglesia, tenían que ver —y lo que, por desgracia, siguen teniendo que ver— con Texas y la esclavitud y, por otra parte, lo mucho que el individuo debería tener que ver con la Iglesia y el Estado. Ambos, temas oportunos y de suprema importancia. Sus palabras iban dirigidas a «un auditorio favorable y no poco numeroso»[3].

Debemos reconocer que el señor Phillips es un hombre puro y recto, lo que una vez llegó a considerarse un hombre consecuente. Es obvio que él no es responsable de la esclavitud, ni de la independencia americana, ni de la hipocresía y la superstición de la Iglesia, ni de la pusilanimidad y el egoísmo del Estado, ni de la indiferencia y la servil ignorancia de algunos. Se erige con tanta claridad, firmeza y eficacia por sí solo —y un hombre honesto es mucho mejor que un ejército— que no podemos sino sentir que está siendo injusto consigo mismo cuando nos recuerda la «sociedad americana a la que representa»[4]. No es frecuente que gocemos del placer de escuchar a un orador tan claro y ortodoxo, cuya naturaleza moral, salta a la vista, está prácticamente exenta de fisuras y grietas; un orador que, aunque domine las palabras en grado sumo, posee mucho más que palabras, si acaso éstas fracasaran, en su incuestionable franqueza e integridad, y que se ha ganado el legítimo respeto del público, más allá de la

---

Gobierno, para protestar contra la falta de una oposición firme que hiciera frente a la esclavitud. El término procede de la segunda carta a los corintios, 6, 17: «Por tanto, salid de entre ellos y apartaos, dice el Señor. No toquéis cosa impura y yo os acogeré».

[3] Alusión a *El paraíso perdido* de Milton, VII, 31: «Urania, and fit audience find, though few» [Urania, dame un auditorio propicio, aunque escaso en número].

[4] Es probable que Phillips utilizara una frase parecida a la que había empleado ante la Sociedad Antiesclavista Estadounidense en Nueva York el 7 de mayo de 1844, cuando se refirió a «nosotros, los representantes oficiales de la sociedad americana».

admiración que a éste pueda despertarle su retórica. De manera inconsciente, va desvelándonos su biografía conforme habla y no tardamos en verlo deliberar con tesón sobre estos temas y, sabia y valientemente, sin consejo ni consentimiento de nadie, apuntalarse sobre un buen fundamento, del que las volubles corrientes de la opinión pública no lograrán arrastrarlo.

Nadie podría poner en entredicho la genuina modestia y la verdad con las que afirmó, refiriéndose a los artífices de la Constitución: «Yo soy más inteligente que ellos», pues con él ha mejorado la experiencia de estos sesenta años que la carta lleva en vigor; ni tampoco la intransigente coherencia y franqueza de aquella plegaria que concluía, no con un «Dios salve a la Commonwealth de Massachusetts»[5], como las proclamas de Acción de Gracias, sino con el deseo de que Dios la haga añicos hasta que no quede un solo fragmento[6] en el que un hombre plante el pie sin atreverse a revelar su verdadero nombre —refiriéndose al caso de Frederick * * *[7]—, a quien, para nuestra desgracia, ni siquiera sabemos cómo llamar, a menos que Escocia nos preste los despojos de alguno de sus famosos Douglass, histórico o ficticio, durante una temporada, hasta que seamos lo bastante hospitalarios y valientes para atrevernos a oír su verdadero nombre sin escandalizarnos: el de un esclavo fugitivo, en mayor grado que nosotros, que ha demostrado poseer un intelecto *justo* y se ha labrado una reputación sin distinción de colores por estos lares

---

[5] Frase extraída de la «Proclamation for a Public Day of Thanksgiving» de John Hancock (1737-1793), publicada el 5 de octubre de 1791.
[6] Reminiscencia de la frase: «No quedará piedra sobre piedra que no sea derribada», que aparece, con variantes, en los cuatro Evangelios.
[7] Frederick Douglass (1818-1895) fue un abolicionista, orador y escritor afroamericano, uno de los más importantes de su época y de toda la historia de Estados Unidos. Esclavo de nacimiento, su verdadero nombre era Frederick Augustus Washington Bailey, que cambió por el de Frederick Douglass cuando estuvo viviendo en New Bedford de 1838 a 1841. En el año 1845 se publicó su autobiografía: *The Narrative of the Life of Frederick Douglass, An American Slave, Written by Himself.*

y que, confiamos, estará tan por encima de la degradación que suscita la simpatía por la Libertad como de la que suscita la antipatía por la Esclavitud. Cuando el otro día —continuó el señor Phillips— este hombre le comunicó al público de New Bedford su propósito de poner por escrito su vida y revelar su verdadero nombre, así como el nombre de su amo y el del lugar de donde huyó, un murmullo se propagó por toda la sala y los hijos de los Peregrinos se susurraron nerviosos unos a otros: «¡Más le vale no hacerlo!», y su eco retumbó bajo la sombra del Monumento de Concord[8]: «¡Más le vale no hacerlo!».

De buena gana expresamos nuestro reconocimiento a la libertad y a la firme sabiduría, tan escasas entre los reformadores, con las que Phillips declaró que no había nacido para abolir la esclavitud, sino para hacer el bien. Hemos oído a pocos, poquísimos buenos oradores políticos que supieran deleitarnos con ingenio y grandes facultades intelectuales, con el tesón del soldado y con una oratoria elegante y natural, pero al público no le cuesta detectar en este hombre una especie de principio moral y una integridad más firmes que el tesón de esos oradores, más juiciosos que su propio intelecto y más elegantes que su propia retórica y que no están al servicio de fines provisionales ni triviales. Es tan raro y alentador al mismo tiempo escuchar a un orador que prefiere cualquier otra alianza a la del partido de la gente y que no comulga con la escuela de los mártires, que se permite a veces ser su propio oyente si la multitud se aleja de él y que no duda en oírse a sí mismo sin reprobaciones, que corremos el riesgo de deshonrar a toda la humanidad cuando afirmamos que hemos encontrado a uno que es orador elocuente y hombre de bien a la vez.

Quizá la conclusión más interesante que podamos sacar de sus discursos sea la disposición de la gente en general, o de cualquier

---

[8] Monumento realizado en 1837 para conmemorar el sitio de la batalla del 19 de abril de 1775, en la que quinientos milicianos repelieron con éxito a los británicos en Concord.

secta o grupo en particular, para acoger, con buena voluntad y hospitalidad, las opiniones más revolucionarias y heréticas cuando éstas se expresan francamente, de manera adecuada y con cierta animosidad. Esta declaración de intenciones tan clara y sincera sirvió como un electuario para estimular y aclarar la mente de cada uno de los presentes y armarla con un nuevo argumento en favor de ese bien que Phillips persigue.

Consideramos que el señor Phillips es uno de los más destacados y eficientes defensores de una verdadera Iglesia y de un auténtico Estado en la actualidad y por eso le decimos, a él y a los que son como él: «¡Que Dios os acompañe!». Si entre las filas de sus adversarios conocen ustedes a algún paladín que ostente el valor y la cortesía de un caballero pagano, o las virtudes cristianas y el refinamiento de este caballero, nos harán un favor enviándolo a estos campos de inmediato, donde la liza está abierta y será recibido hospitalariamente. Pues, hasta ahora, el caballero de la cruz roja[9] sólo nos ha enseñado el emblema galante de su escudo y su admirable manejo del corcel cuando corcovea y hace cabriolas en la liza vacía, y estamos ansiosos por ver quién cae primero al suelo cuando llegue la hora de romper la lanza.

---

[9] Alusión al Caballero de la Cruz Roja de la obra *La reina de las hadas*, de Edmund Spenser (1552-1599).

CONTRA LOS REFORMADORES

Los reformadores son, sin duda, los verdaderos ancestros de la próxima generación; los conservadores pertenecen a una familia en decadencia y no han aprendido que «aquel que quiera salvar su vida, la perderá»[1]. Ambos están enfermos, pero ya uno de ellos se halla convaleciente. Su enfermedad no es orgánica, pero sí grave, y ansía con esperanza que llegue la primavera. No padece ningún trastorno incurable, ni la peste ni la tisis; sus males son la tradición, la conformidad y la infidelidad. Sin embargo, el otro aún recibe con paciencia los brebajes del matasanos y se espera que empeore. Las cabezas de los conservadores parecen endebles y deficientes y hacen gala de una cierta inmadurez y sinuosidad, como si se las hubiera expuesto prematuramente por uno o ambos lados o sus componentes se hubieran arracimado a la fuerza, como cuando se forman varias nueces bajo la misma corteza. Parece increíble que semejante cabeza luzca un único sombrero. La gente como ésa tiende a congregarse para protegerse mutuamente. Dicen «nosotros» y «nuestro» como si nunca se les hubiera concedido una existencia individual. «Nuestra» política sobre los indios, la defensa de «nuestras» costas, «nuestro» carácter nacional. Son lo que vendríamos a llamar «hombres públicos», «hombres de moda», «hombres ambiciosos», «capellanes del Ejército o de la Armada»; hombres de reputación,

---

[1] Mateo 16, 25: «Porque el que quiera salvar su vida, la perderá; y el que pierda su vida por causa de mí, la hallará». Esta frase también aparece con variantes en Marcos 8, 35.

categoría y respetabilidad, en su mayor parte, y, en todos los casos, creados por la sociedad. A veces hasta se embarcan en «Grandes Causas» que llevan mucho tiempo encalladas en las costas de la sociedad y las acometen con una especie de nobleza refleja y tradicional y verdadero desinterés. El conservador posee muchas virtudes de las que el reformador carece: a menudo una liberalidad y una cortesía singulares e inesperadas, un decidido pragmatismo y una indiscutible veneración por los hechos. Con un poco menos de irritabilidad o más indiferencia, constituiría una compañía más tolerable. Es el mayordomo de la sociedad y, al menos en ese cometido, es leal y generoso. Es hijo obediente, mas padre tirano, y no es capaz de anticiparse a esa época inimaginable en la que la generación emergente se habrá puesto al nivel de los sublevados. En realidad, sigue siendo un niño el resto de sus días y no alcanza nunca la madurez necesaria para entender que tanto él como los de su especie son ahora la humanidad y la generación presente, los ocupantes y propietarios del globo terrestre. Por el contrario, sigue sintiendo que su misión principal es preservar la ley, el orden y las instituciones establecidas.

Es destacable lo bien que entrenan los hombres. El cochero se cae de la cama para pimplarse un Tom y Jerry y va derechito a cuidar de su coche, a alimentar y dar de beber a sus caballos como si tal cosa. ¿Qué es el destino del hombre, comparado con los réditos de los embarques? ¿Qué le preocupa? ¿Su creador? ¿Acaso no conduce para el señor Fanfarrón?

Nuestras mujeres, con igual valentía, tejen cojines de aseo y fundas de sillones con tal de no revelar un interés demasiado inmaduro en el destino. Los hombres toman rapé por la nariz, pero, si se les hubiera advertido a tiempo, se lo habrían introducido también en orejas y ojos. Puede que lo nieguen rotundamente, pero no los creáis.

En medio de todo el caos y la imperfección que imperan en los asuntos humanos, y en los que él mismo preferiría no pensar, surge la figura del reformador, personificación de ese caos y esa imperfección, para curarlos y reformarlos a ambos buscando descubrir el orden divino y amoldarse a él y pidiendo a toda costa la colaboración de los hombres.

No cabe duda de que el mal es grande y manifiesto y de que, sin duda, hay que hacer algo; su celo es directamente proporcional a la urgencia del caso. Sin embargo, conozco a muy pocos radicales que, hasta la fecha, lo sean de verdad y no se hayan ganado ese nombre por hurgar en las raíces expuestas de instituciones inocentes más que en las suyas propias.

El mal y el caos de la sociedad acostumbran a atribuirse a las falsas relaciones que los hombres mantienen unos con otros, pero, estrictamente hablando, no puede existir una relación falsa si la condición de las cosas relacionadas es verdadera. Las relaciones falsas surgen de condiciones falsas. El pobre que vive en un asilo sería más pobre aún en una isla desierta y el convicto encontraría en ésta su cárcel y la misma disciplina férrea.

¿Acaso el hecho de que el mal sea tal vez algo privado no es razón suficiente para que la reforma sea también una empresa privada e individual? ¿Desde qué llanuras sureñas emergen los lamentos? ¿En qué latitudes residen los paganos a quienes debemos iluminar? ¿Y quién es ese hombre brutal y desmedido a quien debemos redimir?

¿Qué hace un hombre cuando se ve aquejado por un mal que le impide ejercer sus funciones, sobre todo cuando adolece de una mala digestión pero aún conserva unos buenos nervios? ¿O cuando ha fracasado en todos los proyectos que ha emprendido hasta entonces? ¿O cuando ha cometido algún pecado atroz y se arrepiente en parte? Ponerse a reformar el mundo. ¿Lo oís, vosotros los wólof, los patagónicos, los tártaros o los *nez percé*? ¡El mundo va a reformarse de una vez por todas! ¡Tachán! Creo que incluso oigo las buenas nuevas propagarse por las verdes praderas del Oeste, por las silenciosas pampas sudamericanas, por los resecos desiertos africanos y las largas verstas siberianas, por las densas poblaciones indias y chinas y a lo largo del Indo, el Ganges y el Hidaspes…

No hay reformador en el planeta, ni hombre filántropo, benévolo y caritativo embarcado en una buena obra en cualquier rincón del mundo, profundamente afligido por la miseria que lo rodea y animado por el deseo de aliviarla, que no rompiera de manera inmediata y sin pensárselo dos veces con esas tareas puras para dedicarse a un agravio privado más puro —si es que sólo había reparado alguno oscuro— y tal vez menos reconocido. ¡Dejemos que la simple primavera llegue hasta él, que la mañana amanezca sobre su lecho, y veremos cómo renuncia a sus generosas compañías sin excusas ni explicaciones!

El reformador que recomienda a los hombres que adopten una institución o sistema concreto no debe confiar únicamente en la argumentación y la lógica o en la elocuencia y la oratoria para tener éxito, sino ser capaz de darse cuenta de que él representa en sí mismo una institución perfecta, de que es el centro y la circunferencia del resto, un hombre hecho y derecho.

Pido a todos los reformadores, a todos los que recomiendan la Moderación, la Justicia, la Caridad, la Paz y la Vida Familiar, Comunitaria o Asociativa, que no sólo nos agasajen con su teoría y su sabiduría, pues éstas no constituyen prueba alguna de nada por sí solas, sino que cada uno de ellos lleve consigo una pequeña muestra de sus propias obras y que pierdan toda esperanza de recomendar algo que no pueda demostrarse siquiera mínimamente: que el hombre moderado me deje probar el sabor de la Moderación, si es agradable; que el hombre justo me permita disfrutar del gozo de la Libertad mientras esté con él; que el hombre que vive en comunidad me permita saborear la dulzura de la Vida Comunitaria en su compañía.

Que no se me diga que espere para conocer los buenos resultados. Me basta con conocer los buenos comienzos. El resultado final nunca se alcanza y ya es demasiado tarde para comienzos eternos.

Pero, ¡ay!, cuando le pedimos al estratega que nos enseñe el material con el que va a construir una estructura, todo se queda en palabras bonitas: palabras resolutas y sólidas para el apuntalamiento, palabras convenientes y familiares para el cuerpo del edificio, poemas e ilusiones para la bóveda y la cúpula.

Los hombres saben distinguir perfectamente las palabras estériles de aquellas que «se corresponden con los hechos»[2], y al orador que promete o amenaza sólo se lo valora por su capacidad y su resolución para cumplir lo que dice. La audiencia flemática que se sienta cerca de la puerta sabe que el orador no tiene realmente la intención de abolir la propiedad privada, ni de disolver la familia, ni de prescindir de los gobiernos esa noche. Simplemente, ha accedido a ser el orador y los demás han accedido a ser su público. Puede que incluso se enteren de que a ese conferenciante que arremete contra el uso del dinero en su discurso le hayan pagado por él —aun siendo aquél el precepto que oyen y creen— y despierte en ellos una gran simpatía.

Después de todas las conferencias por la Paz y de los encuentros a favor de la No Resistencia, no se deduce de ninguno de ellos cómo se conduciría en una situación de emergencia, pues un importantísimo contendiente, un tal señor Resistencia, no estaba presente para exponer sus argumentos.

No sólo existen los libros de ficción, sino también los sermones y charlas ficticios, ya sean escritos o improvisados. Los reformadores modernos son unos *improvvisanti* mucho más extraordinarios y divertidos que los italianos.

---

[2] Frase extraída del prólogo general de la sección primera de los *Cuentos de Canterbury*, de Geoffrey Chaucer, donde el poeta cita a su vez el *Timeo* de Platón: «Las palabras deben corresponder a la acción».

Hemos olvidado lo que dicen los profetas y los oráculos están en decadencia, pero seguimos recordando los hechos de los héroes y los santos. Y la posteridad seguirá recordándolos hasta el fin de los días.

Es difícil ver a un reformador que verdaderamente acometa su empresa y la lleve a buen término dando tirones fuertes y efectivos y no preparando y allanando el terreno según la mentalidad de la gente. ¡Que tire toda la comunidad!, dice él. ¡Sí, mi capitán! ¡Que tiren dos... o incluso uno solo, trabajando en armonía y con todas sus fuerzas!, digo yo. No dudéis en pedirme que colabore. Me esforzaría al máximo. Daría todo lo que pienso por que alguna buena institución me quisiera en sus filas.

No hay mayor insensatez para un hombre que intentar demostrar por su cuenta una verdad con la que no tiene nada que ver. Como si uno proclamara que va a hacer un largo viaje y, sólo porque uno de sus vecinos no le hiciera caso o no lo creyera, debiera posponerlo. Al trabajador no le importa en absoluto que yo *piense* o no piense como él. Cuando mi vecino va a construir una casa, ya sea para mí o para sí mismo, no viene a reprocharme que viva en un cobertizo ni a compadecerse de mí por eso, sino que cava el sótano, levanta la estructura y se apresura a hacer el tejado para trabajar en el interior más cómodamente, y sabe muy bien con qué ayuda puede contar para ese trabajo.

La mayoría de las veces, me defiendo y me libro del pastor y reformador dándole la razón, pues realmente no pide ninguna devoción por los hechos, y estaría bien que los irascibles conservadores conocieran y practicaran esta treta.

Los grandes benefactores de la raza humana han sido siempre seres individuales y singulares y no masas. En la poesía y en la Historia ocurre lo mismo: Minerva, Ceres, Neptuno, Prometeo, Sócrates, Jesucristo, Lutero, Colón, Arkwright...

En las sociedades o comunidades no se ponen objeciones a la acción cuando es el individuo quien se sirve de la sociedad como instrumento y no a la inversa. Cuando la inspiración de uno es tan alta y pura como para ser solitaria por necesidad y no objeto de simpatía o congratulación, éste puede valerse con seguridad de cualquier instrumento que encuentre en su camino, ya sea madera, hierro o las propias masas. Pero cuando el voto de la sociedad se iguala con sus propias plegarias y la resolución adoptada por la sociedad confirma mínimamente la suya propia, puede sospechar de sí mismo o de sus compañeros. Ha habido asambleas religiosas, políticas y reformatorias a las que han acudido cientos de miles de hombres y que no han ofrecido más que... ¡unas pocas resoluciones! ¿Y qué ha sido después de ellas?

En cada sociedad hay o ha habido al menos un individuo, su fundador y líder, que no pertenecía a ella, pero que le insufló toda la vida y la eficiencia que tenía. De hecho, pobre de aquella sociedad —como pobres son la mayoría— a la que se prive de su cabeza —y alma—, pues los miembros pueden seguir votando y el cuerpo, como por una especie de fuerza galvánica, conservar una acción espasmódica; los hombres llaman a esto vida y esperan que de los nervios y músculos surjan la virtud y el carácter. Como tales sociedades estiman en mucho la vida, recurrirán a cenas y meriendas para que sus miembros no desfallezcan y tengan siempre la barriga llena.

Consideremos, después de todo, lo privado y silencioso que es vivir una vida: no tratamos nuestros deberes o los actos que acometemos en nuestra vida diaria como en una junta ejecutiva o en una convención de hombres, donde se habla de un tema largo y tendido, se proponen y aprueban infinidad de resoluciones y los oradores van interviniendo por turnos, sino que a la convención donde se discuten nuestros asuntos más íntimos y privados asiste muy poca gente, casi ni asistimos nosotros mismos, sólo lo hace esa parte de nosotros que «siempre-va-a-las-reuniones». Suele ser un encuentro muy tranquilo y se aprueban pocas resoluciones. ¡Casi no se dice nada ni se cuentan las horas!

Junto a ese hombre desafortunado, a cuyo lado también permaneceríamos dada nuestra filantropía, se encuentra el misterio de su vida, más cerca incluso que el frío o el hambre que lo acechan, pues éstos son sólo su parte externa. Este misterio se encuentra entre éstos y él y, hagamos lo que hagamos, debemos dejarlo lidiar a solas con eso.

La información que los dioses se dignan darnos nunca tiene que ver con lo que realmente deseábamos saber. Y nosotros carecemos de la sabiduría necesaria para preguntarles. Decidme alguna verdad sobre la sociedad y la destruiréis. ¿Qué importa que seamos sus miembros más débiles y sus prisioneros? No podemos dejarnos retener continuamente por vuestras medidas reformadoras. Todo lo que por fuera parece un obstáculo esconde dentro una oportunidad. El prisionero que es libre de espíritu y en cuya vida inocente aún recaen algunos rayos de luz y de esperanza no se entretendrá en ser un reformador de las cárceles, un inventor de disciplinas carcelarias superiores, sino que camina hacia la libertad por la misma senda por la que esos rayos penetraban en su celda.

¿Acaso el chico de la Montaña Verde[3] no ha descubierto nada mejor ni más emocionante que la podredumbre de la Iglesia y la corrupción del Estado? Por suerte, no tenemos que elegir nuestras vocaciones entre las empresas que la sociedad nos ofrece. ¿Tiene entonces vocación el que elige la que le imponen? Haz caso a tu vocación y ésta no estará donde tus vecinos, amigos o jefes esperan o desean; sé sincero y di que no, que no irás adonde te llamen. «La vida, ya sea toda o en parte, te buscará a ti, así que deja de buscarla tú»[4].

Desde ese lado adonde apuntan todas las miradas y se dirigen todos los clamores, de los esfuerzos que instiga el Estado y

---

[3] En lo que ahora es Vermont, Ethan Allen (1738-1789), héroe de la Guerra de la Independencia americana, organizó una milicia de voluntarios, los Chicos de la Montaña Verde, que ayudó a arrebatarle el Fuerte Ticonderoga a los ingleses en 1775.
[4] Frase atribuida a Alí Ibn-Abi-Tali, sobrino de Mahoma.

por los que reza la Iglesia no llega ningún resultado provechoso, ningún rendimiento.

Deberíamos tener algún producto puro de las manos del hombre, algún trabajo puro, algo de vida verdadera en este viejo negocio de ganarse la vida, algún trabajo hecho que no fuera un arreglo, un remiendo, una reforma. Mostradme al chico de montaña o de ciudad que nunca oyó hablar de un abuso y que no haya *elegido* su vocación. Ésta representa el deleite de los años, el trabajo libre del hombre, incluso las artes creativas y bellas.

> Asegúrate de que tu destino
> Es soberano;
> De que no pertenece a ningún bando,
> Ni al más noble de la Tierra;
> En campamentos revestidos de oro
> No ocupa lugar alguno,
> Mas su señorío es superior
> Y suspira por una guerra más noble;
> Una melodía más bella resuena en su trompeta,
> Un reflejo más brillante irradia su armadura.
> La vida que aspiro a vivir
> Nadie me la propone,
> Sólo la promesa de mi corazón
> Luce su emblema[5].

¿Durante cuánto tiempo acogerá el vicio a la virtud? Una generación abandona las empresas de otras generaciones. Muchas instituciones que se creían esenciales para el funcionamiento de la sociedad se han ido abandonando poco a poco como se abandona un buque varado en la arena.

---

[5] Versos pertenecientes al poema «Independence» o «The Black Knight» (1841), uno de los cinco poemas épicos que compuso Thoreau sobre el arte de crear poesía.

Cuando un reformador riguroso desee disertar conmigo, primero le pediré que considere si de verdad tiene algo que decirme. Toda conversación sencilla y necesaria entre los hombres es agradable, pero, por lo común, es preciso que se produzca una calamidad, una muerte o un gran golpe de suerte para reconciliarlos. Nos ponemos muy serios y orgullosos cuando somos portadores de alguna noticia importante, aunque sea mala. Traerle buenas noticias de su familia a un hombre que está en el extranjero o incluso decirle que se ha incendiado su casa es una suerte inmensa y parece que nos une a él de manera más encomiable.

Tener que tratar con los hombres es una bendición, ocuparse de ellos como uno se ocupa del trabajo diario. Nos renueva y nos revigoriza. Pero esta felicidad no es frecuente. En general, todo se limita a un intercambio de ingenio, ecuanimidad y buenos modales y, aunque podríamos regalarnos oro, sólo nos exigimos latón. Rezamos para que nuestro compañero nos pida verdad, sinceridad, amor y nobleza, pues carecemos por completo de tales virtudes y únicamente las conocemos de oídas. Tan sólo los amantes conocen el valor y la magnanimidad de la verdad; los comerciantes se conforman con una sinceridad barata y los vecinos y conocidos con una cordialidad ordinaria.

Si no tienes nada que decir, deléitame con tu silencio, que es bueno y fértil. El silencio es la noche ambrosiaca de la relación entre los hombres, donde se despliega y arraiga su sinceridad.

Hay algunos vicios como la frivolidad, la garrulidad y la verborrea, por no mencionar la blasfemia, que nacen de un abuso de la palabra que no se remonta por completo a la antigüedad, y nada ha conferido un aspecto más sombrío a la sociedad.

Un hombre debe servir a otro, y este servicio debe ser mejor que cualquiera que pueda prestar conscientemente. El conjunto de todas las categorías y órdenes del universo es el cielo de ciertos dones para los hombres. Existe una categoría completa de animales almizcleros y cada flor emana su peculiar olor. Y todos juntos conforman la atmósfera general, saludable y vigorizadora. Así que cada hombre debería preocuparse de emanar su fragancia y, al fin y al cabo, de desempeñar su función como lo hacen las ramas de cicuta o las hierbas secas y curativas. Por muy reformador que seas, no queremos tus razones, tus buenas raíces y fundamentos, ni tu rectitud y benevolencia, que son tu tallo y tus hojas: queremos la flor y el fruto del hombre, que el aire nos traiga al menos unas notas de tu fragancia, un poco de esa vida fresca y primaveral. Esto es un consuelo, y lo otro, una caridad que esconde multitud de pecados[6]. Nuestro acompañante debe constituir una considerable fuente de riqueza para nosotros o, al menos, hacernos conscientes de nuestras propias riquezas, y, dentro de sus posibilidades, ser como un apóstol de Mercurio, Ceres o Minerva: el portador de diversos dones para nosotros. Debe traerme la límpida luz de la mañana y el nítido rojo del atardecer. Debe acarrear el júbilo de la primavera en su risa, la serenidad del verano en su alegría, la madurez del otoño en su sapiencia y el reposo y la abundancia del invierno en su silencio. Asimismo, debe transmitir su valentía y no su desesperación; su salud y bienestar y no su enfermedad, y cuidar de que ésta no se propague por contagio.

Es difícil que seamos capaces de conferir riqueza a nuestros compañeros sin abrumarlos con una atmósfera cargada de nuestros propios pesares y llamar a eso simpatía. Si de verdad fuésemos a reformar la humanidad por medios verdaderamente indios, botánicos, magnéticos o *naturales*, primero deberíamos esforzarnos por ser tan sencillos y buenos como la propia naturaleza.

Por tanto, a los especuladores y filántropos angustiados, les diría: «Disipemos las nubes que se ciernen sobre nuestras propias

---

[6] Alusión a la primera carta de San Pedro 4, 8.

frentes, absorbed un poco de vida por los poros, procurad que la savia os corra por las venas, encontrad vuestro suelo, echad raíces y creced. Las lágrimas de Apolo y Dios os ayudarán a hacerlo. Contribuid a que el campo de los hombres se cubra de verde. Sed plantas frescas y florecientes en el vivero de Dios y no árboles quejumbrosos y sanguinolentos como los que vio Dante en las Regiones Infernales.

Si vuestras ramas se marchitan, enviad vuestras fibras a cualquiera de los reinos de la Naturaleza para que os socorra; alzad las ramas al cielo para buscar influencias estelares y etéreas; dejad que vuestras raíces, como las del sauce, se expandan y ahonden en la tierra hasta que alcancen un punto más húmedo y fértil, y apuntalad bien vuestro tronco para hacer frente a los elementos.

Echad pronto raíces en vuestro suelo autóctono de originalidad e independencia, en vuestro moho virgen de exultante fuerza y fertilidad. No permitáis que vuelvan a trasplantaros a las regiones foráneas e inhóspitas de la tradición y la conformidad ni a los suelos pobres y arenosos de la opinión pública.

¿¡Qué!? ¡Que una criatura de los afectos que predica amor, caridad y buena voluntad sea acarreada por el viento de acá para allá con sus delicadas fibras expuestas a la frialdad del mundo y que no haya ni un solo hermano que se compadezca de ella y le eche una palada de tierra para que arraigue! Más os valdría intentar encontrar virtudes en la arena y tapar vuestras raíces en el primer suelo agotado que encontréis.

¿Quién sabe qué flores, qué frutos, qué ventaja pública y privada prosperará hasta romper esa corteza que llamamos hombre? El viajero podría quedarse a su lado eternamente como un oasis en mitad del desierto y apagar su sed para siempre.

El viento que hace susurrar las hojas o las fanfarronadas de algunos críos me han emocionado más que las vidas de los hombres más santos e ilustres. ¡Qué vano pesar y qué estereotipada desesperanza la de los santos! ¡Qué actuación tan vacilante la de los héroes! ¡Hasta los profetas y redentores han hecho más por consolar los miedos que por satisfacer las peticiones libres y las esperanzas de los hombres! No tenemos constancia de ninguna muestra de satisfacción simple y espontánea por el don de la vida, de ninguna alabanza de Dios memorable y desinteresada. Mientras los reformadores sean lo bastante vehementes y estén satisfechos con sus propias concepciones, puede que me entretengan, pero cuando sus temas se agoten y sólo les quede la triste alternativa de hacer las cosas que han dicho y me carguen a mí con el muerto, entonces se convertirán en una compañía insoportable.

Me gustan el viejo mundo y el nuevo, el invierno y el verano, el heno y la hierba, pero esa muerte que se atreve a imponer leyes a la vida y se empeña en reafirmar enfermedades y trastornos idiopáticos en niños cuyos sentidos y comprensión apenas acaban de empaparse de la percepción del orden y la belleza, que se empecina en llevar a término sus planes de vida hasta el fin de sus días, no puede compararse con nada dentro de la Naturaleza. El joven o el hombre que se va haciendo adulto es un hecho que difícilmente tenemos en cuenta en nuestras especulaciones si no es para recordar cuál echaría por tierra más de una buena teoría. ¡Habla por ti, viejo! Cuando nos sintamos oprimidos por el calor y el bullicio del mediodía, deberíamos recordar que el sol que nos abrasa con sus rayos también tiñe de dorado las colinas de la mañana y despierta la coral de los bosques para otros hombres. Y, así, tampoco deberíamos olvidar que, en la tranquila recámara del día, la noche luce una belleza completamente ajena al mediodía y a la mañana.

Es difícil hacer que esos que tanto departen, sobre todo los predicadores y conferenciantes, hagan más profundos sus discursos y les aporten sinceridad y sentido. Habrá de transcurrir mucho tiempo antes de que comprendan lo que queremos decir. Se preguntarán si no valoramos la fluidez. ¡Pero también hay fluidez en los desagües! Démosles la espalda y esperemos hasta que oigamos que sus palabras se vuelven sólidas ¡y tendrán motivos para darnos las gracias! ¡Cuán infinitamente impenetrables parecemos y qué fácil es atravesarnos! ¿Acaso nuestro interior no es un blanco en el mapa? Ningún viajero se ha atrevido nunca a poner rumbo hacia allí. Ese interior es el destino que anhela todo viajero y desde donde no alberga deseos de volver. Allí se encuentran las fuentes del Nilo y el Níger.

Todo hombre es dueño y señor de un reino que nada tiene que envidiar al mismísimo imperio terrenal de los zares y que, de hecho, es muy superior a éste, con sus riberas oceánicas, sus cadenas montañosas y sus paraísos vírgenes de naturaleza salvaje. Y, ¡oh, reformadores!, si los buenos dioses os han elegido para traer a la vida un rayo de verdad, es aquí en vuestros propios reinos, sin obstáculos ni impedimentos, donde debéis ponerlo en práctica.

Los que moran en Oregón y en el lejano Oeste no están tan solos y apartados como el pensador emprendedor e independiente que aplica sus descubrimientos a su propia vida, igual que vemos que los hombres se valen de su hacha y su caldero para establecerse. A este rico suelo deberían encaminar sus pasos los habitantes de Nueva Inglaterra.

He aquí Wisconsin y el lejano Oeste. Una vida sencilla, independiente, original y natural.

La mayoría de las personas con las que me cruzo por la calle son, por decirlo de alguna manera, dependientes de lo externo: viven de cara a la galería, van y vienen, miran adelante y atrás, todo de puertas para afuera y al descubierto. Me gustaría verlas en el plano contrario: retrayéndose hacia dentro un poco más cada día y que, cuando preguntara por ellas, no me dijeran que se han ido a alguna parte, a Rondout o a Sackets Harbor, por ejemplo, sino que se han recluido en las profundidades del ser.

Inglaterra y Francia, España y Portugal, la Costa de Oro o la Costa de los Esclavos, todas dan a este mar privado, pero ninguno de sus barcos se ha aventurado nunca a alejarse de la costa, aunque no quepa duda de que ésa es la ruta directa hacia la India.

A mis errantes compatriotas les diría entonces: «No busquéis el espectáculo en teatros extranjeros; considerad primero que no hay nada que deleite o asombre al ojo que no podáis descubrir en vosotros mismos». Puede que uno se apresure a ir al sur de África para cazar jirafas, pero seguramente ésa no sea la pieza que busca. ¿Cuánto tiempo pasaría un hombre cazando jirafas si pudiera? ¿Cuál fue el sentido de aquella expedición a los Mares del Sur, con todos sus desfiles y dispendios, sino el reconocimiento del hecho de que hay continentes y mares en el mundo moral, para los que cada hombre es un istmo o un brazo de mar, que aún no han sido explorados por él y de que es más sencillo navegar miles de millas a través del frío y la tormenta y los caníbales salvajes en un barco del Gobierno, con quinientos marinos y grumetes a nuestro servicio, que explorar a solas el mar privado, el océano Atlántico y Pacífico de nuestro propio ser?

Erret et extremos alter scrutetur Iberos.
Plus habet hic vitae, plus habet ille viae.
[Que otro vaya y escrute a los remotos australianos.
Más Dios tiene éste; más camino por delante tiene aquél][7].

Para ello es necesario tener ojo y nervio. Sólo los vencidos y los desertores van a las guerras... los cobardes que corren a alistarse. ¡Ay de vosotros, caballeros, que como no pudisteis librar un duelo con vuestras vidas, desafiasteis a un hombre!

Una vez conocí a un peregrino fatigado que hablaba todas las lenguas y se amoldaba a las costumbres de todas las naciones,

---

[7] Versos pertenecientes al poema «El anciano de Verona», del poeta romano Claudiano (370(?)-405). En su traducción, Thoreau cambia «Iberos» por «australianos» y «vitae» por «Dios».

que tenía el pasaporte de todos los países y se aclimataba a todas las regiones, que había derrotado a todas las quimeras y conseguido que la Esfinge se estrellara de cabeza contra las rocas, que nunca desandaba sus pasos ni regresaba a su tierra natal y que tenía fama de haber viajado más lejos que todos los viajeros. En su escudo portaba por emblema estas únicas palabras: «Conócete a ti mismo».

> Dirige tu mirada adentro y encontrarás
> Miles de regiones en tu mente
> Aún por descubrir. Recórrelas y serás
> Un experto en la cosmografía doméstica[8].

La mayoría de las revoluciones de la sociedad no tiene el poder de interesarnos, y mucho menos de alarmarnos, pero decidme que nuestros ríos se secan o que nuestros pinos se mueren a lo largo y ancho del país y acudiré corriendo. Algunos acontecimientos de la Historia son más extraordinarios que importantes, como los eclipses de sol, que a todos nos atraen, pero cuyos efectos nadie se toma la molestia de calcular. Las revoluciones no son nunca repentinas. Los hechos más importantes de la Historia a menudo son silenciosos y discretos. En el año 449 de nuestra era, tres *cyulis* sajones arribaron a las costas británicas. «Tres buenos barcos llegaron con la marea cargados con trescientos caballeros»[9].

A los enfermos, los médicos sabiamente les recomiendan un cambio de aires y de escenario. ¿Quién me encadena a mí a este pueblo aburrido?

---

[8] Versos pertenecientes al poema «To My Honoured Friend Sir Ed. P. Knight», de William Habington (1605-1664).
[9] Thoreau alude al poeta medieval inglés Layamon, del siglo XIII, tal como lo cita Sharon Turner (1768-1849) en su obra *History of the Anglo-Saxons* [«Three scipen gode comen mid tan flode»], en relación con la invasión anglosajona de Gran Bretaña, que puso fin al gobierno romano. La palabra *cyul* procede del término anglosajón medieval *cĕol: keel* (barco).

En este momento se abren ante mí todos los tipos de vida que los hombres puedan vivir en cualquier lugar y momento o que la imaginación sea capaz de dibujar. ¿Quién sabe si para la primavera siguiente no seré cartero en Perú, plantador en Sudáfrica, exiliado en Siberia, ballenero en Groenlandia, colono en el río Columbia, mercader en Cantón, soldado en México, pescador de caballa en el cabo Sable, un Robinson Crusoe en el Pacífico o un navegante solitario de cualquier mar u océano?

¡A cuántos de los que ahora se encuentran en la costa europea los hallará la primavera en Wisconsin o Sacramento!

Puedo apartarme de la opinión pública, del Gobierno, de la religión, de la educación, de la sociedad. ¿Me considerarán apto para votar en el condado de Middlesex o para atravesarme con una lanza bajo las palmeras de Guinea? ¿Cosecharé maíz y patatas en Massachusetts o higos y olivas en Asia Menor? ¿Me pasaré el día sentado en mi oficina de la State Street[10] o luchando por sobrevivir en las estepas de Tartaria? ¿Buscaré mi Brobdingnag en la Patagonia o mi Lilliput en Laponia? Mis aventuras en Arabia y Persia superarán tal vez las de *Las mil y una noches*. Quizá sea leñador en la cabecera del río Penobscot para que me recuerden en las fábulas como un dios fluvial anfibio y me bauticen con un nombre rimbombante como Tritón o Proteo, o transporte pieles de Nutka a China y alcance mayor fama que Jasón y su Vellocino de Oro, o me una a una expedición por los Mares del Sur para que luego la relaten junto con el mismísimo *Periplo de Hanón*.

¡Y cuántas otras cosas que no tengan parangón!

Gracias al Cielo, el mundo no se acaba aquí. El castaño de Indias no crece en Nueva Inglaterra y raramente se oye al sinsonte

---

[10] La State Street Corporation, conocida habitualmente como State Street, es una importante compañía de servicios financieros de Estados Unidos. Fue fundada en 1792 y es la segunda institución financiera más antigua del país. Su sede se encuentra en el número 1 de la calle Lincoln, en Boston, y tiene oficinas distribuidas por veintinueve países.

por estos lares. ¿Por qué habría de ir a la zaga del verano y la migración de las aves? ¿No sería mejor competir con el bisonte, que sigue el ritmo de las estaciones y pace en los prados del río Colorado a la espera de que una hierba más verde y más dulce crezca junto al río Yellowstone? El ganso salvaje es más cosmopolita que nosotros: desayuna en Canadá, almuerza en el Susquehanna y se arregla las plumas para dormir en un pantano de Luisiana. La paloma es capaz de transportar en el buche una bellota desde la línea del Rey de Holanda hasta la de Mason-Dixon[11]. Sin embargo, creemos que si derribamos las cercas de madera de nuestras granjas y en su lugar levantamos muros de piedra, delimitaremos nuestras vidas y sentenciaremos nuestros destinos. Si os eligen para ocupar un cargo municipal, es obvio que no podréis ir a Tierra del Fuego este verano.

Pero ¿adónde nos conduce toda esta actividad?

Oca, oca, ganso,
¿Adónde irás?
Arriba y abajo,
Y a la alcoba de mi ama[12].

¿No deberíamos estirar las piernas? ¿Por qué hemos de detenernos a este lado del ocaso? No seremos inmigrantes por adentrarnos más en nuestro propio país. Emprendamos el camino del lejano Oeste que no se detiene en el Misisipi ni en el Pacífico, y avancemos día y noche, a la caída del sol, a la caída de la luna, a la caída de las estrellas y, por fin, a la caída de la Tierra.

---

[11] La línea del Rey de Holanda se encontraba entre Canadá y el Estado de Maine. La línea Mason-Dixon es un límite de demarcación entre cuatro estados de Estados Unidos: Pensilvania, Virginia Occidental, Delaware y Maryland.
[12] Canción de cuna tradicional inglesa: *Goosey goosey gander, / Whither shall I wander? / Upstairs and downstairs / And in my lady's chamber.*

DESOBEDIENCIA CIVIL

Acepto de buena gana el lema de que «El mejor Gobierno es el que menos gobierna»[1] y me gustaría verlo aplicado de manera más rápida y sistemática. Llevado a cabo, al final nos conduciría a este otro, que también secundo: «El mejor Gobierno es el que no gobierna en absoluto» y, cuando los hombres estén preparados para ello, será el tipo de Gobierno que tendrán.

    Un Gobierno, en el mejor de los casos, no es más que un recurso, una conveniencia, pero la mayoría de los Gobiernos suelen ser —y todos lo son sin excepción en determinadas ocasiones— una inconveniencia. Las objeciones que a menudo se le ponen a la existencia de un ejército permanente, que son muchas y de peso y merecen tenerse en cuenta, pueden extenderse también a la existencia de un Gobierno permanente. El ejército permanente es sólo un brazo de ese Gobierno institucional. Y el propio Gobierno, que no es más que el modo que el pueblo ha elegido para ejecutar su voluntad, es igual de susceptible de sufrir abusos y corrupciones antes de que el pueblo pueda reaccionar. He ahí la actual guerra con México: la obra de relativamente pocos individuos que se valen del Gobierno establecido como de un instrumento, cuando el pueblo no habría autorizado nunca esta medida.

---

[1] Posible referencia al lema de la *United States Magazine and Democratic Review* (1837-1859) o a la máxima «cuanto menos Gobierno, mejor», del ensayo «Política» (1844), de Ralph Waldo Emerson, a menudo atribuida erróneamente a Jefferson.

¿Qué es, pues, este Gobierno americano sino una tradición, aunque reciente, empeñada en perdurar intacta para la posteridad pero cuya integridad va mermando a cada instante? No goza ni de la vitalidad ni de la fuerza de un solo individuo, pues un solo individuo puede doblegarla a voluntad. Para el propio pueblo, es una especie de pistola de madera, pero no por ello resulta menos necesaria, pues el pueblo ha de contar con algún tipo de maquinaria complicada y oír sus engranajes para satisfacer así su idea de Gobierno. Los gobiernos muestran, por tanto, cuán fácilmente se puede abusar de los hombres —o incluso cuán fácilmente pueden los hombres abusar de sí mismos— en su propio beneficio. Es excelente, reconozcámoslo. Tanto es así que, aunque este Gobierno nunca emprendió nada por sí mismo, sí que se apresuró a desviarse de su camino. *No* libera al país; *no* consolida el Oeste; *no* educa. El propio temperamento del pueblo americano es el responsable de todos sus logros, y aún habría conseguido más si el Gobierno no se hubiera interpuesto en su camino más de una vez. Pues el Gobierno es un recurso para que los hombres puedan vivir en paz y, como se ha dicho, es más ventajoso el que menos interfiere en la vida de los gobernados. Si el comercio y los negocios no fueran de goma, como quien dice, serían incapaces de saltar los obstáculos que los legisladores les ponen continuamente; y, si juzgáramos a estos hombres tan sólo por las consecuencias de sus actos y no por sus intenciones, merecerían que los castigaran y los trataran como a aquellos delincuentes que obstruyen las vías del tren.

Sin embargo, hablando en sentido práctico y como un ciudadano, no como esos que se autodenominan «hombres sin Gobierno»[2], pido, no que desaparezca el Gobierno de la noche a la

---

[2] Probablemente se refiera a un grupo de anarquistas y pacifistas radicales inspirados en la Sociedad de No-Resistencia de Nueva Inglaterra, fundada por William Lloyd Garrison en 1838, muchos de los cuales procedían de Massachusetts.

mañana, sino un mejor Gobierno *de inmediato*. Dejemos que cada hombre manifieste qué tipo de gobierno se ganaría su respeto y habremos dado un paso importante hacia su consecución.

Después de todo, la razón práctica por la que, cuando el poder está en manos del pueblo, se permite gobernar a la mayoría, y durante un largo periodo de tiempo, no es porque probablemente lleven razón ni porque la minoría lo considere lo más justo, sino porque físicamente son los más fuertes.

Pero un Gobierno en el que siempre gobierna la mayoría no puede estar basado en la justicia, al menos tal y como la conciben los hombres. ¿No puede haber un Gobierno en el que no sean las mayorías quienes dicten lo que está bien y lo que está mal, sino la conciencia? ¿En el que las mayorías decidan sólo en aquellas cuestiones en las que sea aplicable la norma de la conveniencia? ¿Deben los ciudadanos someter su conciencia al legislador, aunque sólo sea por un momento o en la más mínima medida? Entonces, ¿para qué poseen los hombres conciencia? Yo creo que, antes de convertirnos en súbditos, debemos ser hombres y que es preferible cultivar el respeto por la justicia que por la ley. La única obligación que tengo derecho a asumir es la de hacer en cada momento lo que crea justo. Suele decirse, y con razón, que una sociedad mercantil carece de conciencia, pero una sociedad formada por hombres concienciados es una sociedad *con* conciencia. La ley nunca hizo a los hombres ni un ápice más justos y, debido al respeto que les infunde, hasta los más benevolentes se convierten a diario en agentes de la injusticia. Una consecuencia común y natural del respeto indebido a la ley es que uno puede ver una fila de soldados —coronel, capitán, cabo, soldados rasos y artilleros— todos marchando en un orden admirable por colinas y valles hacia el frente en contra de su voluntad, ¡sí!, en contra de su conciencia y sentido común, lo que hace que la marcha sea más dura y se les desboque el corazón. No les cabe duda de que la empresa que han de acometer es despreciable, pues son proclives a la paz. Entonces, ¿qué son? ¿Hombres o pequeños fuertes y polvorines móviles al servicio de algún jefe de mando sin escrúpulos? Visitad un arsenal naval y contemplad al infante de marina, el tipo de hombre que el Gobierno americano puede crear, el tipo de hombre que puede crear con sus malas artes: una mera sombra y reminiscencia de humanidad, un hombre vivo y erguido del que, sin embargo, uno diría que está enterrado bajo las armas con acompañamientos fúnebres, o bien:

> No se oyeron redobles ni notas fúnebres
> Cuando llevamos su cadáver a toda prisa al baluarte;
> Ningún soldado disparó salvas de despedida
> Sobre la tumba donde enterramos a nuestro héroe[3].

Así, las masas sirven al Estado no como hombres, sino básicamente como máquinas con sus cuerpos. Éstas constituyen el ejército permanente y la milicia, los carceleros, la policía, los ayudantes de la autoridad, etc. En la mayoría de los casos, no ejercitan libremente ni el juicio ni el sentido moral, sino que se rebajan al mismo nivel de la madera, de la tierra y de la piedra, e incluso podrían fabricarse hombres de madera que tal vez sirvieran al mismo propósito. Tales individuos no infunden más respeto que un espantapájaros o un trozo de barro. Valen lo mismo que caballos o perros. Y, con todo, suele tildárselos de buenos ciudadanos. Otros —los legisladores, los políticos, los abogados, los ministros y los funcionarios, en su mayoría— sirven al Estado con sus cabezas y, como apenas hacen distinciones morales, son tan capaces de servir al diablo, sin *pretenderlo*, como a Dios. Unos pocos —los héroes, los patriotas, los mártires, los reformadores (en el sentido amplio de la palabra) y *los hombres*— sirven

---

[3] Versos iniciales del poema «El entierro de sir John Moore en Coruña» (1817), de Charles Wolfe.

al Estado también con su conciencia y, por tanto, suelen enfrentarse a él y ser tratados como enemigos.

Un hombre sabio sólo será útil como hombre y no aceptará ser «arcilla» ni «tapar un agujero para detener el viento»[4], sino que dejará que sus cenizas acometan esa tarea:

> Soy de estirpe demasiado elevada
> Para convertirme en un esclavo,
> En un subalterno sometido a tutela,
> En un servidor dócil, en instrumento
> De cualquier Estado soberano del mundo[5].

A aquel que se entrega por completo a los demás se le considera inútil y egoísta, pero al que se entrega sólo en parte se le tiene por benefactor y filántropo.

¿Cómo debe comportarse un hombre ante el Gobierno americano de hoy? En mi opinión, no debemos asociarnos con él si queremos mantener nuestra dignidad. Ni por un instante puedo reconocer como *mi* Gobierno a esa organización política que también es el Gobierno *del esclavo*.

Todos los hombres reconocen el derecho a la revolución; es decir, el derecho a negar su lealtad al Gobierno y a oponerse a él cuando su tiranía o su ineficacia sean desmesuradas e intolerables. Pero casi todos coinciden en que ése no es el caso actual, aunque sí lo fuera, en cambio, en la revolución de 1775. Si alguien me dijera que aquél fue un mal Gobierno porque gravó ciertas mercancías extranjeras que llegaban a sus puertos, lo más probable es que me diera igual, pues puedo pasar muy bien sin ellas. Todas las maquinarias generan roces, pero el bien que producen suele contrarrestar sus posibles males. En cualquier

---

[4] *Hamlet*, V, 1, 236-237.
[5] *El rey Juan*, V, 2, 79-82.

caso, sería un gran error armar revuelo por eso. Pero cuando los roces se apoderan de la máquina y la opresión y el robo están organizados, yo digo: «Deshagámonos de la máquina». En otras palabras, cuando una sexta parte de la población de un país que se ha comprometido a ser refugio de la libertad es esclava y toda una nación ha sido injustamente invadida y conquistada por un ejército extranjero y sometida a la ley marcial, creo que es hora de que los hombres honrados se rebelen y se subleven. Lo que hace este deber más urgente es el hecho de que el país invadido no sea el nuestro, sino que nosotros seamos el ejército invasor.

En un capítulo sobre el «Deber de sumisión al Gobierno civil», Paley[6], una autoridad reconocida en temas morales, reduce toda obligación civil a la conveniencia y prosigue diciendo que «mientras el interés de la sociedad entera lo requiera, esto es, mientras el Gobierno establecido no pueda rechazarse o cambiarse sin perjuicio público, es voluntad de Dios [...] que se obedezca a dicho Gobierno, pero no más allá. Si se acepta este principio, la justicia de cada caso de rebelión particular dependerá de calcular, por un lado, la proporción del peligro y del daño y, por otro, la posibilidad y el coste de repararlo». Y añade al respecto que cada hombre debe juzgar por sí mismo. Sin embargo, no parece que Paley contemple aquellos casos a los que no se aplica la norma de la conveniencia, por ejemplo, cuando un pueblo, o un solo individuo, debe hacer justicia a toda costa. Si le he arrebatado injustamente la tabla a un hombre que se está ahogando, debo devolvérsela aunque sea yo quien me ahogue. Esto, según Paley, sería inconveniente. Aquel que salvara así su vida, la perdería[7]. Este pueblo debe dejar de tener esclavos y de luchar contra México aunque le cueste su propia existencia como pueblo.

---

[6] Thoreau alude a la obra *Principios de filosofía moral*, del filósofo y teólogo inglés William Paley (1743-1805).
[7] Mateo 10, 39: «El que halla su vida, la perderá; y el que pierde su vida por causa de la mía, la hallará».

Las naciones, en la práctica, coinciden con Paley, pero ¿acaso alguien cree que Massachusetts está haciendo lo correcto en la crisis actual?

Una ramera de lujo,
Una mujerzuela con vestido de plata,
A la que hay que sostenerle bien alta la cola,
Mientras su alma se arrastra por el fango[8].

Hablando en sentido práctico, los que se oponen a una reforma en Massachusetts no son cien mil políticos del Sur, sino cien mil comerciantes y granjeros de aquí, que están más interesados en el comercio y la agricultura que en el género humano y no están dispuestos a hacer justicia *a cualquier precio* ni con los esclavos ni con México. No me enfrento a enemigos lejanos, sino a aquellos que, cerca de casa, colaboran con ellos y obedecen sus mandatos y sin los cuales estos últimos serían inofensivos. Nos hemos acostumbrado a decir que las masas no están preparadas, pero el progreso es lento porque la minoría no es en realidad más sabia o mejor que la mayoría. Lo importante no es que la mayoría sea tan buena como tú, sino que exista una bondad absoluta en alguna parte para que fermente toda la masa[9]. Hay miles de personas que, *en teoría*, están en contra de la esclavitud y de la guerra y que en la práctica no hacen nada para ponerles fin; miles de personas que, considerándose hijos de Washington y Franklin, se sientan de brazos cruzados y alegan no saber qué hacer, y no hacen nada; miles de personas que anteponen la cuestión del libre mercado a la de la libertad y que, después de la cena, se sientan a leer tranquilamente las listas de precios y las

---

[8] Versos pertenecientes a la obra *La tragedia del vengador* (1607), IV, 4, de Cyril Tourneur.
[9] Primera carta a los corintios, 5, 6: «¡No es como para gloriarse! ¿No saben que "un poco de levadura hace fermentar toda la masa"?».

últimas noticias procedentes de México e incluso se quedan dormidos sobre ambas. ¿Cuál es el precio hoy por hoy de un hombre honrado y patriota? Dudan y se lamentan y a veces elevan peticiones al Gobierno, pero no hacen nada serio ni que arroje resultado alguno. Se limitan a esperar, con buena disposición, a que otros remedien el mal para así poder dejar de lamentarse. A lo sumo, depositan un simple voto, hacen un leve asentimiento y expresan sus buenos deseos a la justicia al pasar por su lado. Por cada hombre virtuoso, hay novecientos noventa y nueve patronos de la virtud. Pero es más fácil tratar con el verdadero poseedor de una cosa que con su guardián temporal.

Las votaciones son una especie de juego, como las damas o el *backgammon*, con un leve matiz moral, un jugar con lo justo y lo injusto, con las cuestiones morales, y, como es natural, conlleva apuestas. Lo que está en juego no es el carácter de los votantes. Yo deposito mi voto, tal vez, como pienso que es justo, pero en realidad no me va la vida en que lo justo prevalezca. Prefiero dejárselo a la mayoría. Su obligación, por tanto, nunca supera a la conveniencia. Incluso votar *por lo justo* es no *hacer* nada por ello. Es sólo expresar débilmente a los hombres nuestro deseo de que lo justo debería imponerse. Un hombre sabio no dejará lo justo a merced del azar ni deseará que triunfe gracias al poder de la mayoría. Hay poca virtud en la actuación de las masas. Cuando la mayoría vote al fin la abolición de la esclavitud, será porque ésta le resulte indiferente o porque quede muy poca esclavitud que abolir mediante sus votos. *Ellos* serán entonces los únicos esclavos. Sólo puede acelerar la abolición de la esclavitud el voto de *aquel* que, al depositarlo, ejerce su propia libertad.

He oído que se va a celebrar en Baltimore, o en alguna otra parte, una convención para elegir al candidato a la presidencia a la que acudirán, en su mayoría, directores de periódicos y políticos profesionales, pero yo me pregunto: ¿Qué puede importarle al hombre independiente, inteligente y respetable la decisión que tomen? ¿No disfrutaremos de la ventaja de su sabiduría y honradez? ¿No podemos contar con algunos votos independientes? ¿Acaso no hay muchos individuos en este país que no asisten a las convenciones? Pero no: descubro que el hombre respetable, como suele llamársele, ha cambiado radicalmente de postura y ha perdido la esperanza en su país, cuando es su país el que posee razones más que suficientes para perder la esperanza en él. No duda en aceptar a uno de los candidatos elegidos de ese modo como el único *disponible*, demostrando así que es él quien está *disponible* para los propósitos del demagogo. Su voto no vale más que el de un extranjero sin principios o el de un mercenario nativo que tal vez se haya dejado comprar. ¡Alabado sea el *hombre* que, como dice mi vecino, tenga un hueso en la espalda que no le permita doblegarse! Las estadísticas fallan al decir que nuestra población es enorme. ¿Cuántos *hombres* hay en nuestro país por cada mil millas cuadradas? Apenas uno. ¿No ofrece América ningún aliciente para que los hombres se establezcan aquí? El americano ha degenerado en un *Odd Fellow*[10], fácilmente reconocible por el desarrollo de su sentido gregario, una falta evidente de inteligencia y una alegre autosuficiencia, y cuya primera y única preocupación en el mundo es comprobar si los asilos están en buen estado; alguien que, antes de ponerse su viril vestimenta, ya se ha apresurado a recaudar fondos para ayudar a las viudas o a los huérfanos que pueda haber y que, en definitiva, sólo se aventura a vivir al amparo de la compañía de seguros mutuos, que le ha prometido un entierro decente.

Por supuesto, los hombres no tienen el deber de dedicar su vida a la erradicación de las injusticias, por monstruosas que éstas sean; como es lógico, pueden tener otras preocupaciones;

---

[10] Thoreau juega aquí con el nombre de una organización filantrópica que surgió en Inglaterra a comienzos del siglo XVIII, una especie de sociedad secreta conocida como la Orden Independiente de los *Odd Fellows*, que, traducido, vendría a significar «de los tipos raros».

pero sí que deben, al menos, lavarse las manos y, si han dejado de pensar en ellas, no secundarlas en la práctica. Si entrego mi vida a otros menesteres y proyectos, primero debo asegurarme al menos de que, al hacerlo, no paso por encima de otros hombres. Bien al contrario: he de despejar el camino para que ellos también puedan cumplir sus aspiraciones. ¡Fijaos qué incongruencia! A algunos de mis conciudadanos les he oído decir: «Me gustaría que me mandaran a sofocar una insurrección de esclavos o a luchar a México. ¡A ver quién iba!». Y, sin embargo, cada uno de estos hombres, ya sea directamente a través de su lealtad o indirectamente a través de su dinero, ha enviado a un sustituto. Al soldado que se niega a servir en una guerra injusta le aplauden aquellos que consienten en mantener al Gobierno injusto que la libra, aquellos cuyos actos y autoridad el soldado desprecia y desdeña, como si el Estado hiciera penitencia contratando a alguien para que se flagelase por sus pecados, pero no considerase ni remotamente la posibilidad de dejar de pecar. Así, en nombre del Orden y del Gobierno Civil, homenajeamos y alabamos nuestra propia vileza. Tras el primer rubor del pecado, viene la indiferencia y lo inmoral se convierte, por así decir, en *a*moral, y en algo no del todo innecesario para la vida que nos hemos forjado.

 El mayor error y el más común requiere de la virtud más desinteresada para sostenerse. El ligero reproche que se deriva de la virtud del patriota es aquel en el que suelen incurrir los hombres honrados. Aquellos que entregan su fidelidad y su apoyo a un Gobierno cuya naturaleza y medidas desaprueban son, sin duda, sus seguidores más acérrimos y, con frecuencia, el mayor obstáculo para su reforma. Algunos piden a la Commonwealth de Massachusetts que disuelva la Unión, que no haga caso a los requerimientos del presidente.

 ¿Por qué no disuelven ellos mismos su propia unión con el Estado y se niegan a pagar sus impuestos al Tesoro? ¿No se encuentran en la misma posición con respecto al Estado que el Estado con respecto a la Unión? ¿Acaso las razones que han evitado que el Estado se oponga a la Unión no son las mismas que las que han evitado que ellos se opongan al Estado?

¿Cómo puede un hombre sentirse satisfecho por el mero hecho de tener una opinión y disfrutar de *ella*? ¿Cómo puede haber disfrute en ello si lo que opina es que lo han ofendido? Si tu vecino te estafa un simple dólar, no te quedas satisfecho con saber que te ha estafado ni con decir que lo ha hecho, ni siquiera con exigirle que te pague lo que te debe, sino que tomas medidas efectivas para que te restituya la cantidad completa y te aseguras de que nunca más vuelva a engañarte. La acción que se acomete desde los principios, la percepción y la realización de lo justo, cambia las cosas y las relaciones; es esencialmente revolucionaria y suele discrepar de lo establecido. No sólo divide Iglesias y Estados, también divide familias e incluso divide al *individuo*, separando lo que en él hay de diabólico de lo divino.

Hay leyes injustas: ¿nos resignaremos a cumplirlas, intentaremos corregirlas y las cumpliremos tan sólo hasta que lo consigamos o simplemente las transgrediremos?

Por lo general, bajo un Gobierno como éste, los hombres creen que deberían esperar hasta haber convencido a la mayoría para cambiarlas. Creen que, si se opusieran a ellas, el remedio sería peor que la enfermedad. Pero eso es culpa del propio Gobierno. Él es quien peor lo hace. ¿Por qué no es capaz de anticiparse y ofrecer reformas? ¿Por qué no tiene en cuenta a la sabia minoría? ¿Por qué chilla y patalea antes de que le hagan daño? ¿Por qué no anima a sus ciudadanos a que señalen sus faltas y a que lo *hagan* mejor que él? ¿Por qué siempre crucifica a Cristo, excomulga a Copérnico y a Lutero, y acusa de rebeldía a Washington y a Franklin?

Podría pensarse que el único delito que el Gobierno no contempla es la negación práctica y deliberada de su autoridad; si no, ¿por qué no ha fijado todavía una pena definida, adecuada y proporcionada? Si un hombre sin propiedades se niega una sola vez a ganar nueve chelines para el Estado, se lo encarcela durante un tiempo que no está estipulado por ninguna de las leyes que conozco, sino que depende por completo del arbitrio de quienes lo encerraron allí. Pero si ese mismo hombre le robara noventa veces nueve chelines al Estado, no tardaría en ser puesto en libertad.

Si la injusticia forma parte de las fricciones inevitables de la maquinaria del Gobierno, dejémosla estar, dejémosla: tal vez desaparezcan con el tiempo, pero de lo que no cabe duda es de que, al final, la máquina se estropeará. Si la injusticia tiene un muelle o una polea o una cuerda o una manivela propios y exclusivos, puede que entonces debamos considerar si el remedio no sería peor que la enfermedad; pero si es de tal naturaleza que nos obliga a convertirnos en sus agentes para con los demás, entonces digo: «incumplamos la ley». Que nuestra vida sea la contrafricción que detenga la máquina. En cualquier caso, asegurémonos de no convertirnos en el instrumento de la injusticia que condenamos.

En cuanto a los medios que el Estado proporciona para curar la enfermedad, yo no los conozco. Llevarían demasiado tiempo y la vida se nos quedaría corta. Tengo otros asuntos que atender. No vine a este mundo para convertirlo en un buen lugar donde vivir, sino para vivir en él, sea bueno o malo.

Un hombre no tiene por qué hacerlo todo, sino algo. Y, como no puede hacerlo *todo*, no es necesario que *lo que haga* sea injusto. No me corresponde a mí elevar peticiones al Gobierno ni a la cámara legislativa, del mismo modo que a ellos tampoco les corresponde interpelarme a mí. Además, si no escucharan mis ruegos, ¿qué habría de hacer? Para esa situación, el Estado no ha provisto ningún remedio: su propia Constitución es la enfermedad. Esto puede parecer duro, obstinado e intransigente, pero sólo se ha de tratar con la mayor consideración y amabilidad al espíritu que lo merezca. Así son los cambios a mejor, como el nacimiento y la muerte, que convulsionan nuestros cuerpos.

No vacilo en decir que quienes se llaman a sí mismos «abolicionistas» deberían retirar en el acto su apoyo personal y económico al Gobierno de Massachusetts sin esperar a constituir una mayoría, antes de ser víctimas del derecho de prevalencia. Creo que es suficiente con tener a Dios de su parte, sin esperar a nadie más. Además, cada hombre más justo que sus vecinos constituye, ya de por sí, una mayoría.

Sólo una vez al año, no más, me reúno cara a cara con este Gobierno americano, o con su representante: el Gobierno del Estado en la persona del recaudador de impuestos; es el único modo en que un hombre en mi situación ha de relacionarse inevitablemente con él. Y es entonces cuando él dice, alto y claro: «Reconóceme»; y el modo más simple y efectivo y, tal como están las cosas, el único modo posible de tratar con él y de expresarle nuestra poca satisfacción y afecto es rechazarlo. Mi vecino civil, el recaudador de impuestos, es el único hombre con el que tengo que tratar, pues, al fin y al cabo, acostumbro a pelear con hombres y no con papeles, y él ha elegido voluntariamente ser agente del Gobierno. Sólo conocerá bien su papel y su cometido como funcionario del Gobierno, o como hombre, cuando se vea obligado a considerar si ha de tratarme a mí, a su vecino, a quien respeta, como un vecino y un hombre de bien o como un maniaco y un perturbador de la paz y vea si es capaz de superar este sentimiento de buena vecindad sin que le asalten pensamientos o palabras más rudos e impetuosos, acordes con su actuación. Estoy absolutamente convencido de que, si mil, cien o diez hombres a quienes pudiera nombrar, si diez hombres *honrados*, o incluso si *un* solo hombre HONRADO en esta Commonwealth de Massachusetts *dejara de tener esclavos* y de ser cómplice del Gobierno y fuera encerrado por ello en la cárcel del condado, eso supondría el fin de la esclavitud en América. No importa que el comienzo pueda parecer pequeño: lo que se hace bien una vez perdura para siempre. Sin embargo, preferimos hablar de ello: decimos que ésa es nuestra misión. La reforma cuenta con muchos titulares de periódico a su servicio, pero no cuenta con un solo hombre. Si mi querido vecino, el embajador del Estado, que va a dedicar sus días a zanjar la cuestión de los derechos humanos en la Cámara del Consejo, en lugar de sentirse amenazado por las prisiones de Carolina, tuviera que sentarse como prisionero de Massachusetts, ese estado tan ansioso por endosarle el pecado de la esclavitud a su hermano —aunque hasta ahora éste sólo haya podido reprocharle cierta falta de hospitalidad—, la cámara legislativa no desestimaría el tema por completo el invierno siguiente.

Bajo un Gobierno que encarcela injustamente, el verdadero lugar para el hombre justo también es la cárcel. El lugar adecuado hoy, el único lugar que Massachusetts proporciona a sus espíritus más libres y menos subyugables son sus cárceles. Se les encarcela y se les aparta del Estado por la propia acción de éste, como ya habían hecho ellos mismos por sus principios. Allí es donde deberían encontrarlos el esclavo fugitivo, el prisionero mexicano en libertad condicional y el indio que viene a exculpar los males imputados a su raza; en aquel lugar apartado, pero más libre y honorable, donde el Estado confina a los que no están *con* él, sino *contra* él: la única morada, en un Estado partidario de la esclavitud, en la que un hombre libre puede residir con honor. Si alguien piensa que su influencia se perdería allí, que sus voces dejarían de importunar el oído del Estado y que ya no serían enemigos de ser confinados entre esas cuatro paredes, ignoran cuánto más fuerte es la verdad que el error y con cuánta elocuencia y efectividad puede combatir la injusticia aquel que la ha experimentado en sus propias carnes. Depositad todo vuestro voto, no sólo una papeleta, sino toda vuestra influencia. Una minoría carece de poder si se somete a la mayoría (en ese caso ni siquiera puede considerársela una minoría), pero es irrefrenable cuando se moviliza con todo su peso. Si el Estado debe elegir entre encarcelar a todos los hombres justos o renunciar a la guerra y a la esclavitud, tendrá claro por qué alternativa decantarse. Si mil ciudadanos dejaran de pagar sus impuestos este año, no sería una medida violenta ni sangrienta, como sí lo sería, en cambio, el pagarlos y dar potestad al Estado para cometer actos violentos y derramar sangre inocente. Ésta es, de hecho, la definición de una revolución pacífica, si es que tal cosa es posible. Si el recaudador de impuestos o cualquier otro funcionario público me preguntara, como ya ha ocurrido: «¿Y yo qué hago?», mi respuesta sería: «Si de verdad quieres hacer algo, renuncia a tu cargo». Cuando el súbdito retira su lealtad y el funcionario renuncia a su cargo, la revolución se consuma. Pero supongamos que hubiera derramamiento de sangre. ¿Acaso no lo hay también en cierta medida cuando nos hieren la conciencia? Por esa herida manan la verdadera humanidad e inmortalidad del hombre y éste se desangra en una muerte eterna. Ya la estoy viendo manar.

Si me he referido al encarcelamiento del transgresor más que a la incautación de sus bienes, aunque ambos sirvan al mismo propósito, es porque aquellos que hacen valer la justicia más pura y, en consecuencia, son más peligrosos para un Estado corrupto, normalmente no pierden el tiempo acumulando riquezas. El Estado, en este caso, les presta poco servicio y el más mínimo impuesto les suele parecer exorbitante, sobre todo si se ven obligados a ganarlo con el sudor de su frente. Si hubiera una única persona que viviera sin hacer el menor uso del dinero, el propio Estado vacilaría en reclamárselo. Pero el hombre rico (sin ánimo de hacer comparaciones odiosas) se vende siempre a la institución que lo hace rico. Hablando en términos absolutos, a más dinero, menos virtud, pues el dinero se interpone entre un hombre y sus objetivos y los consigue para él; de modo que conseguirlos no supone desde luego ninguna gran virtud. El dinero acalla muchas preguntas que, de otra manera, tendría que responder y sólo plantea una nueva, difícil y superflua: cómo gastarlo. Así, sus principios morales se derrumban bajo sus pies. Las oportunidades de vivir plenamente disminuyen en proporción al aumento de los denominados «medios de vida».

Lo mejor que un hombre puede hacer por su cultura cuando es rico es llevar a cabo los planes que pergeñaba cuando era pobre. Cristo respondió a los fariseos según la condición de éstos: «Mostradme la moneda del tributo», dijo, y uno se sacó una moneda del bolsillo. Si usáis monedas con la imagen del César, que él mismo ha valorado y puesto en circulación, es decir, *si sois hombres de Estado* y disfrutáis encantados de las ventajas del Gobierno del César, entonces devolvedle parte de lo suyo cuando os lo reclame: «Dad al César lo que es del César y a Dios lo que es de Dios»[11], pero ellos, que no querían saber, se quedaron como antes, sin saber qué era de quién.

Cuando converso con los más libres de mis vecinos, observo que, digan lo que digan sobre la magnitud y la seriedad del problema y sea cuál sea su preocupación por la tranquilidad pública, no pueden prescindir de la protección del Gobierno actual y temen las consecuencias que su desobediencia pudiera acarrear a sus familias y propiedades. Por mi parte, no me gustaría pensar que algún día he de depender de la protección del Estado. Pero, si rechazo su autoridad cuando me presente la factura de los impuestos, no tardará en llevarse todos mis bienes y hacer uso de ellos y nos hostigará de por vida a mis hijos y a mí. Esto es

---

[11] Mateo 22, 16-21: «Y le enviaron sus discípulos junto con los herodianos, diciendo: Maestro, sabemos que eres amante de la verdad y que enseñas con verdad el camino de Dios, y no te cuidas de nadie, porque no miras la apariencia de los hombres. Dinos, pues, qué te parece: ¿Está permitido dar tributo a César, o no? / Pero Jesús, conociendo la malicia de ellos, les dijo: ¿Por qué me tentáis, hipócritas? Mostradme la moneda del tributo. / Ellos le presentaron un denario. / Entonces les preguntó: ¿De quién es esta imagen y la inscripción? / Le dijeron: De César. / Y les dijo: Dad, pues, a César lo que es de César, y a Dios lo que es de Dios».

duro. Esto impide que los hombres puedan vivir con honradez y, al mismo tiempo, con comodidades materiales. No merecerá la pena que acumulen propiedades, ya que, seguramente, se las volverían a llevar. Es mejor alquilar u ocupar alguna vivienda, cultivar una pequeña cosecha y consumirla pronto. Debéis vivir dentro de vosotros mismos y sólo depender de vosotros mismos, siempre listos y dispuestos a volver a empezar y sin involucraros en muchos negocios. Un hombre puede enriquecerse hasta en la misma Turquía si se comporta en todos los aspectos como un buen súbdito del Gobierno turco. Como dijo Confucio: «Si un Estado se gobierna por los principios de la razón, la pobreza y la miseria son objeto de vergüenza; si un Estado no se gobierna por los principios de la razón, la riqueza y los honores son objeto de vergüenza»[12]. No: mientras no necesite la protección de Massachusetts en algún puerto lejano del Sur donde se vea amenazada mi libertad o mientras me limite a levantar una casa en mi propio país por medios pacíficos, puedo permitirme rechazar la lealtad a Massachusetts y su derecho sobre mi vida y mis bienes. Me cuesta menos en todos los sentidos pagar el precio de la desobediencia al Estado que obedecerlo. En ese caso, me sentiría menos digno.

Hace algunos años, el Estado me interpeló en nombre de la Iglesia y me instó a que pagara cierta suma para ayudar a mantener al clérigo a cuyos servicios solía asistir mi padre, aunque yo nunca lo hiciera. «Paga —me dijeron— o serás encarcelado». Me negué a pagar, pero, por desgracia, otro hombre creyó conveniente hacerlo por mí. No entendía por qué el maestro de escuela debía pagar impuestos para mantener al cura y no al contrario; además, yo no era maestro del Estado, sino que me mantenía gracias a una suscripción voluntaria. No entendía por qué la escuela no tenía derecho a recibir impuestos del Estado

---

[12] Referencia a las *Analectas* de Confucio, VIII, 13.

y la Iglesia sí. Sin embargo, a petición de los concejales, accedí a escribir el siguiente alegato: «Que todo el mundo sepa por la presente que yo, Henry Thoreau, no deseo que se me considere miembro de ninguna sociedad legalmente constituida a la que no me haya unido». Luego se lo entregué al alguacil, en cuyo poder continúa.

El Estado, al enterarse así de que no deseaba que me considerasen miembro de esa iglesia, no ha vuelto a requerirme nada parecido desde entonces, si bien me dijo que, en esa ocasión, debía mantener su presunción original. De haber conocido los nombres de todas esas sociedades de las que nunca me hice miembro, me habría borrado una por una de todas ellas, pero no sabía dónde encontrar la lista completa.

Llevo seis años sin pagar el impuesto del sufragio. Por este motivo, ya me encarcelaron una vez durante una noche y, mientras contemplaba las paredes de piedra maciza de dos o tres pies de grosor, la puerta de madera y hierro de otro y las rejas de hierro por donde se filtraba la luz, no pude evitar que me impresionara la estupidez de aquella institución que me trataba como si yo fuera mera carne, sangre y huesos que encerrar. Me sorprendía sobremanera que alguien hubiera concluido que aquél era el mejor uso que se podía hacer de mí y que no se le hubiera ocurrido nunca valerse de mis servicios de algún modo. Me di cuenta de que, si había un muro de piedra entre mis conciudadanos y yo, había otro aún más difícil de escalar o atravesar antes de que llegaran a alcanzar mi mismo grado de libertad. En ningún momento me sentí confinado y las paredes me parecieron tan sólo un derroche de piedra y mortero. Me sentí como si fuera el único de mis vecinos que había pagado sus impuestos. Sencillamente, no sabían cómo tratarme y se comportaban como personas maleducadas. Tanto cuando amenazaban como cuando alababan cometían un error, pues pensaban que mi mayor deseo era estar al otro lado de aquella pared de piedra.

No podía sino sonreír cuando veía con cuánto esfuerzo ponían mis pensamientos bajo llave, cuando éstos los seguían fuera de allí sin obstáculo ni impedimento: *ellos* eran en realidad los únicos peligrosos. Como no podían llegar a mi alma, habían decidido castigar mi cuerpo; justo como hacen los niños, que, si no pueden alcanzar a la persona a la que guardan rencor, maltratan a su perro. Comprendí entonces que el Estado era necio, tímido como una mujer solitaria que guarda con celo sus cucharas de plata, y que no sabía distinguir a sus amigos de sus enemigos, y le perdí en el acto todo el respeto que aún me quedaba por él, y lo compadecí.

Por tanto, el Estado nunca se enfrenta de manera intencionada al sentido moral o intelectual de un hombre, sino sólo a su cuerpo, a sus sentidos. No está armado con ninguna inteligencia u honradez superior, sino con una mayor fuerza física. Yo no nací para ser sometido. Seguiré mi propio camino. Ya veremos quién es más fuerte. ¿Cuánta fuerza posee la multitud? Sólo pueden someterme aquellos que obedecen a una ley superior a la mía, obligándome a ser como ellos. No conozco a ningún *hombre* a quien las masas le hayan *obligado* a vivir de una manera o de otra. ¿Qué clase de vida sería ésa? Cuando me encuentro con un Gobierno que me dice: «¡El dinero o la vida!», ¿por qué habría de apresurarme a darle mi dinero? Puede que se halle en un terrible apuro y no sepa qué hacer, pero yo no puedo ayudarlo; debe salvarse a sí mismo, igual que yo. No merece la pena lamentarse por eso. Yo no soy responsable del buen funcionamiento de la maquinaria de la sociedad. No soy el hijo del ingeniero. He observado que, cuando una bellota y una castaña caen al lado, una no se queda quieta para hacerle sitio a la otra, sino que ambas obedecen sus propias leyes y brotan, crecen y florecen como mejor pueden hasta que una tal vez ensombrece y destruye a la otra. Si una planta no puede vivir conforme a su naturaleza, muere; y lo mismo les ocurre a los hombres.

La noche que pasé en prisión fue novedosa e interesante. Cuando entré, los demás prisioneros, en mangas de camisa, estaban en la puerta charlando animadamente y disfrutando del fresco de la tarde. Pero entonces el carcelero dijo: «Venga, muchachos, es hora de cerrar» y todos se dispersaron, y oí el ruido de pasos que regresaban a sus cubículos vacíos. El carcelero me presentó a mi compañero de celda como un «individuo inteligente y de primera». Cuando cerraron la puerta, me indicó dónde colgar el sombrero y me contó cómo se las arreglaba allí dentro. Las celdas se blanqueaban una vez al mes y aquella habitación era, como poco, la más blanca, la que estaba amueblada con mayor sencillez, y probablemente la más limpia de toda la ciudad. Como es lógico, él quería saber de dónde era yo y cómo había terminado allí y, cuando se lo conté, le hice a su vez la misma pregunta, dando por sentado que era un hombre honrado, por supuesto; y, tal como está el mundo, creo que lo era. «Resulta que me acusan de quemar un granero —me respondió—, pero yo no lo hice». Por lo que pude adivinar, todo apuntaba a que había ido al granero a dormir la mona y, al fumarse allí su pipa, lo había incendiado sin darse cuenta. Tenía fama de ser un hombre listo. Llevaba allí tres meses a la espera de juicio y, aunque aún tendría que esperar mucho tiempo más, se le veía bastante resignado y conforme, dado que comía y bebía gratis y consideraba que lo trataban bien.

Él ocupaba una ventana y yo la otra, y me di cuenta de que, si uno se quedaba allí mucho tiempo, mirar por la ventana se convertía en su única ocupación. No tardé en leer todos los panfletos que habían ido dejando allí los anteriores prisioneros, en examinar por dónde se habrían escapado algunos —por dónde habían serrado las rejas— y en conocer la historia de varios de los ocupantes de aquella celda, pues descubrí que, incluso allí, había historias y habladurías que nunca salían de las paredes de la cárcel. Es probable que éste sea el único lugar en toda la ciudad donde se componen versos, que luego se imprimen y circulan, pero no se publican. El individuo me enseñó una larga lista de versos compuestos por jóvenes a quienes habían interceptado en un intento de fuga y que los cantaban para vengarse.

Por si no volvía a verlo nunca más, le sonsaqué a mi compañero toda la información que pude, pero al final me indicó cuál era mi cama y se apartó de mí para apagar la lámpara.

Pasar allí la noche fue como viajar a un país lejano que jamás hubiese esperado conocer. Me parecía que nunca había oído repicar el reloj del ayuntamiento ni los sonidos de la noche, pues dormíamos con las ventanas abiertas por dentro de los barrotes. Era como contemplar mi pueblo natal a la luz del Medievo y nuestro Concord convertido en un afluente del Rin, y visiones de caballeros y castillos desfilaron ante mí. Oí las voces de los viejos burgueses en las calles y fui espectador y oyente involuntario de todo lo que se hacía y se decía en la cocina de la posada de al lado: una experiencia absolutamente nueva y extraordinaria para mí. Fue un acercamiento a mi pueblo natal. Me metí de lleno en él. Nunca antes había conocido sus instituciones y ésta es una de las más peculiares, ya que se trata de una cabeza de partido. Por fin empecé a comprender a sus habitantes.

Por la mañana, nos pasaron el desayuno por el agujero de la puerta en unas latitas rectangulares hechas a medida que contenían una pinta de chocolate, pan moreno y una cuchara de hierro. Cuando volvieron a recoger los recipientes, estuve a punto de devolver el pan que me había sobrado, pero mi camarada lo cogió y me dijo que lo guardara para el almuerzo o la cena. Poco después lo dejaron salir para que acudiera a su trabajo diario, pues se dedicaba a segar heno en un campo vecino, del que no volvía hasta mediodía, así que se despidió de mí y me dijo que dudaba que nos volviéramos a ver.

Cuando salí de la cárcel —pues alguien intercedió por mí y pagó el impuesto—, no aprecié que se hubieran producido grandes cambios en general, como le ocurre al que ingresa en prisión siendo un muchacho y sale convertido en un anciano lleno de canas, y, sin embargo, se había producido cierto cambio en el paisaje —en el pueblo, en el Estado y en el país—, un cambio mayor que el que hubiera provocado el mero paso del tiempo. Vi claramente el Estado en el que vivía. Comprendí hasta qué punto podía confiar en la gente con la que vivía como vecinos o amigos; que su amistad era sólo para las maduras; que no se proponían en gran medida hacer el bien; que, por sus prejuicios y supersticiones, pertenecían a una raza distinta a la mía, como los chinos y los malayos, quienes, en sus sacrificios a la humanidad, no asumían riesgo alguno ni tampoco sus bienes. Comprendí que, después de todo, no eran tan nobles, sino que le daban al ladrón de su propia medicina y esperaban, mediante la observancia de ciertas formalidades y unas cuantas oraciones y caminando de vez en cuando por una senda recta pero inútil, salvar sus almas. Puede que juzgue a mis vecinos con dureza, pero creo que muchos de ellos no son conscientes de que tienen una institución como la cárcel en su pueblo.

Antes, cuando un deudor insolvente salía de la cárcel, era costumbre en nuestro pueblo que la gente lo saludase mirando a través de sus dedos cruzados para representar los barrotes de la cárcel. «Hola, ¿qué tal?». Pero mis vecinos no me saludaron así, sino que se limitaron a mirarme y luego se miraron unos a otros, como si hubiera vuelto de un largo viaje. El día anterior me habían arrestado cuando iba de camino al zapatero a recoger un zapato que me había remendado y, cuando esa mañana me pusieron en libertad, me dispuse a acabar el recado: me calcé el zapato y me uní a un grupo de recolectores de arándanos que querían que les hiciera de guía y, al cabo de media hora —pues apenas tardé en aparejar el caballo—, estaba en medio de un campo de bayas situado en una de nuestras colinas más altas, a dos millas de distancia, y allí no se veía al Estado por ninguna parte.

Ésta es la historia completa de «Mis prisiones»[13].

Nunca me he negado a pagar el impuesto de carreteras porque deseo ser tan buen vecino como mal súbdito y, en lo que respecta al mantenimiento de las escuelas, estoy poniendo mi granito de arena para contribuir a la educación de mis conciudadanos. No es por ninguna particularidad del impuesto por lo que me niego a pagarlo. Simplemente deseo retirarle mi lealtad al Estado, apartarme de él y mantenerme al margen de una manera efectiva. Aunque pudiera hacerlo, no me molestaría en conocer adónde va a parar mi dinero, si se destina a comprar a un hombre o un mosquete con el que dispararle —el dinero es inocente—, pero sí me molestaría en conocer las consecuencias de mi lealtad. De hecho, le declaro la guerra al Estado a mi manera, pacíficamente, aunque aún seguiré haciendo uso de él y le sacaré todo el provecho posible, como es habitual en estos casos.

Si, por simpatía al Estado, otros pagan el impuesto que se me pide, sólo estarán haciendo lo que ya han hecho en su propio caso o, más bien, estarán siendo mucho más cómplices de la injusticia de lo que exige el Estado. Si pagan el impuesto por un interés equivocado en el individuo afectado, para salvar sus propiedades o para evitar que vaya a la cárcel, es porque no han considerado con sensatez hasta qué punto permiten que sus sentimientos personales interfieran en el bien público.

Ésta es, por tanto, mi postura actual, aunque en estos casos nunca se está demasiado en guardia para evitar que los propios actos se desvíen por obstinación o por un respeto indebido a las opiniones de los demás. Dejemos que cada uno haga sólo lo que le corresponda y en su debido momento.

---

[13] Alusión a la obra *Mis prisiones* de Silvio Pellico (1789-1854), patriota, escritor y poeta italiano que permaneció cerca de ocho años en prisión por motivos políticos.

A veces creo que estas gentes tienen buenas intenciones pero que son ignorantes y actuarían mejor de saber cómo hacerlo. ¿Por qué poner a tu vecino en la difícil tesitura de tratarte de un modo contrario a sus inclinaciones? A veces creo, repito, que ésta no es razón suficiente para que yo actúe como ellos ni para que permita que alguien sufra males mayores de diferente naturaleza. De nuevo, a veces me digo a mí mismo: cuando muchos millones de hombres sin odio, sin mala voluntad y sin sentimientos personales de ningún tipo, te piden sólo unos cuantos chelines sin la posibilidad, tal es su constitución, de que alteren o retiren esa exigencia y sin la posibilidad, por tu parte, de apelar a otros tantos millones, ¿por qué tendrías que exponerte a su aplastante fuerza bruta? Tú no te enfrentas al frío y al hambre, al viento y a las olas con esa obstinación, sino que te sometes resignado a mil necesidades similares. No metes la cabeza en el fuego. Pero, en la misma proporción en que considero que ésta no es totalmente una fuerza bruta, sino en parte humana, y que tengo relación con esos millones, en cuanto que son millones de personas y no de meros animales o cosas inanimadas, veo que la apelación es posible, en primer lugar y de modo inmediato, de ellos hacia su Creador y, en segundo lugar, de ellos hacia sí mismos. Por el contrario, si metiera deliberadamente la cabeza en el fuego, no habría apelación posible, ni al fuego ni al Creador del fuego, y sólo yo habría de cargar con las consecuencias. Si pudiera convencerme a mí mismo de que tengo derecho a estar satisfecho de los hombres tal como son y a tratarlos en consecuencia y no conforme a mis propios requisitos y mis expectativas, en ciertos aspectos, de lo que tanto ellos como yo deberíamos ser, entonces, como buen musulmán y fatalista, intentaría contentarme con las cosas tal como son y decir que se trata de la voluntad de Dios. Y, por encima de todo, está la diferencia entre enfrentarse a esto y a una mera fuerza animal o natural, pues, al enfrentarme a ello consigo algún resultado, pero no puedo pretender cambiar la naturaleza de las rocas, los árboles y las bestias, como hacía Orfeo.

No deseo discutir con ningún hombre o nación. No deseo ser quisquilloso, ni hacer distinciones sutiles ni alardear de ser mejor que mis vecinos. Diría que incluso busco una excusa para someterme a las leyes del país. Estoy más que dispuesto a someterme a ellas. De hecho, tengo motivos de sobra para desconfiar de mi postura y, cada año, cuando llega el recaudador de impuestos, me dispongo a revisar las leyes y la posición de los gobiernos general y estatal, así como el sentir del pueblo, en busca de un pretexto para someterme a ellas.

> Hemos de querer a nuestro país como a nuestros padres,
> Y, si en algún momento, dejamos de honrarlo con nuestro amor y nuestro esfuerzo,
> Hemos de atenernos a las consecuencias y educar el alma
> En cuestiones de conciencia y religión,
> Y no en deseos de poder o beneficio propio[14].

Creo que el Estado pronto será capaz de quitarme esta preocupación y entonces no seré mejor patriota que mis conciudadanos. Desde un punto de vista inferior, la Constitución, con todos sus defectos, es muy buena; las leyes y los tribunales son muy respetables, incluso el Gobierno del país y el del Estado son, en muchos aspectos, muy admirables y excepcionales, algo por lo que deberíamos estar agradecidos, y así los han descrito muchos hombres ilustres. Pero desde un punto de vista un poco más elevado, son como los he descrito yo; y desde un punto de vista todavía más alto, el máximo posible, ¿quién sabría decir lo que son o si merece la pena mirarlos o siquiera pensar en ellos?

---

[14] Versos pertenecientes a la obra *The Battle of Alcazar* (1594), del dramaturgo británico George Peele, contemporáneo de Shakespeare.

Sin embargo, el Gobierno no me preocupa demasiado, así que pensaré en él lo menos posible. No son muchas las ocasiones en las que vivo bajo su mandato, ni siquiera en este mundo nuestro. Si un hombre piensa con libertad, sueña con libertad e imagina con libertad, difícilmente le parecerá que *es* aquello que *no es* y ni los gobernantes ni los reformadores ineptos podrán hacerle cambiar de opinión.

Sé que la mayoría de los hombres no comparte mi manera de ver las cosas, pero aquellos que dedican sus vidas profesionalmente al estudio de estos temas u otros semejantes me satisfacen tan poco como los demás. Los hombres de Estado y los legisladores se hallan tan inmersos en la institución que no son capaces de contemplarla con claridad y distancia. Hablan de cambiar la sociedad, pero no se sienten a gusto en una nueva. Puede que sean hombres de cierta experiencia y criterio y que, sin duda, hayan inventado sistemas ingeniosos e incluso útiles por los que, sinceramente, les damos las gracias, pero todo su ingenio y su utilidad coexisten dentro de unos límites muy reducidos. A menudo se olvidan de que el mundo no está gobernado por la política ni por la conveniencia. Webster[15] jamás va más allá de lo que dicta el Gobierno y por eso no puede hablar de él con autoridad. Sus palabras son sabias para aquellos legisladores que no contemplan una reforma esencial del Gobierno existente, pero, para los pensadores y para aquellos que legislan con ideas de futuro, no llega siquiera a vislumbrar el problema. Conozco a algunos que, con sus sabias y serenas especulaciones sobre este tema, no tardarían en revelar cuán limitados son el alcance y la apertura de su mente. Y, no obstante, si las comparamos con las pobres manifestaciones de la mayoría de los reformadores y con las todavía más pobres sabiduría y elocuencia de los polí-

---

[15] Daniel Webster (1782-1852), destacado político estadounidense del periodo anterior a la Guerra de Secesión.

ticos en general, sus palabras son casi las únicas sensatas y válidas, y damos gracias al cielo por que exista un político como él. Comparado con los demás, él es siempre fuerte, original y, sobre todo, práctico. Sin embargo, su mayor cualidad no es la sabiduría, sino la prudencia. La verdad que defiende el abogado no es la Verdad con mayúsculas, sino la coherencia o una conveniencia coherente. La Verdad está siempre en armonía consigo misma y su principal cometido no es poner de manifiesto aquella justicia compatible con las malas acciones. Bien merece que lo llamen, como ya lo han hecho, el Defensor de la Constitución. En realidad, todos los golpes que da son defensivos. No es un líder, sino un seguidor. Sus líderes son los hombres del ochenta y siete[16]. «Nunca me he esforzado —dice— ni pienso esforzarme, nunca he consentido ningún esfuerzo, ni pienso consentirlo ahora, para alterar el acuerdo original mediante el cual los diversos estados constituyeron la Unión». Y respecto al hecho de que la Constitución contemple la esclavitud, afirma: «Ya que forma parte del pacto original, dejémosla estar». Pese a su especial perspicacia y habilidad, es incapaz de extraer un hecho de sus relaciones meramente políticas y contemplarlo de manera puramente intelectual (por ejemplo, preguntarse qué le corresponde hacer a un hombre en la América actual con respecto al problema de la esclavitud), sino que se aventura o se ve obligado a dar una respuesta tan descabellada como la siguiente, mientras pretende hablar en términos absolutos y desde un punto de vista personal (¿qué nuevo y singular sistema de valores sociales podríamos inferir de ahí?): «El modo en que regulen la esclavitud los Gobiernos de los estados donde tal esclavitud existe —dice— depende de ellos mismos, de su propia responsabilidad ante sus electores, ante las leyes generales de la propiedad, la humanidad y la justicia, y ante Dios. Las asociaciones que puedan constituirse

---

[16] Los hombres que redactaron la Constitución de 1787.

en otra parte surgidas de un sentimiento de humanidad, o por cualquier otra causa, no tienen nada que ver con esta cuestión. Yo nunca he abogado por ellas y nunca lo haré»[17].

Los que no conocen fuentes más puras de la verdad ni han remontado su curso hasta su nacimiento, permanecen, sabiamente, del lado de la Biblia y la Constitución y beben de ellas con reverencia y humildad, pero aquellos que se preguntan de dónde procede el agua que alimenta este lago o aquel estanque vuelven a ceñirse los cinturones y continúan su peregrinaje en busca del manantial.

En América no ha habido ni un solo hombre con talento para legislar. Esos hombres son escasos en la historia del mundo. Hay miles de oradores, políticos y hombres elocuentes, pero hasta ahora no ha abierto la boca el orador capaz de zanjar las cuestiones más controvertidas del momento. Nos encanta la elocuencia por sí misma, no por la verdad que conlleve ni por el heroísmo que inspire. Nuestros legisladores aún no han aprendido el valor relativo que poseen, para una nación, el libre comercio y la libertad, la unión y la rectitud. Carecen de genio o talento para cuestiones relativamente modestas como los impuestos o las finanzas, el comercio, la industria y la agricultura. Si nos dejáramos guiar únicamente por la ingeniosa facundia de los legisladores del Congreso, sin la contraposición de la oportuna experiencia del pueblo y sus eficaces reclamos, América no tardaría en perder su rango entre las naciones. El Nuevo Testamento, aunque tal vez no debiera decirlo, se escribió hace mil ochocientos años y, sin embargo, ¿dónde está el legislador con sabiduría y talento suficientes para valerse de la luz que arroja sobre la ciencia de la legislación?

---

[17] Estos extractos se insertaron después de que fuera pronunciada la conferencia (N. del A.). [Recordemos que Thoreau pronunció el texto que nos ocupa ante el Lyceum de Concord en 1848 con el título *On the Duty of Civil Disobedience* antes de ser publicado en 1849 como *Resistance to Civil Government*].

La autoridad del Gobierno, incluso aquella a la que estoy dispuesto a someterme —pues de buena gana obedeceré a quienes saben y pueden hacerlo mejor que yo, y, en muchos aspectos, hasta a quienes no sepan ni puedan hacerlo tan bien—, sigue siendo impura: para ser estrictamente justa, ha de contar con la sanción y el consentimiento de los gobernados. No puede ejercer más derecho sobre mi persona y propiedades que el que yo le conceda. El progreso de una monarquía absoluta a una limitada, y de una monarquía limitada a una democracia, es un progreso hacia el verdadero respeto por el individuo. Incluso el filósofo chino fue lo suficientemente sabio como para comprender que el individuo era la base del imperio. ¿Es la democracia, tal como la conocemos, la última mejora posible en cuestión de Gobierno? ¿No es posible dar un paso más hacia el reconocimiento y la organización de los derechos del hombre? Nunca habrá un Estado realmente libre e ilustrado hasta que éste reconozca al individuo como un poder superior e independiente, del cual se derivan su propio poder y autoridad, y lo trate en consecuencia. Me complazco imaginando un Estado que por fin sea capaz de ser justo con todos los hombres y trate al individuo con respeto como vecino; que no considere incompatible con su propia tranquilidad que unos pocos vivan al margen de él, sin interferir en sus asuntos, pero tampoco acogiéndose a él, sino limitándose a cumplir con sus obligaciones como vecinos y compañeros. Un Estado que diera ese fruto y dejara que cayera tan pronto como estuviera maduro prepararía el camino para otro Estado aún más perfecto y glorioso, que también imagino, pero que todavía no he visto por ninguna parte.

LA ESCLAVITUD EN MASSACHUSETTS

Hace poco asistí a una reunión de los ciudadanos de Concord, con la esperanza, como otros muchos, de hablar sobre el tema de la esclavitud en Massachusetts, pero me sorprendió y me decepcionó averiguar que lo que había llevado a reunirse a mis conciudadanos era el destino de Nebraska[1] y no el de Massachusetts y que lo que yo pensaba decir estaría completamente fuera de lugar. Creía que las barbas que debíamos remojar eran las nuestras y no las del vecino, pero, aunque algunos de los ciudadanos de Massachusetts se hallan ahora en prisión por intentar rescatar a un esclavo de las garras del Estado[2], ninguno de los oradores que se habían dado cita allí expresó su pesar por ello ni lo mencionó siquiera. Lo único que parecía preocuparles era la disposición de unas tierras salvajes a miles de millas de distancia. Los habitantes de Concord no están preparados para permanecer junto a ninguno de sus propios puentes, pero no dejan de hablar de establecerse en las tierras altas al otro lado del río Yellowstone. Nuestros Buttricks, Davises y Hosmers se están batiendo en retirada hacia allí y mucho me temo que no van

---

[1] La ley de Kansas-Nebraska de 1854 establecía un gobierno territorial para lo que más tarde pasarían a ser los estados de Kansas y Nebraska. Varios grupos antiesclavistas vieron en esto un intento de propagar la esclavitud y, con el fin de evitarlo, fundaron el nuevo Partido Republicano.
[2] El 26 de mayo de 1854, los abolicionistas irrumpieron en el Palacio de Justicia de Boston para liberar al esclavo Anthony Burns. Trece de ellos fueron arrestados y un alguacil resultó muerto en el ataque.

a dejar ningún Lexington Common entre ellos y el enemigo[3]. No hay ningún esclavo en Nebraska, pero tal vez haya un millón de ellos en Massachusetts.

Los que han sido educados en la escuela de la política son incapaces, ahora y siempre, de afrontar los hechos. Sus medidas lo son sólo a medias, son meras improvisaciones. Aplazan indefinidamente la fecha de liquidación y, mientras tanto, la deuda se acumula. Aunque la Ley de Esclavos Fugitivos no fuera objeto de debate en esa ocasión, mis conciudadanos por fin decidieron tímidamente, en una reunión que se pospuso, por lo que tengo entendido, que, habiendo sido rechazado por una de las partes el compromiso de 1820, la Ley de Esclavos Fugitivos de 1850 debía revocarse[4]. Sin embargo, ésa no es razón para revocar una ley inicua. El hecho al que se enfrenta el político es sólo que hay menos honor entre ladrones del que se suponía y no al hecho de que sean ladrones.

Como no tuve la posibilidad de expresar mis pensamientos en esa reunión, ¿me permitiréis que lo haga aquí?

El Palacio de Justicia de Boston ha vuelto a llenarse de hombres armados que retienen prisionero y juzgan a un HOMBRE para averiguar si en realidad es un ESCLAVO. ¿Alguien cree que la justicia o Dios están a la espera de lo que dictamine el señor Loring[5]? Que él esté allí sentado decidiendo cuando la decisión ya está

---

[3] Thoreau alude a un célebre episodio que tuvo lugar en el North Bridge de Concord el 19 de abril de 1775, durante la Guerra de Independencia, cuando John Buttrick, uno de los líderes de la milicia de Concord, mandó abrir fuego contra las tropas británicas tras la muerte del capitán Davis y del soldado Hosmer.
[4] En 1850 se aprobaron cinco proyectos de ley impulsados por el senador liberal Henry Clay y por el demócrata Stephen Douglas para resolver algunas tensiones surgidas con la colonización de California y la anexión de territorios después de la guerra con México (1846-1848), que dieron lugar a conflictos territoriales y a la discusión sobre la legalidad de la esclavitud en los nuevos estados. Este paquete, conocido como el Compromiso de 1850, venía a corroborar los acuerdos del llamado Compromiso de Misuri o Compromiso de 1820 y una de sus medidas más importantes fue la aprobación de la Ley de Esclavos Fugitivos.
[5] Edward G. Loring (1802-1890): juez de Massachusetts que sentenció a Burns a volver junto a su «amo» sureño por la Ley de Esclavos Fugitivos de 1850.

tomada desde la eternidad, y el esclavo analfabeto y la multitud que lo rodea ya hace tiempo que la han oído y aceptado, es ponerse en ridículo. Puede que nos veamos tentados a preguntar quién lo ha nombrado en su cargo y quién es él para recibirlo, a qué nuevos estatutos obedece y qué precedentes tiene de autoridad. La misma existencia de tal árbitro es ya una impertinencia. No queremos que tome una decisión, sino que se vaya.

Aguzo el oído para escuchar la voz del gobernador[6], del comandante en jefe de las fuerzas de Massachusetts, pero lo único que percibo es el cricrí de los grillos y el zumbido de los insectos que colman el aire estival. La gran proeza del gobernador consiste en pasar revista a las tropas los días señalados. Lo he visto a lomos de su caballo, sin sombrero, escuchando las oraciones del capellán. Y eso es todo lo que he visto de él. Creo que podría arreglármelas perfectamente sin ningún gobernador que se precie. Si ni tan siquiera es capaz de impedir que me secuestren, ¿de qué me sirve? Cuanto más amenazada está la libertad, más se afana en esconderse. Un distinguido clérigo me dijo una vez que había escogido la profesión del sacerdocio porque le permitía tener más tiempo libre para dedicarlo a sus intereses literarios. Yo le recomendaría la profesión de gobernador.

Hace tres años, cuando se produjo la tragedia de Sims[7], me dije: «Tenemos un funcionario, no ya un hombre, como gobernador de Massachusetts[8]. ¿Qué ha estado haciendo los últimos quince días? ¿Asegurarse de cubrirse bien la cabeza durante este terremoto moral?». Me dio la impresión de que no se le habría

---

[6] Henry Joseph Gardner (1819-1892), gobernador de Massachusetts de 1855 a 1858, simpatizante del movimiento «Know Nothing», inspirado por el temor hacia los inmigrantes católicos irlandeses, cuyo número crecía de forma ostensible en las principales ciudades de Estados Unidos, al considerarlos hostiles a los valores estadounidenses.

[7] Thomas Sims fue un esclavo que se escapó de Georgia siendo adolescente, pero fue arrestado en Boston en 1851 por la Ley de Esclavos Fugitivos y devuelto a su amo. Su caso se convirtió en una causa célebre entre el movimiento abolicionista.

[8] George S. Boutwell (1818-1905).

podido lanzar una crítica más mordaz ni un insulto más hiriente que justamente lo que sucedió: la ausencia de todo interés sobre su persona en medio de semejante crisis. Lo peor y lo máximo que he llegado a saber de él es que no aprovechó esa oportunidad para darse a conocer, para ser conocido dignamente. Al menos podría haberse *rendido* al peso de la fama. Parecía que todos se hubieran olvidado de que existía tal hombre o tal cargo. Y, sin embargo, no cabe la menor duda de que trató de ocupar el sillón gubernamental todo el tiempo. No era mi gobernador. No me gobernaba en absoluto.

Pero, por fin, en el caso que nos ocupa, hemos oído al gobernador. Después de que él y el Gobierno de los Estados Unidos le hubieran arrebatado para siempre su libertad a un pobre hombre negro inocente y, en la medida de lo posible, hasta la más íntima semejanza con su Creador, ¡dio un discurso ante sus cómplices en una cena de celebración!

He leído una ley reciente de este Estado que castiga al funcionario de la «Commonwealth[9]» que «detenga o colabore en la... detención», en cualquier lugar dentro de sus límites, «de cualquier persona acusada de ser un esclavo fugitivo». Además, el hecho de que el auto de reivindicación para liberar al fugitivo de la custodia de los federales no pudiera cumplirse por falta de apoyo suficiente para secundar al funcionario fue de todo punto reprobable[10].

---

[9] El Estado de Massachusetts se llama oficialmente «Commonwealth of Massachusetts». En Estados Unidos existen cuatro estados que se designan oficialmente con el vocablo «Commonwealth», en lugar del más usual *state*, son: Kentucky, Massachusetts, Pensilvania y Virginia. Esta denominación se mantiene por motivos históricos y no tiene ningún efecto constitucional sobre sus competencias ni su régimen dentro de la Unión. La palabra «Commonwealth» es una traducción libre de la locución latina *res publica*, y estos estados la adoptaron al alcanzar la independencia, para subrayar el hecho de que su forma de gobierno se basaba en el consentimiento de los ciudadanos y no en los argumentos tradicionales de legitimidad monárquica de la época en que eran colonias británicas.

[10] El soldado federal Watson Freeman recibió un auto de reivindicación, pero se negó a cumplirlo alegando que había detenido a Burns mediante procedimientos legales. Freeman

Pensaba que el gobernador era, en cierto sentido, el brazo ejecutor del Estado, que su función como gobernador era velar por que las leyes del Estado se ejecuten, mientras que, como hombre, se preocupaba por que, al hacerlo, no se transgrediesen las leyes de la humanidad, pero, cuando se le exige algún servicio especial o importante, sirve de poco o de nada y consiente que las leyes del Estado no se cumplan. Tal vez yo desconozca cuáles son las obligaciones del gobernador, pero, si ser gobernador requiere sucumbir a semejante ignominia, si consiste en poner límites a mi propia humanidad, me cuidaré muy mucho de convertirme alguna vez en gobernador de Massachusetts. No he seguido profundizando en los estatutos de esta Commonwealth. No es una lectura provechosa. No siempre dicen la verdad ni quieren decir siempre lo que dicen. Lo que me preocupa saber es que la influencia y la autoridad de ese hombre estaban de parte del amo y no del esclavo, del culpable y no del inocente, de la injusticia y no de la justicia. Nunca he visto al hombre del que hablo; en realidad, no sabía que era gobernador hasta que estos hechos ocurrieron. Oí hablar de él y de Anthony Burns al mismo tiempo, como sin duda le sucederá a la mayoría. Estoy muy lejos de reconocerme bajo su mandato. No quiero decir que juegue en su contra el hecho de que nunca hubiera oído hablar de él, sólo lo constato. Lo peor que podría decir de él es que no ha demostrado ser mejor de lo que probablemente demostraría ser la mayoría de sus electores. En mi opinión, no ha estado a la altura de las circunstancias.

Todas las fuerzas militares del Estado se hallan ahora al servicio de un tal señor Suttle, esclavista de Virginia, para ayudarle a recuperar a un hombre que él considera de su propiedad, ¡pero

---

contaba con un fuerte apoyo civil y militar. El coronel de Boston Charles Emery expresó su disposición a cumplir el auto y liberar al prisionero siempre que se le proporcionaran medios suficientes para hacer frente a las fuerzas de Freeman.

ningún soldado se ha ofrecido para salvar de un secuestro a un ciudadano de Massachusetts! ¿Para eso es para lo que han servido todos estos soldados, toda esa *instrucción*, en los últimos setenta y nueve años? ¿Han sido instruidos sólo para saquear México y devolver a los esclavos fugitivos a sus amos?

Estas últimas noches he oído el redoble de un tambor en nuestras calles. Había hombres que seguían *instruyéndose*, y ¿para qué? Si hiciera un esfuerzo, podría perdonar que los gallitos de Concord cacarearan sin tregua por que no los hubieran derrotado esa mañana, pero no podría excusar este continuo rataplán de los milicianos. Pues fue precisamente un hombre como cualquiera de ésos, a saber, un soldado, del que lo mejor que podríamos decir en este caso es que se trata de un idiota vestido de uniforme, quien se encargó de devolver al esclavo.

Hace tres años también, justo una semana después de que las autoridades de Boston se congregaran para devolver a un hombre completamente inocente, y a sabiendas de que lo era, a la esclavitud, los habitantes de Concord tocaban las campanas y disparaban salvas para celebrar su propia libertad y la valentía y el amor de sus ancestros, que lucharon en el puente de Concord. Como si *esos* tres millones hubieran luchado por el derecho a ser libres, pero esclavizando a otros tres millones. Hoy en día, los hombres llevan un gorro de bufón y lo llaman gorro de la libertad. Incluso me atrevería a decir que hay algunos que, si los ataran a un poste para ser azotados y consiguieran soltar una mano, la usarían para tocar las campanas y disparar salvas para celebrar *su* libertad. Así, algunos de mis conciudadanos se tomaron la libertad de tocar y disparar: he ahí toda la extensión de su libertad. Y, cuando el sonido de las campanas se desvaneció, su libertad se desvaneció también; cuando toda la pólvora se gastó, su libertad se disipó con el humo.

La broma no sería más redonda si los reclusos de las prisiones pagaran una cuota por toda la pólvora que fuera a utilizarse en esas salvas y contrataran a los carceleros para que tocaran las campanas y dispararan los cañones mientras ellos disfrutaban del espectáculo desde detrás de las rejas.

Tal era la opinión que tenía de mis vecinos.

Cada vez que cualquiera de los humanitarios e inteligentes habitantes de Concord oía esas campanas y esos cañones, no pensaba con orgullo en los acontecimientos del 19 de abril de 1775, sino con vergüenza en los acontecimientos del 12 de abril de 1851. Pero ahora hemos medio enterrado esa antigua vergüenza bajo otra nueva.

Massachusetts se ha sentado a esperar la decisión del señor Loring, como si eso pudiera afectar de algún modo a su propia criminalidad. Su delito, el más evidente y funesto de todos, fue permitirle que ejerciera de árbitro en un caso como éste. En realidad era a Massachusetts a quien se estaba juzgando. Cada vez que dudaba sobre si liberar o no a ese hombre, cada vez que ahora duda sobre si expiar su propio delito, se está declarando culpable. En su caso, el comisario es Dios, no Edward G. Dios, sino simplemente Dios.

Quisiera que mis compatriotas considerasen que, cualquiera que sea la ley humana, ningún individuo ni nación pueden cometer el menor acto de injusticia contra el más insignificante de los hombres sin ser castigado por ello. Un Gobierno que actúa con injusticia deliberada y reiteradamente, a la larga acabará convirtiéndose en el hazmerreír del mundo.

Se ha hablado mucho acerca de la esclavitud americana, pero yo creo que ni siquiera nos hemos dado cuenta de lo que representa la esclavitud. Si le propusiera seriamente al Congreso convertir a la humanidad en salchichas, estoy seguro de que la mayoría de sus miembros sonreiría ante mi proposición y, en caso de que alguno creyera que iba en serio, daría por hecho que estaba proponiendo algo mil veces peor de lo que el Congreso haya hecho nunca. Pero si alguno de ellos me dijera que convertir a un hombre en salchicha sería mucho peor, mil veces peor que convertirlo en esclavo, que aprobar la Ley de Esclavos Fugitivos, entonces lo acusaría de estupidez, de incapacidad intelectual, de establecer una distinción cuando no hay diferencia alguna entre ambas propuestas: las dos son igual de sensatas.

He oído que se habla de pisotear esta ley. Y no nos costaría nada, pues esta ley no se eleva a la altura de la cabeza ni de la razón, sino que se revuelca por el fango. Nació, se crió y vive entre la mugre y el lodo, a la altura de los pies, y el que camina con libertad y no evita, con misericordia hindú, pisar los reptiles venenosos, la pisará irremediablemente y la aplastará bajo sus pies, a ella y a Webster, su artífice, como a un escarabajo pelotero con su bola.

Los recientes acontecimientos constituyen una crítica perfecta a nuestra administración de justicia o, más bien, una muestra perfecta de cuáles son los verdaderos recursos de la justicia dentro de cualquier comunidad. Los amigos de la libertad, los amigos del esclavo, se han estremecido al comprender que el destino de éste dependía de la decisión de los tribunales del país. Así son las cosas. Los hombres libres no confían en que la justicia resulte victoriosa en este caso. Decida lo que decida el juez, no será más que una mera casualidad. Está claro que no es una autoridad competente en un caso de tamaña importancia. No es momento, pues, de juzgar según los precedentes, sino de establecer un precedente para el futuro. Prefiero confiar en el sentir del pueblo. De sus votos al menos se extrae algo de valor, por pequeño que sea, pero en el otro caso, sólo el juicio restringido de un individuo sin valor alguno, sea cual sea.

En cierto modo, es fatal para los tribunales que la gente se vea obligada a tomarse la justicia por su mano. No quiero creer que los tribunales se crearon sólo para los buenos tiempos y para los casos meramente civiles, pero ¡pensemos qué pasaría si dejáramos que cualquier tribunal del país decidiera si más de tres millones de personas, en este caso, una sexta parte de la nación, tienen derecho a ser libres o no! Pues esa tarea se les ha confiado a los llamados tribunales de *justicia* —al Tribunal Supremo del país— que, como todos sabéis, sin reconocer otra autoridad que la Constitución, han decidido que esos tres millones son y seguirán siendo esclavos. Tales jueces no son más que los inspectores de las herramientas del ladrón y del asesino, quienes les dicen si están en buenas condiciones o no, y creen que su responsabilidad termina ahí. Entre las causas pendientes había una que, como jueces elegidos por Dios, no tenían derecho a desestimar; una causa que, de haberse resuelto justamente, los habría salvado de esta humillación. Se trataba del caso del propio asesino.

La ley nunca hará libres a los hombres; son los hombres quienes han de hacer libre a la ley. Los amantes de la ley y el orden son los que observan la ley cuando el Gobierno la infringe.

Entre los seres humanos, el juez que con sus palabras sella el destino de un hombre más allá de la eternidad no es el que simplemente pronuncia el veredicto de la ley, sino el que, quienquiera que sea, por amor a la verdad y sin los prejuicios de la costumbre o de las leyes de los hombres, emite una opinión verdadera o una *sentencia* respecto a él. Ése es quien lo *sentencia*. Quien es capaz de discernir la verdad ha recibido su cargo de una fuente más alta que la del más importante de los jueces del mundo, que sólo es capaz de discernir la ley. Se constituye así en juez del juez. ¡Qué extraño es que necesitemos enunciar verdades tan elementales!

Cada vez estoy más convencido de que, en lo que respecta a cualquier asunto público, es más importante saber lo que piensa el campo que lo que piensa la ciudad. La ciudad no *piensa* mucho. Preferiría saber la opinión de Boxboro sobre cualquier asunto moral que la de Boston y Nueva York juntas. Cuando Boxboro habla, me siento como si alguien *hubiera* hablado, como si todavía existiera *humanidad* y un ser razonable hubiera hecho valer sus derechos, como si varios hombres sin prejuicios allá por las colinas del país le hubieran prestado por fin atención al asunto y, con unas pocas palabras sensatas, hubieran redimido la reputación de la raza. Cuando, en un pueblecillo perdido, los granjeros se reúnen en asamblea especial para expresar su opinión sobre algún tema que les preocupa, eso, creo yo, es el verdadero Congreso de los Estados Unidos y el más respetable que haya existido jamás en el país.

Es evidente que en esta Commonwealth hay al menos dos partidos que se van diferenciando cada vez más: el partido de la ciudad y el partido del campo. Sé que el partido del campo es muy inferior, pero me gusta creer que hay una pequeña diferencia a su favor. Por ahora cuenta, si acaso, con algún que otro órgano de expresión. Los editoriales que lee, como las noticias, proceden de la costa. Habitantes del campo, cultivemos el respeto por nosotros mismos. No busquemos en la ciudad nada imprescindible salvo nuestras ropas y víveres, y, si leemos las opiniones de la ciudad, forjemos también las nuestras.

Entre las medidas que deberíamos adoptar, sugiero asaltar la prensa de un modo serio y vigoroso, como ya se ha hecho con la Iglesia, y con gran éxito. La Iglesia ha mejorado mucho en pocos años, pero la prensa, casi sin excepción, sigue estando corrompida. Creo que en este país la prensa ejerce una influencia mayor y más perniciosa que la de la Iglesia en la peor de sus épocas. No somos un pueblo religioso, sino una nación de políticos. No nos preocupa la Biblia, sino el periódico. ¡Qué impertinente sería citar la Biblia en una reunión de políticos como la que se celebró en Concord la otra noche, por ejemplo! Pero ¡qué pertinente sería sacar a colación una cita del periódico o de la Constitución! El periódico es la Biblia que leemos cada mañana y cada tarde, sentados o de pie, en coche o paseando; la Biblia que todo hombre lleva en el bolsillo, que reposa en cada mesa o mostrador y que el correo y miles de misioneros distribuyen continuamente.

Es, en definitiva, el único libro que se publica y se lee en América, de ahí su influencia. El director es un predicador al que mantenemos voluntariamente: el impuesto que pagamos suele ser de un céntimo al día y alquilar un banco en su iglesia no cuesta nada. Sin embargo, ¿cuántos de estos predicadores predican la verdad? Reproduzco el testimonio de muchos extranjeros inteligentes, así como mis propias convicciones, cuando digo que probablemente ningún país ha sido gobernado nunca por una clase de tiranos más mezquina, con unas pocas y nobles excepciones, que la formada por los directores de las publicaciones periódicas de *este* país. Como viven y mandan sólo por servilismo y apelan a la peor y no a la mejor naturaleza del hombre, la gente que los lee es de la misma condición que el perro que vuelve a su vómito.

Hasta donde puedo afirmar, el *Liberator* y el *Commonwealth* fueron los únicos periódicos de Boston que condenaron abiertamente la cobardía y mezquindad de las autoridades de esa ciudad en 1851. Los demás periódicos, casi sin excepción, insultaron como poco el sentido común del país con su modo de referirse a la Ley de Esclavos Fugitivos y a la devolución del esclavo Sims. Y, en general, podría decirse que lo hicieron porque querían ganarse así la aprobación de sus patronos y no eran conscientes de que, en el seno de la Commonwealth, prevalecía en cierta medida un sentimiento más profundo. Me han dicho que algunos de ellos han mejorado últimamente, aunque siguen siendo bastante oportunistas. Tal es la fama que se han labrado.

Por suerte, este predicador puede ser más vulnerable al ataque del reformador que el sacerdote cobarde. A los hombres libres de Nueva Inglaterra les basta con abstenerse de comprar y leer esas páginas, con guardarse su dinero, para acabar con una veintena de ellas de una tacada. Alguien a quien respeto me dijo una vez que había comprado el *Citizen* de Mitchell en el tren y luego lo había tirado por la ventanilla. Pero ¿no habría expresado su desprecio con mayor rotundidad si no lo hubiera comprado?

¿Son americanos?, ¿son de Nueva Inglaterra?, ¿son habitantes de Lexington, Concord y Framingham quienes leen y mantienen el *Post*, el *Mail*, el *Journal*, el *Advertiser*, el *Courier* y el *Times* de Boston? ¿Son ésas las banderas de nuestra Unión? Como no suelo leer los periódicos, tal vez haya omitido el nombre del peor.

¿Podría sugerir la esclavitud un mayor servilismo que el que exhiben estos periódicos? ¿Queda algún polvo que no hayan lamido con su conducta y que no hayan vuelto todavía más repugnante con su baba? No sé si sigue existiendo el *Herald* de Boston, pero recuerdo haberlo visto por las calles cuando se llevaron a Sims. ¿Acaso no cumplió con su papel y sirvió a su amo con total fidelidad? ¿Podría haberse doblegado un poco más? ¿Cómo puede un hombre caer más bajo de lo que ya lo ha hecho? ¿Elevando las extremidades a la altura de la cabeza y convirtiendo su cabeza en la extremidad inferior? Cada vez que he cogido ese periódico con los puños arremangados, he oído el borboteo de la cloaca en cada una de sus columnas. Es como si tuviera en las manos un periódico sacado de las alcantarillas públicas, una hoja del evangelio de la casa de juego, de la licorería y del burdel que armonizase con el evangelio de la Cámara de Comercio.

La mayoría de los hombres del Norte, del Sur, del Este y del Oeste no son hombres de principios. Si votan, no envían a sus representantes al Congreso con un recado de humanidad, sino que, mientras sus hermanos y hermanas son flagelados y colgados por amar la libertad, mientras… —y aquí podría insertar lo que es la esclavitud y lo que implica—, lo único que les preocupa es la mala administración de la madera, del hierro, de la piedra y del oro. ¡Haz lo que te plazca, oh, Gobierno, con mi esposa e hijos, con mi madre y mi hermano o con mi padre y mi hermana! Yo te obedeceré al pie de la letra. Aunque me duela que los hieras, que los entregues a capataces que los persigan con sabuesos o los azoten hasta la muerte, yo continuaré apaciblemente mi camino en esta tierra hermosa hasta que tal vez llegue el día en que, habiéndome puesto de luto por sus muertes, te persuada para que te aplaques. Ésa es la actitud y ésas son las palabras de Massachusetts.

En lugar de hacer esto, no es necesario que diga qué resorte accionaría, qué sistema trataría de volar por los aires, pero, como amo la vida, me alinearía con la luz y dejaría que la oscura tierra temblase bajo mis pies, y llamaría a mi madre y a mi hermano para que me siguieran.

Les recordaría a mis compatriotas que primero han de ser hombres y después, cuando sea conveniente, americanos. No importa lo valiosa que sea la ley que proteja vuestras propiedades o que mantenga unidos el cuerpo y el alma si no mantiene intacta vuestra humanidad.

Lamento decir que dudo que haya un juez en Massachusetts dispuesto a renunciar a su cargo y a ganarse la vida honradamente cuando se le pida que dicte sentencia bajo una ley contraria a la ley de Dios. Me veo obligado a ver que se ponen, o más bien que por naturaleza lo están, a la misma altura del infante de marina que descarga su mosquete en la dirección que se le ordena. Como ellos, son meras herramientas e igual de insignificantes. Y está claro que no merecen más respeto porque sus amos esclavicen su entendimiento y su conciencia en lugar de sus cuerpos.

Los jueces y abogados —como tales, quiero decir— y todos los hombres de conveniencia, tratan este asunto de una manera muy burda e incompetente. No consideran si la Ley de Esclavos Fugitivos es justa, sino si es lo que ellos llaman *constitucional*. ¿Es la virtud constitucional o lo es el vicio? ¿Es la equidad constitucional o lo es la iniquidad? Cuando se trata de cuestiones morales y vitales tan importantes como ésta, es igual de impertinente preguntar si una ley es constitucional o no que si es o no beneficiosa. Se empeñan en seguir siendo servidores de los peores hombres y no de la humanidad. La cuestión no es si tú o tu abuelo, hace setenta años, firmasteis un acuerdo para servir al diablo y aún no ha vencido el plazo de ese servicio, sino si, de ahora en adelante y de una vez por todas, servirás a Dios —a pesar de tu propio pasado desleal y el de tu antepasado— obedeciendo a esa CONSTITUCIÓN eterna y justa (la única posible), que Él, y no Jefferson ni Adams, ha escrito dentro de tu ser.

Como resultado, si la mayoría vota al diablo para ser Dios, la minoría vivirá y se comportará en consecuencia y obedecerá al candidato que resulte vencedor confiando en que, en algún momento, mediante el voto decisivo de algún orador, se reinstaure a Dios. Ése es el mayor principio que imagino o concibo para mis vecinos. Estos hombres actúan como si creyeran que pueden deslizarse tranquilamente colina abajo —poco o un buen trecho— y llegar hasta un punto desde donde pudieran remontar la colina con la misma facilidad. Eso es la conveniencia: escoger el camino que ofrece menos obstáculos a los pies, esto es, colina abajo. Pero es imposible lograr una reforma justa por medio de la «conveniencia». Es imposible deslizarse colina arriba. En el terreno de lo moral, los únicos que eligen el camino fácil son los descarriados.

Así, adoramos al becerro de oro, a la escuela, al Estado y a la Iglesia, y, al séptimo día, maldecimos a Dios clamorosamente de un extremo a otro de la Unión.

¿No aprenderá nunca la humanidad que la política no es moralidad, que no asegura ningún derecho moral y que únicamente considera lo que es conveniente, elige al candidato disponible —que siempre es el diablo— y sus electores no tienen ningún derecho a sorprenderse por que éste no se comporte como un ángel de luz? Lo que se necesita no son políticos, sino hombres rectos que reconozcan que hay una ley superior a la Constitución o a la decisión de la mayoría. El destino de la nación no depende de lo que se vote en los comicios; el peor de los hombres vale tanto como el mejor en ese juego; no se trata del tipo de papeleta que depositéis en las urnas una vez al año, sino del tipo de hombre que depositéis en la calle cada mañana.

Lo que debería preocupar a Massachusetts no es la Ley de Nebraska ni la Ley de Esclavos Fugitivos, sino su propia esclavitud y servilismo. Hagamos que la Commonwealth de Massachusetts disuelva su unión con el esclavista. Tal vez vacile y se retuerza y pida permiso para leer la Constitución una vez más, pero no encontrará ninguna ley respetable ni ningún precedente que abogue por la continuidad de esa unión ni por un solo instante.

Que cada habitante del Estado disuelva su unión con él mientras él se demore en cumplir con su deber.

Los acontecimientos del pasado mes me han enseñado a desconfiar de la fama, pues veo que no discrimina con sutileza, sino que aclama con grosería. Sólo considera el simple heroísmo de una acción cuando está conectado con sus consecuencias evidentes. ¡Alaba hasta la ronquera la sencilla proeza del Motín del Té[11], pero en cambio se calla ante el ataque del Palacio de Justicia de Boston, mucho más valiente, desinteresado y heroico, simplemente porque no salió bien!

Ahora, cubierto de desgracia, el Estado se sienta fríamente a juzgar las vidas y libertades de los hombres que intentaron cumplir con el deber que le correspondía a él. ¡Y a eso lo llaman *justicia*! A aquellos que han demostrado que saben comportarse especialmente bien tal vez los pongan entre rejas por *su buen comportamiento*. Aquellos que se han declarado culpables en honor a la verdad son, de entre todos los habitantes de Massachusetts, los más inocentes. Mientras el gobernador, el alcalde y los

---

[11] La noche del 16 de diciembre de 1773, un grupo de radicales disfrazados de indios mohawk se dirigió al puerto de Boston y arrojó al mar la carga de tres barcos de la Compañía de las Indias Orientales (trescientas cuarenta y tres cajas de té, valoradas en diez mil libras), en protesta por la reciente entrada en vigor de la llamada Ley del Té. Esta ley, aprobada por Jorge III, concedía el monopolio del comercio del té a la Compañía de las Indias Orientales, ya que se le eximía de pagar el impuesto aduanero, le permitía comerciar a unos precios mucho más reducidos que el resto (incluso que los contrabandistas) y hacía que todos los beneficios fueran a parar a Londres. Este acontecimiento se considera uno de los precedentes de la Guerra de Independencia de los Estados Unidos.

numerosos funcionarios de la Commonwealth andan por ahí sueltos, los defensores de la libertad están encarcelados.

Sólo estará libre de culpa quien cometa el delito de desacato a semejante tribunal. Cada hombre debe velar por que su influencia esté del lado de la justicia y dejar que los tribunales representen su papel. Mis simpatías en este caso están totalmente de parte del acusado y totalmente en contra de la acusación y los jueces. La justicia es dulce y melodiosa, pero la injusticia es amarga y discordante. El juez sigue tocando el organillo, pero no se oye música alguna, sólo el sonido de la manivela. Él cree que toda la música reside en la manivela y la multitud le arroja sus monedas como ha hecho siempre.

¿Creéis que ese Massachusetts que ahora se comporta de esta manera —que vacila en coronar a estos hombres, cuyos abogados e incluso jueces tal vez se vean obligados a buscar alguna excusa de poca monta para no traicionar por completo su sentido instintivo de la justicia— es otra cosa que un Estado ruin y servil? ¿Creéis que es el defensor de la libertad?

Mostradme un Estado libre y un verdadero tribunal de justicia y lucharé por ellos si es necesario; pero mostradme a Massachusetts y le negaré mi lealtad y le expresaré mi desprecio por sus tribunales.

La meta de un buen gobierno es hacer más valiosa la vida; la de un mal gobierno, hacerla menos valiosa. Podemos permitirnos que el ferrocarril y todas las reservas meramente materiales pierdan parte de su valor, pues eso sólo nos llevaría a vivir de una manera más económica y sencilla, pero ¡supongamos que el valor de la propia vida disminuyera! ¿Cómo podríamos exigir menos al hombre y a la naturaleza, cómo podríamos vivir de una manera más económica respecto a la virtud y a todas las cualidades nobles de lo que ya lo hacemos? He vivido el último mes —y creo que todo hombre de Massachusetts que albergue algún sentimiento de patriotismo debe haber tenido la misma experiencia— con la sensación de haber sufrido una pérdida inmensa e incalculable. Al principio no sabía qué era lo que me afligía, pero al final me di cuenta de que había perdido un país. Nunca había respetado el Gobierno que tenía cerca, pero albergaba la idea absurda de que podía vivir aquí ocupándome de mis propios asuntos y olvidarme de él. Sin embargo, mis viejas y preciadas intenciones han perdido no sé cuánto de su atractivo y siento que mi vida aquí vale un tanto por ciento menos desde que Massachusetts devolvió deliberadamente a un hombre inocente, Anthony Burns, a la esclavitud. Antes vivía, tal vez, con la ilusión de que mi vida transcurría en algún lugar *entre* el cielo y el infierno, pero ahora no puedo convencerme a mí mismo de que no vivo *completamente dentro* del infierno. El terreno que ocupa esa organización política llamada Massachusetts para mí está cubierto, en lo que a la moral se refiere, de escoria volcánica y ceniza, tal como Milton describe las regiones infernales. Si existe algún infierno más desprovisto de principios que nuestros gobernantes, y que nosotros los gobernados, tengo curiosidad por verlo. Cuando la propia vida pierde valor, todas las cosas que ésta acarrea, que contribuyen a ella, también lo pierden. Suponed que tenéis una pequeña biblioteca con paredes repletas de cuadros y un jardín alrededor y que pensáis dedicaros a menesteres científicos y literarios, y de repente descubrís que vuestra casa, con todo lo que contiene, está situada en el infierno y que el juez de paz tiene pezuñas y una cola bífida. ¿No perderían de repente todas esas cosas su valor a vuestros ojos?

Siento que, en cierto modo, el Estado ha interferido de manera funesta en mis asuntos legítimos. No sólo me ha cortado el paso por Court Street para cumplir con mis recados comerciales, sino que nos ha cortado el paso a mí y a todos los hombres en nuestro camino recto y ascendente, por el que confiábamos en dejar atrás Court Street de una vez por todas. ¿Qué derecho tiene a recordarme Court Street? Me he dado cuenta de que lo que yo tenía por terreno sólido en realidad no es más que un hueco.

Me sorprende ver que los hombres continúan con sus asuntos como si nada hubiera ocurrido y me digo a mí mismo: «¡Pobrecillos! No han oído la noticia». Me sorprende que el hombre con el que acabo de cruzarme a caballo ponga tanto empeño en recuperar sus vacas recién compradas, que se le habían escapado, pues toda propiedad carece de garantía y, si no vuelven a escaparse, puede que se las arrebaten cuando las recupere. ¡Estúpido! ¿No sabe que el grano de maíz vale menos este año, que todas las cosechas prósperas se arruinan al aproximarnos al imperio del infierno? Ningún hombre prudente se construirá una casa de piedra en semejantes circunstancias ni acometerá ninguna empresa de paz que requiera demasiado tiempo. El arte dura tanto como siempre, pero la vida se ve cada vez más interrumpida y sirve menos a los intereses del hombre. No son tiempos de reposo. Ya hemos agotado toda nuestra libertad heredada. Si queremos salvar nuestras vidas, debemos luchar por ellas.

Ahora me dirijo hacia una de nuestras lagunas, pero ¿qué significa la belleza de la naturaleza cuando los hombres son mezquinos? Vamos a los lagos para contemplar nuestra serenidad reflejada en ellos; cuando no estamos serenos, simplemente no vamos. ¿Quién puede estar sereno en un país donde tanto los gobernantes como los gobernados carecen de principios? El recuerdo de mi país arruina mi paseo. En mis pensamientos asesino al Estado y conspiro involuntariamente contra él.

Pero el otro día olí por casualidad un nenúfar blanco y descubrí que la estación que esperaba había llegado. Es el emblema de la pureza. Brota tan puro y hermoso ante nuestros ojos y su aroma es tan dulce que parece que quisiera mostrarnos toda la pureza y dulzura que residen en el fango y el estiércol de la tierra y que pueden extraerse de ellos. Creo que arranqué el primero que se había abierto en una milla. ¡La confirmación de nuestras esperanzas reside en la fragancia de esta flor! Así que no perderé mi esperanza en el mundo tan pronto, a pesar de la esclavitud, de la cobardía y de la falta de principios de la gente del Norte. Esa dulce fragancia nos sugiere qué tipo de leyes han prevalecido y siguen prevaleciendo e insinúa que llegará el día en que los actos de los hombres la emanen también. Tal es el aroma que desprende esta planta. Si la Naturaleza sigue produciendo esta fragancia todos los años, es que todavía es joven y está llena de vigor, que su integridad y su genio son inigualables y que hay virtud incluso en el hombre, que es capaz de percibirla y amarla. Esto me recuerda que la Naturaleza no forma parte de ningún Compromiso de Misuri. No percibo el olor a compromiso en el aroma del nenúfar. No es ningún *Nymphoea Douglasii*[12]. En él, lo dulce, puro e inocente está completamente separado de lo mezquino y lo obsceno. No huelo en él la irresolución oportunista del gobernador de Massachusetts ni del alcalde de Boston. Ocurre que el olor de nuestros actos puede intensificar la dulzura general de la atmósfera y que, cuando contemplamos u olemos una flor, quizá no nos percatemos de la incongruencia de nuestros actos en relación con ella, pues el olor es sólo una forma de advertirnos de una cualidad moral y, si no se hubiera obrado con justicia, el nenúfar no tendría ese olor tan dulce. El fétido fango simboliza la pereza y el vicio del hombre, la decadencia de la humanidad, y la fragante flor que brota de él, la pureza y la valentía, que son inmortales.

    La esclavitud y la servidumbre no producen cada año ninguna flor de dulce fragancia que cautive los sentidos de los hombres, pues carecen de vida real: no son más que muerte y decadencia, una ofensa para los olfatos sanos. No nos quejamos de que *vivan*, sino de que no sean *enterradas*. Que los vivos las entierren: incluso ellas resultarán buenas como abono.

---

[12] Alusión irónica al senador Stephen A. Douglas, ya mencionado en la nota 4, p. 88.

ECONOMÍA[1]

Cuando escribí las páginas que siguen, o más bien la mayoría de ellas, vivía solo en los bosques, a una milla de distancia de cualquier vecino, en una casa que yo mismo había construido, a orillas de la laguna de Walden, en Concord, Massachusetts, y me ganaba la vida únicamente con el trabajo de mis manos. Allí viví dos años y dos meses. Ahora soy de nuevo un residente temporal[2] en la vida civilizada.

No impondría mis propios asuntos a la atención de los lectores si no hubiera recibido muchas preguntas y muy concretas por parte de mis conciudadanos en relación con mi modo de vivir. A algunos estas preguntas podrían parecerles impertinentes, pero no lo son para mí, sino que, teniendo en cuenta las circunstancias, me resultan naturales y oportunas. Hay quien me ha preguntado qué solía comer, si me sentía solo, si no tenía miedo, y cosas parecidas. Otros han sentido curiosidad por saber qué parte de mis ingresos dedicaba a obras caritativas, y algunos, que tienen familias numerosas, inquirían a cuántos niños pobres mantenía. Por tanto, empezaré disculpándome con aquellos lectores que no estén particularmente interesados en

---

[1] Del griego *oikonimia*, refiere a la administración de la casa y las labores domésticas. Más allá del uso común, Thoreau se remonta a la raíz del término al utilizarlo como título de este capítulo. Para Thoreau, la economía aplicada a la vida era un sinónimo de filosofía. Este texto, leído por primera vez en el Lyceum de Concord en 1847, fue integrado posteriormente en *Walden*.
[2] Thoreau siempre pensó su vida como una serie de *sojourns*, estancias temporales o experimentos.

mí, ya que en este libro me propongo contestar a algunas de estas preguntas. En la mayoría de los libros, el *yo* o la primera persona se omite; en éste se conservará; ésa es la principal diferencia en cuanto al egotismo. En general olvidamos que, al fin y al cabo, es siempre la primera persona la que habla. No hablaría tanto sobre mí mismo si hubiera otra persona a quien conociera tan bien. Por desgracia, estoy limitado a este asunto debido a la escasez de mi experiencia. Si bien, de todos modos, tarde o temprano requiero a todo escritor un sencillo y sincero relato de su vida, y no únicamente lo que ha averiguado de la vida de los demás: un relato como el que enviaría a sus parientes desde una tierra lejana, porque, desde mi punto de vista, si un hombre ha vivido sinceramente tiene que haberlo hecho en una tierra lejana para mí. En cualquier caso, quizá estas páginas estén escritas sobre todo para estudiantes pobres. En cuanto al resto de lectores, se quedará con aquellas partes que le incumban. Espero que ninguno fuerce las costuras del abrigo al ponérselo, pues sólo le será útil a quien realmente le siente bien.

Por lo demás, mi intención no es hablar de los chinos ni de los habitantes de las Islas Sandwich[3], sino de vosotros, que leéis estas páginas y vivís en Nueva Inglaterra. Y querría decir algo sobre vuestra situación, sobre vuestras circunstancias en este mundo, en esta ciudad, sobre si es necesario que sean tan malas como son, si no podrían tan siquiera ser mejoradas. He viajado bastante en Concord, y por todas partes, en comercios, oficinas y campos, me ha parecido que sus habitantes estaban haciendo penitencia[4] de mil maneras extraordinarias. Ni siquiera las mortificaciones que he escuchado que realizan los brahmanes —cuando se sientan expuestos a cuatro fuegos distintos mientras

---

[3] Es el nombre que en 1770 el capitán James Cook dio a las Islas Hawái.
[4] Thoreau nunca creyó en el sacramento cristiano de la penitencia: «El arrepentimiento no es un camino abierto hacia Dios», escribió en su diario en 1850.

miran al sol de frente, o permanecen suspendidos cabeza abajo y sobre las llamas, o miran al cielo por encima de su propio hombro «hasta que les resulta imposible recuperar su posición natural y a causa de la torcedura del cuello solamente pueden ingerir líquidos»[5], o viven encadenados durante toda su vida a los pies de un árbol, o mesuran con sus cuerpos, como hacen las orugas, el ancho de vastos imperios, o se alzan sobre un único pie en lo alto de una columna—, ni siquiera estas formas de penitencia consciente son tan increíbles y asombrosas como las escenas que contemplo a diario. Los doce trabajos de Hércules resultan insignificantes comparados con los que se empeñan en realizar mis vecinos, sobre todo porque aquéllos eran solamente doce y tenían un final, pero yo nunca he visto que estos hombres hayan matado o capturado a un monstruo o hayan dado por terminada una labor. No tienen un amigo como Yolao[6], capaz de cauterizar la raíz de la cabeza de la hidra con un hierro candente, sino que tan pronto como una cabeza es aplastada, surgen otras dos.

Veo a hombres jóvenes, que son mis conciudadanos, cuya principal desgracia es haber heredado granjas, casas, establos, ganado y demás aperos, porque es más sencillo proveerse de todo esto que despojarse de ello. Mejor les habría ido de haber nacido en medio del campo y haber sido amamantados por una loba, tal vez hubieran podido distinguir con claridad la tierra que estaban llamados a trabajar. ¿Quién los convirtió en siervos de la tierra? ¿Por qué tendrían que comerse sus sesenta acres cuando el hombre está condenado a comer sólo su porción de polvo[7]? ¿Por qué tendrían que comenzar a cavar sus fosas en el instante mismo de su nacimiento? Tienen que vivir sus propias vidas enfrentándose a cada dificultad y procurando mantenerse en pie

---

[5] Cita de James Mill, *The History of British India* (1817).
[6] Cochero y compañero de Hércules.
[7] Referencia a un proverbio americano de comienzos del s. XVIII: «Todos debemos comer un poco de polvo antes de morir».

de la mejor manera posible. ¡Cuántas pobres almas inmortales he encontrado casi completamente aplastadas y sofocadas bajo el peso de sus cargas, arrastrándose por el camino de la vida, empujando un granero de setenta y cinco pies de largo por cuarenta de ancho, incapaces de limpiar unos establos tan sucios como los del rey Augias[8], mientras esperan cien acres de tierra, labranza, siega y pastoreo, y un pedazo de bosque! Mientras tanto, a los desposeídos, que no tienen que enfrentarse a semejantes inconvenientes heredados, les parece suficiente trabajo someter y cultivar unos pocos pies cúbicos de carne.

Los hombres trabajan desde una perspectiva errónea. La mejor parte del hombre[9] es arada muy pronto y convertida en abono para la tierra. Guiados por un destino aparente[10], comúnmente llamado necesidad, según cuenta un viejo libro[11], acumulan tesoros que corromperán la polilla y la herrumbre y acabarán robando los ladrones[12]. Es una vida de tonto, como comprenderá cada uno cuando llegue al final de la misma, si no lo hace antes. Se dice que Deucalión y Pirra crearon a los hombres tirando piedras hacia atrás sobre sus cabezas:

Inde genus durum sumus, experiensque laborum,
Et documenta damus qua simus origine nati[13].

O, como traduce Raleigh de esta forma tan sonora:

---

[8] Ése fue precisamente el quinto de los trabajos de Hércules.
[9] Alusión a *La ciudad de Dios* (412 – 426) de San Agustín, libro que Thoreau conocía bien: «El alma no es el hombre al completo, tan sólo su mejor parte».
[10] Los trascendentalistas, y entre ellos Thoreau, creían firmemente que cada persona crea su propio destino.
[11] La Biblia, a la que Thoreau no otorgaba un estatuto distinto al de cualquier otra escritura antigua de las diversas civilizaciones.
[12] Alusión a Mateo 6, 19: «No os hagáis tesoros en la tierra, donde la polilla y la herrumbre corrompen, y donde los ladrones minan y hurtan».
[13] Cita de las *Metamorfosis* de Ovidio, 1, 414-15.

Desde entonces somos una especie recia, curtida en el dolor,
Y damos prueba de nuestro origen rocoso[14].

Y todo por obedecer ciegamente a un oráculo desatinado, que lanza piedras a sus espaldas sin ver ni siquiera dónde caen.

La mayoría de los hombres, incluso en este país relativamente libre, por mera ignorancia y error, está tan preocupada con los cuidados facticios y las tareas rudas pero superfluas de la vida que no puede recoger sus mejores frutos. Sus dedos, de tanto trabajar, son en exceso zafios y tiemblan demasiado para ello. En realidad, el hombre trabajador y esforzado carece de tiempo libre para desarrollar una vida cotidiana íntegra y propia, ni siquiera puede mantener las relaciones más viriles con otros hombres, pues su trabajo se depreciaría en el mercado. No tiene tiempo de ser otra cosa que una máquina. ¿Cómo podría acordarse de su ignorancia —lo cual requiere de un crecimiento— quien tiene que usar sus conocimientos tan a menudo? Deberíamos alimentarlo y vestirlo gratuitamente de vez en cuando, y reconfortarlo con nuestros licores, antes de juzgarlo. Las mejores cualidades de nuestra naturaleza, al igual que la piel aterciopelada de las frutas, sólo pueden conservarse mediante una manipulación delicada. Y, sin embargo, ni a los demás, ni a nosotros mismos, nos tratamos con esa dulzura.

Algunos de vosotros, todos lo sabemos, sois pobres; la vida os resulta ardua, y a veces sentís una asfixia que prácticamente os impide respirar. No dudo de que más de uno de entre los que estáis leyendo este libro no podéis pagaros todas las comidas del día, o las chaquetas y zapatos que lleváis y que ya están gastados o

---

[14] Cita de *History of the World* de Sir Walter Raleigh (1552 – 1618), marino, pirata, corsario, escritor y político inglés que popularizó el tabaco en Europa, por el que se interesó Thoreau y sobre quien llegó a escribir una conferencia.

a punto de gastarse. Y habéis llegado hasta esta página pasando un tiempo prestado o hurtado, tras robarles una hora a vuestros acreedores. Me parece evidente que muchos de vosotros vivís unas vidas pobres y serviles, a este respecto la experiencia me ha aguzado bien la mirada; andáis siempre al límite, tratando de entrar en negocios y salir de deudas, un lodazal antiquísimo que los latinos llamaban *æs alienum*, el bronce de algún otro, porque algunas de sus monedas estaban hechas de bronce; siempre viviendo, muriendo, sepultados por el bronce de este otro; siempre prometiendo pagar, prometiendo pagar mañana, y muriendo hoy, insolventes; tratando de buscar favores, de hacer clientes de todas las maneras posibles, siempre y cuando éstas no os lleven a la cárcel; mintiendo, adulando, votando, encerrándoos en la cáscara de nuez de la civilidad o dilatándoos en una atmósfera de etérea y vaporosa generosidad, todo con tal de persuadir a vuestro vecino de que os permita hacerle sus zapatos o su sombrero o su traje o su coche o traerle a casa sus comestibles; enfermando para poder ahorrar algo para el día en que llegue la enfermedad, algo que guardaréis en la vieja cómoda o en una media o detrás de un tabique de yeso o, para más seguridad, en un banco de ladrillos[15]; no importa dónde, ni si es mucho o poco.

A veces me maravilla lo frívolos que podemos llegar a ser, en lo que se refiere a la indecorosa y algo extranjera forma de servicio llamada esclavitud de los negros[16]; hay tantos amos astutos y sutiles que esclavizan tanto el Norte como el Sur. Es difícil tener un capataz del Sur, es peor tener a un norteño como tal, pero es mucho peor aún cuando te conviertes en el capataz de tu propia esclavitud. ¡Y aun así se habla de lo divino en el hombre! Mirad al cochero en la carretera, encaminándose al mercado, de día

---

[15] Alusión irónica al pánico financiero de 1837, durante el cual se hundieron muchos bancos.
[16] Extranjera en el sentido de que la esclavitud era una institución sureña, pero seguramente también extranjera o contraria a la naturaleza humana.

o de noche; ¿es acaso algo divino aquello que lo mueve? ¡Su mayor deber es dar forraje a sus caballos! ¿Qué interés tiene su destino para él mismo, comparándolo con los réditos de los embarques? ¿Acaso no conduce para el señor Fanfarrón? ¿Qué tiene él de divino y de inmortal? Mirad cómo se agacha y escabulle, sin librarse nunca de sus pequeños temores, ni inmortal ni divino, sino esclavo y prisionero de la opinión que posee de sí mismo, una fama adquirida mediante sus propias acciones. En realidad, la opinión pública es un débil tirano si la comparamos con nuestra propia opinión. El destino de cada hombre está determinado por lo que éste piensa de sí mismo. Conseguir la emancipación de uno mismo incluso en las Indias Occidentales de la fantasía y la imaginación, ¿existe algún Wilberforce[17] que pueda traérnosla? ¡Pensad también en las mujeres de esta tierra, que tejen tapetitos de tocador hasta el último día de sus vidas, todo con tal de no revelar un interés excesivo en sus propios destinos! Como si se pudiera matar el tiempo sin dañar la eternidad.

La mayoría de los hombres vive vidas de tranquila desesperación. Lo que llamamos resignación no es más que una confirmación de la desesperanza. De la desesperada ciudad vais hasta el desesperado campo, y tenéis que consolaros con la dignidad de los visones y las ratas almizcleras. Incluso tras los llamados juegos y diversiones de la humanidad se encuentra una desesperación tan estereotípica como inconsciente. No suponen un verdadero esparcimiento, pues éste tan sólo llega después del trabajo. Una característica de la sabiduría es no hacer cosas desesperadas.

Cuando consideramos cuál, por utilizar las palabras del catecismo, es la finalidad principal del hombre, y cuáles son sus auténticas necesidades y medios de vida, parecería que los hombres han

---

[17] William Wilberforce (1759 – 1833), famoso abolicionista que logró que en las Antillas inglesas se suprimiera la esclavitud en 1834. En Estados Unidos la esclavitud fue abolida gracias al presidente Lincoln en 1863, apenas unos meses después de la muerte de Thoreau.

elegido deliberadamente[18] esta forma de vivir porque la prefieren a cualquier otra. Sin embargo, ellos piensan sinceramente que no existe elección. Sólo las naturalezas activas y saludables recuerdan que el sol se alza con claridad. Nunca es demasiado tarde para renunciar a nuestros prejuicios. No se puede creer sin pruebas en ningún modelo de pensamiento o de acción, por antiguo que éste sea. Lo que hoy todo el mundo repite o acepta como verdadero puede convertirse mañana en mentira, en una opinión hecha de humo que algunos pensaron que era una nube y que traería agua fertilizadora para los campos. Tratad de hacer lo que los ancianos consideran imposible, y veréis que es posible. Lo viejo para los ancianos, lo nuevo para los jóvenes. Quizás los ancianos no sabían lo suficiente como para obtener combustible y mantener el fuego; los jóvenes colocan un poco de leña seca bajo una caldera[19] y ahí están, girando alrededor del globo tan rápido como las aves, siendo tal vez capaces, según se dice, de acabar con los ancianos. La vejez no está más preparada que la juventud para enseñarnos nada, al fin y al cabo ha perdido más de lo que ha ganado. Se podría dudar incluso de que el más sabio de los hombres, por el mero hecho de vivir, haya aprendido algo con valor absoluto. En la práctica, los ancianos no pueden dar consejos demasiado importantes a los jóvenes, porque sus propias experiencias han sido parciales y sus vidas han resultado miserables fracasos —siempre por razones coyunturales, según creen ellos—; es posible que les haya quedado algo de fe con la que disfrazar esa experiencia, y que finalmente sólo sean menos jóvenes de lo que eran antes. Hace unos treinta años que vivo en este planeta y todavía estoy esperando la primera palabra de un consejo valioso o serio de mis mayores. No me han dicho nada, ni creo

---

[18] Actuar deliberadamente era crucial para Thoreau y su modo de entender la vida.
[19] Thoreau se refiere aquí a la locomotora y el ferrocarril, que tienen su origen pocas décadas antes.

que puedan decírmelo. Aquí está la vida, un experimento que aún debo realizar, y de nada me sirve lo que otros hayan hecho. Si poseo alguna experiencia que considero de valor, estoy seguro de que mis mentores no dijeron una palabra acerca de ella.

Me dice un granjero: «No puedes vivir sólo de comer vegetales, se te debilitarán los huesos». De modo que, religiosamente, él emplea parte del día en proveer a su cuerpo con el rudo material de los huesos, caminando mientras habla detrás de su buey, cuyos huesos, hechos de pasto, le arrastran a él y a su pesado arado sin importar los obstáculos. Hay cosas que resultan requisitos indispensables de la vida para unos, los más desventurados y enfermos, mientras para otros son meros lujos, y resultan completamente desconocidas para un tercero.

Algunos creen que el territorio de la vida humana ha sido recorrido de punta a punta por sus antecesores, y desde los valles a las cumbres, lo que incluye todas las cosas que a uno le pueden importar. Según Evelyn[20] «el sabio Salomón dictó normas que referían incluso la distancia que debía mediar entre dos árboles, y los pretores romanos establecieron cuán a menudo podía uno ir al campo de su vecino a recoger las bellotas caídas sin por ello violar la ley, y qué parte de lo recogido pertenecía al propietario». Hipócrates indicó incluso la forma en que debemos cortarnos las uñas: enrasadas con los dedos, ni más largas ni más cortas. Sin duda, el tedio y aburrimiento que parecen haber agotado la variedad y las alegrías de la vida son tan viejos como Adán. Pero las capacidades del hombre no se han medido todavía, y se ha ensayado tan poco, que no tendría sentido juzgarlas a tenor de unos pocos precedentes. Sean cuales sean tus fracasos hasta ahora, «no te aflijas, hijo mío, pues, ¿quién te señalará lo que has dejado sin hacer?»[21].

---

[20] John Evelyn (1620 – 1706), escritor y horticultor inglés.
[21] Cita del texto religioso hindú *Visnú-Purana*. Existen en total dieciocho *Puranas*, el mismo número de capítulos que tiene *Walden*.

Podríamos poner a prueba nuestras vidas de mil maneras sencillas: considerar, por ejemplo, que el mismo sol que madura mis judías ilumina a un tiempo un sistema de planetas como el nuestro. Si hubiera recordado esto, habría evitado algunos errores. No fue ésta la luz con la que las cultivé. ¡De qué maravillosos triángulos son vértices las estrellas! ¡Qué seres más diferentes y distantes contemplan simultáneamente desde las numerosas mansiones del universo la misma estrella! La naturaleza y la vida humana son tan distintas como nuestras constituciones. ¿Quién dirá cuál es la perspectiva que la vida ofrece a los demás? ¿Podría ocurrirnos un milagro mayor que el de ver a través de los ojos de otro? Deberíamos vivir en todas las épocas del mundo durante una hora, ¡ay, en todos los mundos de todas las épocas! ¡Historia, Poesía, Mitología! Ninguna lectura de las experiencias ajenas sería tan asombrosa ni didáctica como ésta.

La mayor parte de las cosas que mis vecinos consideran buenas yo la creo mala para mí, y si alguna vez me arrepiento de algo que he hecho, es muy posible que sea de mi buen comportamiento. ¿Qué demonio tomó posesión de mí para que me portara tan bien? Tú, anciano, que has vivido setenta años, no sin cierto honor, puedes decir la cosa más sabia que se te ocurra; yo escucho una voz irreprimible que me invita a alejarme de todo eso. Una generación abandona las empresas de la que le precede, como si fueran buques encallados.

Creo que deberíamos confiar un poco más de lo que acostumbramos. Cada uno debería ocuparse de sí mismo tanto como honestamente lo haga de los demás. La naturaleza está tan adaptada a nuestra debilidad como a nuestra fuerza. La ansiedad y el esfuerzo incesante de algunos constituyen una enfermedad incurable. Está en nuestra naturaleza el exagerar la importancia del trabajo que hacemos; y sin embargo, ¡cuánto es lo que dejamos sin hacer! ¿Y qué ocurriría si cayésemos enfermos? ¡Qué vigilantes somos! Decididos como estamos a no vivir por la fe siempre que podemos evitarlo, pasamos el día en perfecta alerta y por la noche decimos nuestras oraciones con desgana, y nos confiamos a lo incierto. Nos vemos obligados a vivir siempre concienzudamente, reverenciando nuestra vida y negando la posibilidad de todo cambio. Decimos que éste es el único camino, pero hay tantos caminos como radios pueden trazarse desde un centro. Cualquier cambio es un milagro digno de ser tenido en cuenta; pero es también un milagro que ocurre a cada instante. Confucio dijo que «el saber que sabemos lo que sabemos y que no sabemos lo que no sabemos es el mejor conocimiento»[22]. Cuando un hombre determina un hecho de la imaginación como un hecho para su entendimiento[23], todos los hombres, a la larga, establecerán sus vidas sobre esa base.

Consideremos por un momento de dónde proviene la mayor parte de la inquietud y la ansiedad a las cuales me he referido, y si es necesario que estemos inquietos o, por lo menos, preocupados. Sería provechoso vivir una vida primitiva y de frontera, incluso en medio de una civilización volcada hacia lo exterior, aunque sólo sea para aprender cuáles son las necesidades más importantes en la vida y qué métodos se han adoptado para satisfacerlas; o bien revisar los libros diarios de los comerciantes, para ver qué compraban normalmente los hombres, y qué

---

[22] *Analectas,* 2,17. Para las citas de Confucio integradas en *Walden,* Thoreau utilizó su propia traducción de la versión francesa de Jean-Pierre Guillaume Pauthier, *Confucius et Mencius: les quatre livres de philosophie moral et politique de la Chine* (1841).

[23] Thoreau parece aplicar aquí el término *understanding* [entendimiento] según la distinción fundamental operada por Samuel Taylor Coleridge (1772 – 1834) en *Reason and Understanding.* Según Coleridge, la mente humana posee dos cualidades fundamentales: el entendimiento, que percibe la naturaleza y las propiedades de las cosas, juzga los fenómenos y las apariencias, y da lugar a generalizaciones; y la razón, que, a través de la intuición directa, es capaz de comprender una serie de verdades que los sentidos no pueden proponer. El primero participa de los hechos; la segunda de la verdad, tal como el propio Thoreau escribe en su diario: «El hecho florecerá un día como verdad. La razón [*reason*] madurará y dará los frutos de aquello que el entendimiento [*understanding*] había cultivado».

almacenaban, esto es, cuáles eran los alimentos considerados más necesarios. Porque el progreso de la historia ha tenido una influencia muy pequeña en las leyes fundamentales de la existencia humana, y de la misma manera nuestros esqueletos probablemente no serán muy distintos de los de nuestros antepasados.

Con lo «necesario para la vida», me refiero a todo aquello que, obtenido por el hombre mediante su propio esfuerzo, ha sido desde el principio, o se ha convertido después de largo uso, en algo tan importante para la vida humana que muy pocos, si acaso por salvajismo, pobreza o filosofía, se atreven a renunciar a ello. Para muchas personas lo necesario en la vida se reduce al alimento. Para el búfalo de las llanuras consiste en unas pocas pulgadas de sabroso pasto y agua para beber, siempre que no busque el refugio de los bosques o la sombra de la montaña. En la naturaleza ningún ser requiere más que alimento y refugio. Las necesidades vitales del hombre en este clima pueden ser distribuidas con exactitud bajo estos títulos: Alimento, Techo, Ropa y Combustible, porque hasta que no nos hayamos provisto de éstos, no podremos considerar con libertad y posibilidades de éxito los problemas de la vida. El hombre no sólo ha inventado la casa, sino también la ropa y la cocina; y posiblemente desde el descubrimiento casual del fuego, y su consecuente uso —un lujo al principio—, ha surgido la necesidad actual de sentarse cerca de él. Vemos cómo los perros y los gatos adquieren también esta segunda naturaleza. Gracias a la casa y el alimento apropiados, conservamos legítimamente nuestro calor interno, pero ¿no se podría pensar que la cocina se originó por un exceso de cobijo, vestido o combustible, es decir, por un exceso de calor externo frente al interno? El naturalista Darwin dice, refiriéndose a los habitantes de Tierra del Fuego, que mientras su cuadrilla de «hombres bien vestidos estaba sentada cerca del fuego, sin sentir demasiado calor, aquellos salvajes desnudos, algo más lejos, le causaron sorpresa, pues estaban sudando la gota gorda»[24]. También sabemos que los nativos de Nueva Holanda[25] andan desnudos sin sufrir por ello, mientras los europeos tiemblan de frío bajo sus ropas. ¿No sería posible combinar la robustez de estos salvajes con la condición intelectual del hombre civilizado? Según Liebig[26], el cuerpo humano es una estufa, y el alimento es el combustible que mantiene la combustión interna en los pulmones. Cuando hace calor, comemos menos; cuando hace frío, más. El calor animal es el resultado de una combustión lenta, y la enfermedad y la muerte acaecen cuando esta combustión es demasiado rápida. Si se produce una falta prolongada de combustible o algún problema en el tiro de la chimenea, el fuego se apaga. Naturalmente, no hay que confundir el fuego con el calor vital[27], aunque la analogía sea grande. Por lo tanto, *vida animal* es sinónimo de *calor animal*, porque mientras que el alimento puede ser considerado el combustible que mantiene el fuego en nuestro interior —y el combustible solamente es útil para preparar ese alimento, o para aumentar el calor de nuestros cuerpos, añadiéndolo desde el exterior—, el refugio y la indumentaria sirven para retener el *calor* que ha sido generado y absorbido.

La gran necesidad de nuestros cuerpos consiste, por tanto, en mantener el calor, en conservar en nuestro interior el calor vital. ¡Cuánto cuidado ponemos para conseguir ese alimento, esas ropas y ese techo, así como nuestras camas, que son nuestras ropas nocturnas, desvalijando para ello a las aves de sus plumas, con tal de preparar este refugio dentro del refugio, al igual que el topo, que tiene su lecho de hierba y hojas al fondo de su madriguera!

---

[24] Cita de *Narrative of the Surveying Voyages of his Majesty's Ships Adventure and Beagle* (1839) de Charles Darwin.
[25] Nombre histórico que recibió la isla-continente de Australia.
[26] El barón Justus von Liebig (1803 – 1873) fue un químico alemán que demostró que el calor humano es el resultado de la combustión de los alimentos dentro del cuerpo.
[27] Concepto desarrollado por primera vez por Aristóteles en su tratado *De la juventud y de la vejez, de la vida y de la muerte, y de la respiración*.

El hombre pobre suele quejarse de que el mundo es un lugar frío, y al frío, tanto físico como social, culpamos de nuestras aflicciones. En algunas partes del mundo, el verano permite a los hombres vivir como si habitaran los Campos Elíseos. El combustible no es innecesario, salvo para cocinar. El fuego es el sol mismo, cuyos rayos maduran la mayoría de los frutos. La comida es más variada, y se obtiene sin demasiado esfuerzo. En cuanto a la ropa y la casa, se necesitan muy poco o nada. Según mi propia experiencia, en el presente y en este país, sólo unos pocos utensilios, una navaja, un hacha, una azada, una carretilla, etc., y para el estudioso una lámpara, lo necesario para escribir y el acceso a unos pocos libros son necesarios para la vida, y pueden obtenerse a un precio irrisorio. Sin embargo, algunos, no los más sabios, viajan al otro confín del globo, a regiones bárbaras e insalubres, y durante veinte o treinta años se dedican al comercio para poder vivir —es decir: para mantenerse cómodamente calientes— y al final vuelven para morir en Nueva Inglaterra. Ahora bien, aquellos ricos de verdad no se mantienen tan sólo cómodamente calientes, sino calientes de forma antinatural: se cuecen a sí mismos, pero, por supuesto, siempre *à la mode*.

La mayor parte de los lujos, también llamados «comodidades de la vida», no sólo es innecesaria, sino que se convierte en impedimento para la elevación de la humanidad. Con respecto a esos lujos y comodidades, diré que los más sabios siempre han vivido vidas más simples y austeras que los pobres mismos. Los antiguos filósofos chinos, hindúes, persas y griegos conformaron una única clase, pobre en riquezas externas y rica en posesiones internas, como no hemos conocido otra. Y no es mucho lo que sabemos acerca de ellos. Por lo que es curioso que *sepamos* tanto de ellos. Lo mismo puede decirse con respecto a los modernos benefactores y reformadores de la raza. Nadie puede ser un observador sabio e imparcial de la raza humana si no se apoya en lo que deberíamos llamar «pobreza voluntaria». El fruto de una vida lujosa es el lujo, ya sea en agricultura, comercio, literatura o arte. Hoy en día uno se encuentra con profesores de filosofía, no con filósofos. No por ello deja de ser admirable profesar la filosofía, que en otro tiempo podía ser vivida. Pues ser un filósofo no consiste en tener pensamientos sutiles, ni en fundar una escuela, sino en amar la sabiduría tanto como la vida que está de acuerdo con sus dictados: una vida de simplicidad, independencia, magnanimidad y confianza. Consiste no sólo en resolver teóricamente algunos problemas de la vida, sino, ante todo, en resolverlos en la práctica[28]. El éxito de los grandes estudiosos y pensadores es un éxito cortesano, ni regio ni viril. Se adaptan para vivir en conformidad con lo que los rodea, prácticamente como hicieron sus padres, y no son, en modo alguno, los progenitores de una raza más noble de hombres. Pero ¿por qué los hombres degeneran? ¿Qué obliga a las familias a emigrar o desaparecer? ¿Cuál es la naturaleza del lujo que enerva y destruye naciones? ¿Acaso nosotros tenemos la seguridad de que nada de esto se halla en nuestras propias vidas? El filósofo va por delante de su tiempo, incluso en el aspecto externo de su vida. No se alimenta ni se cobija ni se viste ni se caldea como sus contemporáneos. ¿Cómo puede un hombre ser un filósofo sin mantener su calor vital mediante mejores métodos que los del resto de los hombres?

Una vez que el hombre entra en calor gracias a alguna de las formas que he descrito, ¿qué más desea? Seguramente, no más calor del mismo tipo: es decir, más y mejores alimentos, casas más grandes y suntuosas, más ropas y de mejor calidad, fuegos continuos y de mayor rendimiento, y otras cosas parecidas. Cuando un hombre ha obtenido todo esto, aparece una alternativa que diverge de la adquisición de cosas superfluas, y que consiste en aventurarse en la vida, ahora que ha comenzado

---

[28] Esta relación entre teoría y práctica es fundamental para entender la filosofía de Thoreau.

su vacación de ese esfuerzo más humilde. El terreno, entonces, resulta idóneo para la semilla, porque ésta ha penetrado su radícula y su tallo puede brotar con entera confianza. ¿Por qué habría arraigado el hombre en la tierra, si no fuese para elevarse hacia los cielos en la misma proporción? Las plantas más nobles son valoradas por el fruto que al final ofrecen en el aire y la luz, lejos del suelo, y no se las trata igual que a los comestibles más humildes —los cuales, a pesar de ser bienales, se cultivan tan sólo hasta que crece su raíz, y a menudo se podan desde arriba a propósito, por lo que la mayoría de la gente no los reconocería si los viera en flor—.

Mi intención no es prescribir reglas para los hombres de naturaleza fuerte y valiente, pues éstos cuidan de sus propios asuntos en el cielo y en el infierno, y quizá sepan edificar con mayor magnificencia y gastar con mayor prodigalidad que los ricos, sin llegar a empobrecerse, sin saber siquiera cómo viven —si es que en realidad hay hombres así, como se ha soñado—; ni para aquellos que encuentran su fuente de coraje e inspiración precisamente en el estado presente de las cosas, y lo acarician con el cariño y el fervor de los amantes —entre los cuales, hasta cierto punto, me cuento—. Tampoco estoy hablando para quienes están bien ocupados, y lo estarán pase lo que pase, y así lo saben. Estoy hablando sobre todo para esa gran parte de los hombres que está disconforme, y se queja perezosamente de la dureza de su destino, o de los tiempos que les ha tocado vivir, cuando podría mejorarlos. Algunos se quejan de forma más enérgica e inconsolable porque, según dicen, están cumpliendo con su deber. También tengo en mente a aquellos que, en apariencia, son ricos, pero que en realidad pertenecen a una clase terriblemente empobrecida, que han acumulado basura, y no saben cómo hacer uso o deshacerse de ella, y que de esta forma han construido sus propias prisiones de plata u oro.

Si me atreviera a contar de qué modo, años atrás, deseaba pasar mi vida, sorprendería sin duda a aquellos lectores que ignoran de dónde vengo. Sólo sugeriré algunas de las empresas que he acariciado.

Con cualquier clima, y a cualquier hora del día o de la noche, siempre me he preocupado por mejorar la mella que podía hacer en mí el tiempo, y acuñarla en mi bastón[29]. He estado atento para detenerme ante el cruce de dos eternidades, el pasado y el futuro, que no es sino el momento presente, y conformarme con esa divisoria. Y perdonaréis ciertas oscuridades, porque en mi oficio hay más secretos que en el de la mayoría de los hombres y, sin embargo, no los he guardado intencionadamente, sino que son inseparables de su naturaleza. Alegremente contaría todo lo que sé, sin escribir nunca sobre la puerta: PROHIBIDA LA ENTRADA.

Hace años perdí un perro sabueso, un caballo bayo y una tórtola, y todavía hoy sigo sus rastros. He hablado acerca de ellos con muchos viajeros, describiéndoles cómo eran, y las llamadas a las que respondían. Me he encontrado con una o dos personas que han oído al sabueso y la fuerte pisada del caballo, incluso han visto desaparecer a la tórtola tras una nube, y parecían tan ansiosos por recobrarlos como si los hubieran perdido ellos mismos.

¡Anticiparse no sólo a la salida del sol y a la aurora, sino también, si es posible, a la naturaleza misma! ¡Cuántas mañanas, en verano y en invierno, antes de que ningún vecino hubiera comenzado a preocuparse por sus tareas, yo ya estaba trabajando! Sin duda, muchos de mis conciudadanos se han encontrado conmigo cuando regresaba de ocuparme de mis asuntos: los granjeros que

---

[29] Aunque Thoreau solía caminar con un bastón lleno de muescas, aquí parece aludir también al Robinson Crusoe de Daniel Defoe, que medía el paso del tiempo haciendo muescas en una vara.

partían al alba hacia Boston, o los leñadores que se encaminaban al trabajo. Es verdad que nunca ayudé materialmente a izar el sol, pero sé que estar presente allí era de suma importancia.

¡Ah! ¡Cuántos días de otoño y de invierno pasados fuera de la ciudad, tratando de oír lo que había en el viento, oírlo y hacerlo palabras! En ello he invertido casi todo mi capital y en la misma empresa he perdido el aliento, corriendo e intentando alcanzarlo. Si alguno de los partidos políticos se hubiera visto concernido por todo esto, podéis estar seguros de que hubiera aparecido en la portada de la *Gazette*[30]. Otras veces miraba desde el observatorio que me proporcionaba un árbol o una roca, tratando de telegrafiar la noticia de alguna llegada, o esperaba al atardecer sobre la cima de una colina, atento a lo que pudiera caer del cielo, como si pudiera apoderarme de algo, poca cosa en cualquier caso y que, al igual que el maná, se disolvería de nuevo en el sol.

Durante un tiempo fui reportero de un diario cuya circulación no era muy amplia, y cuyo editor no encontró oportuno publicar la mayoría de mis colaboraciones y, como les ocurre generalmente a los escritores, sólo conseguí dolores a cambio de mis esfuerzos[31]. De todas formas, en este caso mis esfuerzos fueron su propia recompensa.

Durante muchos años fui inspector —nombrado por mí mismo— de tormentas de nieve y lluvia, y cumplí fielmente con mi deber; al igual que agrimensor, si no de caminos reales, sí de senderos en el bosque y de terrenos abiertos[32], manteniéndolos despejados y transitables durante todas las épocas del año, así como vigilando que siempre hubiese puentes sobre los barrancos;

---

[30] Thoreau podría referirse a la *Yeoman's Gazette*, publicada en Concord entre 1826 y 1840, o a cualquier otra gaceta o periódico.

[31] Es probable que Thoreau se refiera a la publicación *The Dial*, donde de hecho publicó su primer texto, o a su propio diario personal, escrito entre 1837 y 1861, y publicado tras su muerte en catorce volúmenes.

[32] Para Thoreau, una parte fundamental del disfrute de la naturaleza suponía que no existieran vallas ni muros que la acotaran.

y las pisadas que en ellos aparecen dejan buen testimonio de su utilidad.

He cuidado el ganado salvaje de la ciudad, que saltando los vallados da mucho trabajo al fiel pastor, y he vigilado los escondrijos y rincones menos frecuentados de la granja, a pesar de que no siempre sabía si Jonás o Salomón trabajaban ese día en determinado terreno; pero eso no era asunto mío. He regado la gayuba roja, el cerezo arenoso y el almez, el pino rojo y el fresno negro, la vid blanca y la violeta amarilla, los cuales, en caso contrario, podrían haberse marchitado en épocas de sequía[33].

Para abreviar diré que seguí así durante largo tiempo —y no lo digo por jactarme—, ocupándome fielmente de mis asuntos, hasta que se hizo evidente que mis conciudadanos no me admitirían en la lista de funcionarios públicos que trabajan para la ciudad, ni me ofrecerían una sinecura con un sueldo moderado. Mis cuentas, de las que juro haberme ocupado escrupulosamente, no han sido auditadas, ni mucho menos aceptadas, fijadas y pagadas. Pero no está ahí mi corazón.

No hace demasiado tiempo, un indio vagabundo fue a vender unas cestas a casa de un conocido abogado de mi ciudad[34]. «¿Quiere usted comprar alguna cesta?», preguntó el indio. «No, no queremos ninguna», fue la respuesta. «¡Cómo!», exclamó el indio mientras salía por la puerta, «¿quiere usted que muera de hambre?». Tiempo atrás, el indio había visto que a sus industriosos vecinos blancos la fortuna les sonreía, ya que el abogado sólo tenía que tejer argumentaciones para que, por arte de magia, aparecieran la riqueza y la reputación, y se había dicho a sí mismo: «Voy a dedicarme a los negocios, voy a trenzar cestas, eso es algo que puedo hacer». Creyó que cuando tuviera listas las cestas su trabajo estaría terminado, y que los blancos tenían la obligación de comprárselas.

---

[33] Referencia, no exenta de humor, al momento de orinar en los bosques.
[34] Este incidente tuvo lugar en noviembre de 1850 en casa del abogado Samuel Hoar.

No se le ocurrió que fuera necesario hacerlas de forma tal que valiera la pena adquirirlas, o por lo menos hacérselo creer así al comprador. También yo trencé un cesto de fina textura, pero tampoco supe convencer a nadie de que mereciera la pena comprarlo[35]. Sin embargo, en mi caso pensé que era digno de mi tiempo el hacerlo, pero en lugar de pensar cómo venderlo, me preocupé más bien de cómo evitar la necesidad de su venta. Sólo hay una clase de vida que los hombres elogian y consideran plena. ¿Por qué deberíamos exagerar el valor de ésta en perjuicio de las otras?

Al saber que mis conciudadanos no iban a ofrecerme ningún puesto en el juzgado ni congrua alguna, sino que tendría que valerme por mí mismo, me dirigí hacia los bosques con mayor determinación aún, pues era allí donde me conocían mejor. Decidí entrar en los negocios enseguida, sin preocuparme por reunir el capital que suele requerirse, y en su lugar hice uso de los reducidos medios de los que disponía. Al irme a la laguna de Walden, mi intención no era vivir allí de forma barata, tampoco con lujos, sino sacar adelante algunos negocios minimizando las dificultades[36]; verme impedido para llevarlos a cabo por falta de un poco de sentido común, espíritu emprendedor y talento comercial no parecía tan triste como estúpido.

Siempre he tratado de adquirir hábitos comerciales estrictos, pues son indispensables para todo hombre[37]. Si comerciáis con

---

[35] Thoreau parece referirse a las escasas ventas que tuvo su libro *Musketaquid* (Errata naturae, 2014), que recuerda en sus diarios sin perder el buen humor: «El editor finalmente me dijo que necesitaba el espacio donde estaban almacenadas las copias de mi libro, y que me las enviaría de forma urgente. Han llegado hoy, ocupando un carro hasta los topes, 706 ejemplares sobre un total de 1000 que hice imprimir y que aún sigo pagándole a Munroe desde hace cuatro años. De los 294 restantes, 75 fueron regalados y el resto vendido. Ahora poseo por tanto una biblioteca de 900 libros, de los cuales yo he escrito más de 700. ¿No es justo que el autor posea el fruto de su trabajo? Y, sin embargo, aquí sentado junto a la masa inerte de mi *opera omnia*, esta tarde me pongo a escribir con el mismo placer de siempre».
[36] Uno de ellos era precisamente escribir *Musketaquid*.
[37] Thoreau trabajó en el negocio de grafito y lápices de su padre, aportando importantes innovaciones.

el Imperio Celeste[38], una pequeña oficina en la costa, en algún muelle de Salem, será sostén suficiente. Exportaréis los artículos que produce el país, sólo productos nativos, mucho hielo, madera de pino y algo de granito, siempre en naves fabricadas igualmente aquí. Serán operaciones rentables. Tendréis que verificar todos los detalles vosotros mismos, ser piloto y capitán, dueño y asegurador; comprar, vender y llevar las cuentas al día; leer cada carta que se reciba y escribir cada contestación; vigilar la descarga de las importaciones de día y de noche; estar casi al mismo tiempo en muchas partes de la costa, pues a menudo el mejor flete se descarga en la orilla de Nueva Jersey; ser vuestro propio telégrafo, abarcando el horizonte con vuestra mirada, continua e incansablemente, en comunicación con todas las embarcaciones ancladas a lo largo de la costa; tener un despacho constante de productos para el aprovisionamiento de mercados lejanos y exorbitantes; estar siempre informados de la situación de los mercados, de las posibilidades de que estalle una guerra en cualquier parte, y anticipar las posibles variaciones de la civilización y del comercio —aprovechando los resultados de todas las expediciones exploratorias, haciendo uso de las nuevas rutas y de las mejoras en las naves—; es necesario estudiar bien las cartas de navegación, conocer la posición de los escollos, así como de los faros y las boyas, y siempre, sin falta, deben corregirse las tablas logarítmicas, pues muy a menudo un simple error de cálculo envía la nave contra una roca en lugar de acercarla a un muelle amigo —éste fue el destino inenarrable de La Pérouse[39]—; correr a la altura de la ciencia universal, estudiando la vida de los grandes navegantes y descubridores, y los grandes aventureros y comerciantes, desde Hannón[40] y los fenicios hasta nuestros días.

---

[38] Tanto China como el mundo espiritual.
[39] Jean François Galaup, conde de La Pérouse (1741 – 1788) fue un marino francés. La expedición naval alrededor del mundo que él mismo dirigía desapareció en 1788 en Vanikoro, Islas Salomón.
[40] Explorador y viajero cartaginés.

En resumen, cada cierto tiempo hay que hacer un balance de cuentas para así saber cuál es la situación de uno mismo. Es una labor que pone a prueba las facultades del hombre, pues hay que enfrentarse a cuestiones relativas a la pérdida y la ganancia, el interés, la merma y la rebaja, y se deben hacer mediciones de todo tipo para obtener un conocimiento absoluto.

Pensé que la laguna de Walden sería un buen lugar para los negocios, no sólo por el ferrocarril y el comercio del hielo, sino por otras ventajas que ofrece y que, por prudencia, prefiero no divulgar; tiene una buena posición y es una buena base. No será necesario drenar los pantanos del Neva[41], a pesar de que en todas partes se debe edificar sobre pilotes fijados por uno mismo. Se dice que una marea con viento del oeste y el hielo en el Neva barrería San Petersburgo de la faz de la tierra.

Ya que no tenía más remedio que emprender mi negocio sin el capital que se acostumbra, tal vez no sea fácil adivinar cómo obtuve los medios imprescindibles para esta empresa. En cuanto a la ropa, para empezar a hablar en términos prácticos, me parece que, a la hora de comprar, muy a menudo nos guiamos más por el amor a la novedad y el cuidado de la opinión de los hombres que por la verdadera utilidad de las prendas. Dejemos que quien tiene que trabajar para obtenerlas recuerde cuál es el objetivo de la ropa: primero, la retención del calor vital; y segundo, en el caso de nuestra sociedad, cubrir la desnudez. Una vez dicho esto, que juzgue qué cantidad de trabajo importante o necesario puede realizarse sin aumentar su guardarropa. Los reyes y las reinas visten las prendas solamente una vez, aunque estén confeccionadas por un sastre o modista real, y no conocen

---

[41] San Petersburgo fue construido en la desembocadura del río Neva en 1703, y las obras, en condiciones climáticas muy adversas, costaron la vida a miles de siervos trabajadores traídos por Pedro el Grande.

la comodidad de usar ropas con las que nos sentimos bien. Sus hombros no son mejores que los caballetes de madera donde se cuelgan las ropas recién lavadas. Cada día que pasa nuestras prendas se parecen más a nosotros, y reciben la marca del carácter personal, hasta el punto de que retrasamos el momento de deshacernos de ellas, querríamos aplicarles el tratamiento médico y hasta una cierta solemnidad parecida a la que tenemos con nuestro cuerpo. Nunca un hombre perdió mi estima por tener un remiendo en sus ropas; sin embargo, estoy seguro de que, por lo general, existe mayor preocupación por llevar ropa a la moda, o por lo menos limpia y sin remiendos, que por vivir con la conciencia sosegada. Pero, aun cuando no se haya zurcido la rasgadura, quizás el peor vicio que así se expone sea la imprevisión. A veces pongo a prueba a mis conocidos con preguntas como ésta: «¿Quién de ustedes llevaría un remiendo o siquiera un par de costuras de más a la altura de la rodilla?». Muchos de los interrogados reaccionan como si su vida pudiera arruinarse si lo hicieran. Para ellos sería sin duda preferible ir renqueando por la ciudad con una pierna rota que con un pantalón roto. A menudo, cuando un caballero sufre un accidente que afecta a sus piernas, puede arreglárselas, pero si el accidente les ocurre a las perneras de sus pantalones, entonces ya no hay solución, porque el hombre no tiene en cuenta lo que es verdaderamente respetable, sino lo que suele respetarse. Conocemos sólo a unos pocos hombres, pero una gran cantidad de chaquetas y calzones.

Vestid a un espantapájaros con vuestro traje nuevo y deteneos desnudos a su lado, ¿quién no saludaría antes al espantapájaros? El otro día pasaba por un campo de maíz, no lejos de un sombrero y una chaqueta colocados sobre un palo, y al momento supe quién era el dueño de la granja. Sólo estaban un poco más gastados por la intemperie que la última vez que los vi. También he oído hablar de un perro que ladraba a cualquier desconocido que se acercara vestido a la casa de su dueño, pero se mostraba tranquilo cuando aparecía un ladrón desnudo.

Sería interesante saber cuánto tiempo resistiría la jerarquía social de los hombres si fueran despojados de sus vestiduras. Pues en ese caso, y observando a un grupo de hombres civilizados, ¿podríais decir quién o quiénes pertenecen a la clase más respetada? Se cuenta que la señora Pfeiffer[42], al llegar a la Rusia asiática, ya cerca de su país natal, tras uno de sus intrépidos viajes de un lado a otro del mundo, confesó la necesidad de usar una ropa distinta a su traje de viaje, y cuando fue a ver a las autoridades aclaró que esto se debía a que «ahora se encontraba en un país civilizado, donde a la gente se la juzga por sus ropas». Hasta en nuestras democráticas ciudades de Nueva Inglaterra, el poseedor casual de una fortuna es respetado casi universalmente sólo gracias a la imagen que ofrecen sus ropas y su carruaje. Pero aquellos que muestran semejante respeto, aun siendo tan numerosos, son igualmente paganos y necesitarían el envío urgente de un misionero. Además, el vestido trajo consigo la costura, un trabajo que podéis considerar interminable —al menos un vestido de mujer no está acabado nunca—.

Un hombre que al fin ha encontrado algo que hacer no necesitará un traje nuevo para hacerlo; el viejo, que ha estado colgado en la polvorienta buhardilla por un tiempo indeterminado, le valdrá. Un par de zapatos viejos le servirá durante más tiempo a un héroe que a su criado, si es que algún héroe tuvo criado; los pies descalzos son aun más viejos que los zapatos y también puede usarlos. Sólo quienes van a *soirées* y a las cámaras legislativas necesitan levitas nuevas, y precisan cambiarlas tan a menudo como el hombre cambia dentro de ellas. Pero si mi chaqueta y mis

---

[42] Ida Laura Pfeiffer (1797 – 1858), viajera y escritora austriaca, fue una de las primeras exploradoras, y sus libros, muy populares en la época, se tradujeron a varios idiomas. Miembro de las sociedades geográficas de Berlín y París, no llegó a serlo de la Real Sociedad Geográfica de Londres, debido a su sexo.

pantalones, mi sombrero y mis zapatos son apropiados para rendir culto a Dios, me servirán, ¿no es así? ¿Quién ha llegado a ver alguna vez sus viejas ropas, su vieja chaqueta realmente gastada, reducida a sus elementos originales, hasta tal punto que no sería un acto caritativo dársela a un pobre muchacho, el cual quizá se la daría a su vez a alguien más pobre todavía, o quizás deberíamos decir más rico, que pudiera valerse con menos? Por eso os diría: tened cuidado con aquellas actividades que os exigen ropa nueva, y no, antes bien, una nueva persona que pueda usarla. Si no existe un hombre nuevo, ¿cómo podría vestir bien la ropa nueva? Si tenéis ante vosotros una nueva actividad, llevadla a cabo con vuestro viejo traje. A los hombres no les falta *con qué hacer*, sino algo que *hacer*, o más bien, algo que *ser*. Quizá no debiéramos adquirir un traje nuevo, por muy harapiento y sucio que estuviera el anterior, hasta que nos hayamos conducido, arriesgado o embarcado en algo de forma que nos podamos sentir hombres nuevos dentro del viejo traje, y en ese caso guardar la ropa vieja sería como guardar un vino recién salido de la uva en botellas usadas[43]. Nuestra época de muda, como la de las aves, debe ser un tiempo de crisis en nuestra vida. El colimbo, por ejemplo, se retira a lagos solitarios para pasarla. La culebra se arranca la piel y la oruga su agusanada envoltura por medio de un trabajo interno de expansión, y las vestiduras no son más que cutícula externa y cáscara mortal. En caso contrario, nos encontraremos navegando bajo falso pabellón y seremos degradados con seguridad por nuestra propia opinión y la de la humanidad.

Nos ponemos prenda sobre prenda, como si creciéramos al igual que hacen las plantas exógenas, por adición exterior. Nuestras ropas superficiales, a menudo delgadas y de fantasía, son

---

[43] Alusión a Mateo 9,17: «Ni echan vino nuevo en odres viejos; de otra manera los odres se rompen, y el vino se derrama, y los odres se pierden; pero echan el vino nuevo en odres nuevos, y lo uno y lo otro se conservan juntamente».

nuestra epidermis, nuestra falsa piel, nada que ver en realidad con nuestra vida, y podemos quitárnoslas cuando sea sin mayores consecuencias; nuestras prendas más gruesas, que vestimos constantemente, son nuestro tegumento celular; y las camisas son nuestro líber o verdadera corteza, que no puede ser extraída sin anillar y destruir así al hombre[44]. Creo que todas las razas usan en alguna estación prendas equivalentes a la camisa. Es deseable que un hombre se vista con tanta sencillez que pueda colocar sus manos sobre sí en la oscuridad, y que viva siempre de forma firme, consciente y al día, de modo que si un enemigo toma la ciudad pueda salir de ella, como el viejo filósofo, sin pena y con las manos vacías[45]. Ya que en la mayoría de los casos una prenda gruesa equivale a tres delgadas, y se puede obtener ropa barata a precios ciertamente convenientes: un abrigo grueso puede comprarse por cinco dólares, y durará muchos años, y por dos dólares se puede comprar un par de gruesos pantalones, y por un dólar unas botas de cuero de vaca, y por un cuarto de dólar un sombrero de verano, y por sesenta y dos centavos y medio una gorra de invierno, o incluso puede hacerse una mejor en casa, y a precio de costo, por lo tanto, ¿realmente hay alguien tan pobre que, así vestido, *con sus propias ganancias*, no mereciera la reverencia de los sabios?

Cuando pido una prenda con una hechura determinada, mi costurera me dice con toda seriedad: «Ya no se hace así», enfatizando el *se*, como si así trajera a colación alguna autoridad tan impersonal como las Moiras, y confieso que me resulta difícil obtener lo que pido[46], tan sólo porque ella es incapaz de

---

[44] Tradicionalmente, los pueblos nativos norteamericanos mataban los árboles anillándolos y descortezándolos en corona. Thoreau era un gran conocedor y admirador de la cultura de estos pueblos.
[45] Referencia a Bías de Priene, filósofo del s. VI a. C, uno de los llamados Siete Sabios de Grecia.
[46] Según los testimonios de amigos de Thoreau y periodistas de la época, como Franklin Sanborn, John Shepard Keyes o William Ellery Channing, Thoreau vestía casi siempre pren-

creer que yo sea tan imprudente, y que realmente quiera lo que quiero. Al escuchar esa frase fatídica me concentro un instante y trato de pensar en cada palabra por separado, para entender su significado y descubrir así cuál sería la relación consanguínea que pudiera haber entre *se* y *yo*, y cuál es la autoridad que *se* pudiera tener para afectar de esta forma un asunto que únicamente me concierne a *mí*. Y al momento siento deseos de contestar a mi costurera, con tono misterioso, y cierto énfasis en el *se*: «Es verdad, últimamente no *se* hace así, pero esta vez sí». ¿De qué sirve que me tome las medidas si al hacerlo no mide mi carácter, sino tan sólo el ancho de mis hombros, como si fueran la percha donde se cuelga la chaqueta? No adoramos a las Gracias ni a las Moiras, pero sí a la Moda, que hila, teje y corta con absoluta autoridad. El rey de los monos se pone en París una gorra y todos los monos de América hacen lo mismo. Me descorazona pensar que en este mundo no se pueda obtener algo sencillo y honesto con ayuda de los hombres. Tal vez tendrían que pasar por una poderosa prensa con la que extraerles todas sus ideas avejentadas, de modo que no pudieran ponerse de pie enseguida, aunque aun así habría alguien con un capricho en la cabeza, salido de algún huevo depositado allí, quién sabe cuándo, pues ni siquiera el fuego destruye estas cosas, y todo el trabajo habría sido en vano. Sin embargo, no olvidemos que hasta nuestras manos llegó el trigo egipcio, y fue una momia quien nos lo trajo.

En resumen, no creo que se pueda afirmar que ni en este país ni en cualquier otro el vestir se haya convertido en un arte. Hoy en día los hombres suelen vestirse con aquellas prendas que están a su alcance. Al igual que los supervivientes de un naufragio, se ponen lo que encuentran en la costa, y en cuanto se alejan un poco, ya sea en términos espaciales o temporales, no pueden

---

das de pana, nunca abrillantaba sus botas, lo que le concedía un toque poco civilizado para algunos, y prefería los grandes bolsillos, donde cupieran un cuaderno y un catalejo.

evitar reírse los unos de los disfraces de los otros. Cada generación se ríe de las modas pasadas, pero sigue religiosamente la actual. Al contemplar los vestidos de Enrique VIII o de la reina Isabel nos divertimos tanto como si fueran los del rey y la reina de los caníbales. Cualquier indumentaria aislada del hombre resulta lastimosa o grotesca. Sólo la firme mirada o la vida sincera que se envuelve en su interior detienen la risotada y consagran la vestimenta de un pueblo. Si Arlequín se retuerce presa de un cólico, tendrá que vestir igualmente su traje de colores en semejante estado. Cuando un soldado resulta herido por una bala de cañón, los harapos son tan apropiados como la púrpura.

El gusto infantil y salvaje —y esto afecta por igual a los hombres y a las mujeres— por el último modelo pone a muchos bizcos y temblorosos, como si mirasen a través de un caleidoscopio para descubrir cuál es la figura que se exige hoy a esta generación. Los fabricantes saben que este gusto se basa en el capricho. Entre dos modelos exactamente iguales, salvo en unos hilos, con un color más o menos distinto, ocurrirá que el primero de ellos se agotará inmediatamente y el otro se quedará en la balda, a pesar de que muy a menudo suele ocurrir que al cambiar de temporada será el segundo el que se ponga de moda. En comparación, el tatuaje no es una costumbre tan terrible como algunos piensan. Nada bárbaro hay en el mero hecho de una impresión subcutánea e inalterable.

No puedo creer que nuestro sistema industrial sea el mejor modo para procurarse el vestido. Además, la situación de los obreros se asemeja cada día más a la de los ingleses, y no hay que asombrarse, pues, según he oído, y observado, el objetivo principal de esta industria no es que la humanidad pueda vestir bien y de forma honesta, sino que las empresas se enriquezcan cuanto sea posible. Al final, los hombres dan solamente en el blanco que les interesa. Y, sin embargo, aunque al principio fallaran, sería mejor que apuntasen siempre hacia lo alto.

En cuanto al techo, no niego que ahora es algo necesario para la vida, aunque existen ejemplos de hombres que vivieron sin él durante largos periodos y en países más fríos que éste. Dice Samuel Laing que «el lapón, con su indumentaria de piel, que incluye un saco que usa para cubrir la cabeza y los hombros, duerme noche tras noche sobre la nieve a una temperatura tan baja que extinguiría la vida de cualquiera que se expusiera a ella con ropa de lana»[47]. Él los había visto dormir así y, sin embargo, agrega: «No son más fuertes que los demás». Pero probablemente el hombre no pasó demasiado tiempo en la tierra sin descubrir las conveniencias de una casa, *las comodidades domésticas*, una frase que originalmente refería más a las comodidades de la casa propiamente que a las de la familia, aunque éstas fueran en extremo parciales y ocasionales, pues al fin y al cabo la casa está asociada, en nuestro pensamiento, sobre todo con el invierno y las épocas lluviosas, mientras que en las dos terceras partes restantes del año es innecesaria, salvo como quitasol. Con nuestro clima, durante el verano la casa servía como abrigo casi únicamente durante la noche. En las «gacetas» de los indios, una tienda simbolizaba la marcha efectuada en un día, y una hilera de tiendas tallada o pintada sobre la corteza de un árbol indicaba que habían acampado un número determinado de veces. El hombre no fue hecho con miembros tan fuertes sino para que tratara de estrechar su mundo, construyendo a su alrededor un espacio que le fuera propicio para la vida. Al principio estaba desnudo y a la intemperie; pero aunque esto le resultara placentero cuando el tiempo era cálido y sereno, especialmente durante el día, poco habría durado su raza si al llegar la estación lluviosa o el invierno o el tórrido sol no se hubiera apresurado a cobijarse en una casa. Según cuenta la fábula, Adán y Eva se protegieron bajo una en-

---

[47] Cita del *Journal of a Residence in Norway* de Samuel Laing (1780 – 1868), escritor y explorador escocés.

ramada antes que con ropa alguna. El hombre tenía necesidad de un hogar, un lugar cálido, confortable, donde encontrar primero calor físico y después el calor de los afectos.

Podemos imaginar una época, durante la infancia de la raza humana, en la que algunos aventureros mortales se deslizaban en el hueco de una roca para encontrar refugio. Se podría decir que el mundo comienza de nuevo con cada niño, que sin duda prefiere permanecer al aire libre, aunque haga frío y el tiempo sea húmedo. Como por instinto, juega tanto a las casitas como a los caballos. ¿Quién no recuerda la fascinación que, siendo muy jóvenes, nos produce el hueco que queda bajo unas rocas o la entrada de una cueva? Era la herencia y la añoranza de nuestros ancestros primitivos, que todavía sobreviven en nosotros. De la cueva hemos avanzado hacia las techumbres de hojas de palma, troncos y ramas, de lino tejido y extendido, de pasto y paja, de tablas y ripia, de piedras y tejas. Ya no sabemos lo que es vivir en la naturaleza, y nuestras vidas son domésticas por más razones de las que creemos. Hay una gran distancia del hogar al campo. Quizá sería bueno que pasáramos más días y más noches sin ninguna barrera que nos aísle de los cuerpos celestes, y que el poeta no hablara tanto protegido por un techo, o que el santo no viviera ahí dentro tanto tiempo. Las aves no cantan en las cuevas, ni las palomas alimentan su inocencia en el interior de los palomares.

De todas formas, si alguien tiene la intención de construir una casa en la que habitar, le conviene aprender algo de la astucia yanqui[48], para no encontrarse después encerrado en un reformatorio, un laberinto, un museo[49], un hospicio o un espléndido mausoleo. Lo primero que debemos tener en cuenta es que un

---

[48] El término podía tener connotaciones peyorativas. Así lo usaban los Confederados durante la Guerra de Secesión.
[49] En una de las primeras entradas de su diario Thoreau escribió: «Odio los museos, nada me produce tanta pesadumbre».

refugio no tiene por qué ser aparatoso ni especialmente sólido. He visto a indios Penobscot, en esta ciudad, viviendo en tiendas de campaña hechas de una fina tela de algodón, mientras la nieve a su alrededor llegaba a un pie de altura, y pensé que les habría venido bien incluso que siguiera acumulándose para protegerse del viento. Antes, cuando la forma de ganarme la vida honestamente, con libertad para dedicarme a mis propios asuntos, constituía un interrogante que me atormentaba más aún que ahora —porque, por desgracia, me he vuelto algo más duro—, solía fijarme en una gran caja cerca del ferrocarril, de seis pies de largo por tres de ancho, en la cual los trabajadores guardaban sus herramientas durante la noche; y esto me sugería que cualquier hombre que en un momento dado se quedara sin recursos podría obtener una caja parecida por un dólar, y tras hacerle unos pocos agujeros para permitir la entrada del aire, podría guarecerse en ella cuando lloviera y al caer la noche, y bajar la tapa y sentirse completamente libre e independiente. No me parece que esto sea lo peor que nos puede ocurrir, ni siquiera una alternativa despreciable. Por la mañana podríais salir de vuestro nido tan tarde como quisierais, sin que un patrón o un casero os reclamara renta alguna. Más de un hombre se ve hostigado hasta la muerte por el pago de la renta de una caja más grande y lujosa, y sin embargo no habría muerto de frío en una caja como ésta. No estoy bromeando. La economía es un tema que puede tratarse con ligereza, pero no se puede prescindir de ella. Una casa destinada a una raza ruda y fuerte, que vivía casi siempre a la intemperie, se construyó aquí en cierta ocasión utilizando en su mayor parte materiales de la zona. Gookin, que fue superintendente para los asuntos relacionados con los indios pertenecientes a la colonia de Massachusetts, escribió en 1674 que «sus mejores casas están cubiertas muy elegantemente, de manera compacta y cálida, con cortezas que extraen de los árboles cuando la savia es abundante, y que convierten en grandes láminas bajo la presión de troncos muy pesados. Las casas más pobres están cubiertas con esteras que se confeccionan con una especie de junco y son igualmente cálidas y resistentes, aunque no tan buenas como las anteriores... He llegado a ver algunas de sesenta o cien pies de largo por treinta de ancho. Me he alojado a menudo en sus tiendas y me parecen tan acogedoras como las mejores casas inglesas»[50]. Añade que, por lo general, estaban alfombradas y adornadas en el interior, con esteras delicadamente trabajadas con bordados, y provistas de utensilios variados. Los indios habían progresado hasta el punto de saber regular el efecto del viento mediante una estera suspendida sobre un orificio en el techo y movida por una cuerda. Estas moradas podían construirse por primera vez en uno o dos días, y se desarmaban y volvían a armar en unas pocas horas.

Cada familia poseía una morada así, o al menos un habitáculo dentro de una de ellas. En el estado salvaje cada familia es dueña de un refugio tan bueno como el mejor y suficiente para cubrir sus necesidades más vulgares y simples. Y no creo que sea baladí hablar de esta cuestión, pues aunque las aves tienen sus nidos y los zorros sus madrigueras y los salvajes sus tiendas, en la moderna sociedad civilizada ni la mitad de las familias poseen una casa. En los grandes pueblos y ciudades donde la civilización impera, el tanto por ciento de individuos que poseen una casa es muy bajo. Todos los demás pagan por esta prenda exterior, indispensable tanto en invierno como en verano, una renta anual con la que podrían comprarse un poblado entero de tiendas indias, y de este modo se perpetúan en la pobreza el resto de sus vidas. No querría insistir sobre las desventajas del alquiler comparado con la propiedad, pero es evidente que el salvaje posee su casa porque

---

[50] Cita de *Historical Collections of the Indians in New England*, del general Daniel Gookin (1612 – 1687), colono de Virginia y Massachusetts que escribió diversos libros sobre los indios norteamericanos.

le cuesta muy poco, mientras que el hombre civilizado alquila la suya, al menos normalmente, porque no tiene medios para comprarla, ni tampoco, a largo plazo, para alquilar una mejor.

Alguien replicará que con pagar una renta el hombre civilizado se asegura una morada que es un palacio en comparación con la del salvaje. Una renta anual que oscila entre veinticinco y cien dólares —éstos son los precios en el campo— le da derecho a beneficiarse de los adelantos de siglos: habitaciones espaciosas, papel de pared y pintura, una chimenea Rumford, revoques interiores, persianas venecianas, bombas de cobre, cerrojo de resorte, amplia bodega y otras muchas cosas. Pero ¿cómo es posible que quien dice disfrutar de estas cosas no sea más que un *pobre* hombre civilizado, mientras que el salvaje, que no las posee, es salvajemente rico? Si se afirma que la civilización es un avance efectivo en la condición humana —y yo creo que lo es, aunque sólo los sabios aprovechan sus ventajas—, hay que demostrar que ésta ha generado mejores viviendas sin hacerlas más costosas; porque el costo de una cosa es la cantidad de vida que hay que dar a cambio de ella, de manera inmediata o durante un periodo de tiempo. En esta ciudad, una casa corriente puede costar ochocientos dólares, y acumular esta suma de dinero puede llevar entre diez y quince años de la vida de un trabajador, siempre que éste no tenga cargas familiares y estimemos el sueldo de un obrero en un dólar diario, algunos cobran un poco más y otros un poco menos. De modo que, por lo general, habrá pasado más de la mitad de su vida antes de que pueda comprarse *su* tienda. Si, por el contrario, decide pagar una renta, ésta será una dudosa decisión entre dos males. ¿No sería un insensato el salvaje que en estas condiciones cambiase su tienda por un palacio?

Es fácil adivinar que reduzco casi la totalidad de las ventajas que obtiene un individuo al poseer estas superfluas propiedades a un fondo de reserva para el futuro: en lo que respecta al individuo, principalmente, para sufragar los gastos de su funeral. Pero quizás un hombre no esté obligado a enterrarse a sí mismo. Aquí encontramos una importante diferencia entre el hombre civilizado y el hombre salvaje; sin duda, al convertir la vida de un pueblo civilizado en una *institución*, en la que la vida individual resulta digerida en provecho de la raza, obtenemos una serie de beneficios, pero yo querría sugerir el modo de obtener todas esas ganancias sin sufrir ninguna desventaja. ¿Qué queréis decir con eso de que el pobre está siempre con vosotros[51], o con que cuando los padres se alimentan con agraz, los niños sienten dentera?

«Vivo yo, dice Jehová el Señor, que nunca más tendréis por qué usar este refrán en Israel. He aquí que todas las almas son mías; como el alma del padre, así el alma del hijo es mía; el alma que pecare, ésa morirá»[52].

Cuando me paro a considerar la situación de mis vecinos, los granjeros de Concord, que es similar a la de las demás clases de esta ciudad, descubro que la mayoría de ellos ha estado trabajando veinte, treinta o cuarenta años para llegar a convertirse en los propietarios reales de sus granjas, que generalmente han heredado con gravámenes o comprado con dinero prestado, y una tercera parte de ese trabajo debería ser considerado el costo efectivo de sus casas, si bien la mayoría aún no ha terminado de pagarlas. A veces, incluso, los gravámenes sobrepasan el valor de la granja, de manera que ésta se convierte en el verdadero gravamen y, sin embargo, aun sabiéndolo, hay hombres que deciden heredarla. Los gestores tributarios me cuentan que son incapaces de nombrar a una docena de personas de esta ciudad que sean los dueños efectivos de sus propias granjas, lo cual, la

---

[51] Alusión a Mateo 26, 11: «Porque siempre tendréis a pobres con vosotros, pero a mí no siempre me tendréis».
[52] Paráfrasis de Ezequiel 18, 2-4.

verdad, no puede dejar de sorprenderme. Si queréis conocer la historia de esas granjas, preguntad en el banco donde han sido hipotecadas. Es tan raro que un hombre haya podido pagar su granja con su trabajo que toda la vecindad puede señalarlo. Dudo de que en Concord haya más de tres. Lo que se ha dicho sobre los comerciantes, que noventa y siete de cada cien fracasan[53], puede decirse también de los granjeros. Aunque con respecto a los comerciantes, como reconoce uno de ellos muy atinadamente, la mayor parte de sus quiebras no es de carácter pecuniario, sino simples medios para eludir el cumplimiento de sus compromisos, porque eso les resultaría aún menos conveniente; por lo tanto, es el carácter moral lo que quiebra realmente. Sin embargo, esto empeora aún más las cosas, pues sugiere que ni siquiera los restantes tres comerciantes del total de los cien logran salvar sus almas, sino que su éxito podría equivaler a una bancarrota mucho más grave que la de aquellos que pudieran hundirse honestamente. La quiebra y la repudiación son los trampolines desde los cuales salta y realiza los mejores mortales la mayor parte de nuestra civilización, mientras el salvaje se encuentra en la rígida tabla del hambre. Sin embargo, la feria de ganado de Middlesex transcurre cada año con *éclat*, como si todos los engranajes de la máquina agrícola estuvieran perfectamente engrasados.

De qué vivir: un problema que el granjero se esfuerza en resolver con una fórmula mucho más complicada que el problema mismo. Para conseguir cordones para sus zapatos, especula con

---

[53] No se conoce el origen de esta estadística, pero lo cierto es que Thoreau la reitera en diversas ocasiones. Así, en una carta a su amigo Harrison Blake del 16 de noviembre de 1857, y cifrando apenas un uno por ciento de diferencia, escribe: «Si la mayoría de nuestros comerciantes no se arruinara, al igual que los bancos, mi fe en las antiguas leyes del mundo se tambalearía. La noticia de que noventa y seis de cada cien personas que se dedican a estos negocios quebrarán próximamente es lo más agradable que han revelado las estadísticas, estimulante como el olor de los sauces en primavera». Véase *Cartas a un buscador de sí mismo*, Madrid, Errata naturae, 2012, p. 129.

varias cabezas de ganado. Para atrapar la comodidad y la independencia, coloca una trampa, con un resorte y gran habilidad, y luego, al darse la vuelta, se le queda atrapada la pierna. Ésta es la única razón de su pobreza, y por razones parecidas todos nosotros somos pobres en relación con los mil lujos salvajes, aunque estemos rodeados de comodidades. Tal como canta Chapman:

> La falsa sociedad de los hombres,
> A cambio de la grandeza terrena,
> Enrarece en el aire los bienestares celestiales[54].

Y cuando el granjero por fin posee su casa, puede que no sea más rico, sino más pobre aún, y que en realidad sea la casa la que lo posea a él. Creo que la objeción que le hizo Momo a Minerva sigue siendo válida cuando, al referirse a la casa de ésta, le recriminó «que no la hubiera construido pensando en la posibilidad de transportarla, de modo que pudiera así evitar a un mal vecino»[55]. Aun hoy, nuestras casas son tan aparatosas que a menudo nos hallamos dentro de ellas más como prisioneros que como huéspedes, y la mala vecindad que tenemos que evitar es siempre la de nuestras propias y ruines personas. Conozco a una o dos familias en esta ciudad, aunque tal vez sean más, que durante toda una generación han deseado vender sus casas en las afueras para mudarse al centro, pero no han podido cumplir su deseo, y sólo la muerte los liberará.

Por descontado que la *mayoría*, al final, termina por poseer o alquilar una casa moderna con todas sus ventajas. Pero mientras que la civilización ha ido mejorando nuestras casas, no ha mejorado de la misma forma a los hombres que las habitan. Ha

---

[54] Cita de *The Tragedy of Caesar and Pompey* de George Chapman (1559 – 1634), dramaturgo inglés, traductor y poeta.
[55] Cita de la *Bibliotheca Classica* de John Lemprière.

elevado palacios, pero elevar a hombres nobles y reyes no es tan sencillo. *Y si los propósitos que persigue el hombre civilizado no tienen más valor que los del salvaje, si dedica la mayor parte de su vida a satisfacer necesidades vulgares y a obtener meramente comodidades, ¿por qué debería tener una casa mejor?*

Pero ¿cómo le va a la *minoría* pobre? Tal vez descubramos que, al igual que algunos se han colocado por encima del salvaje, otros se han degradado por debajo de éste. El lujo que disfruta una clase se compensa con la indigencia que sufre la otra. De un lado se encuentra el palacio, del otro el hospicio y el «pobre silencioso». Los millares de hombres que construyeron las pirámides, que luego fueron las tumbas de los faraones, se alimentaban a base de ajos[56], y es posible que ni siquiera fueran enterrados decentemente. El cantero que termina la cornisa del palacio regresa por la noche a su choza, peor que cualquier tienda. Es un error suponer que en un país, a todas luces civilizado, la condición de muchos de sus habitantes es mejor que la de los salvajes. Y no me refiero ahora a los ricos degradados, sino a los pobres degradados. Para confirmar esta realidad me basta observar durante mis caminatas cotidianas sus chozas, que se apiñan en torno a nuestros ferrocarriles, esa última mejora de la civilización, y ver a todos esos seres humanos viviendo en cuchitriles y con la puerta abierta aun en invierno, para que pueda entrar algo de luz, sin un montón de leña a mano ni esperanza de que lo haya, y sus cuerpos, tanto los viejos como los jóvenes, permanentemente contraídos por el largo hábito de encogerse ante el frío y la miseria, al igual que sus facultades, cuyo desarrollo ha quedado impedido.

Sin duda, es justo prestar atención a estos hombres, con cuyo esfuerzo se realizan todos los trabajos que distinguen a esta generación. Ésta es también, en mayor o menor escala, la situación de los obreros en Inglaterra, que es el gran taller del mundo. O en

---

[56] Así lo dejó anotado Heródoto, al que Thoreau leyó con seguridad.

Irlanda, señalada en el mapa como un lugar blanco e ilustrado[57]. Comparad la condición física de los irlandeses con la del indio norteamericano, o con la del isleño de los Mares del Sur, o con la de cualquier otra raza salvaje antes de que fuera degradada por el contacto con el hombre civilizado. Sin embargo, estoy seguro de que los dirigentes de estos pueblos son tan sabios como el promedio de los dirigentes civilizados. Su condición tan sólo prueba que la escualidez puede convivir con la civilización. No necesito referirme a los trabajadores en nuestros estados sureños, que producen las materias primas de este país y que son en sí mismos un producto básico del Sur[58]. Me limito a hablar de aquellos que viven y trabajan en circunstancias *moderadas*.

Parece que la mayor parte de los hombres no se ha parado nunca a pensar qué es una casa y qué significa, y de forma innecesaria serán siempre pobres, al menos en tanto crean imprescindible poseer una casa como la que tiene alguno de sus vecinos. ¡Como si uno tuviera que vestir la chaqueta que decida el sastre! ¡O, luego de haber abandonado el sombrero de paja o el gorro de piel de marmota, se quejase de que en estos tiempos difíciles no puede comprarse una corona! Es posible inventar un tipo de casa más conveniente y lujosa que la que ya tenemos, pero todos sabemos que los hombres no podrán pagarla. ¿Seguiremos estudiando para obtener más y más cosas y no nos conformaremos, aunque sea alguna vez, con menos? ¿Seguirá enseñando el ciudadano respetable al hombre joven, con toda gravedad y mediante el precepto y el ejemplo, que es necesario que adquiera un número superfluo de zapatos de fiesta, paraguas y habitaciones de invitados vacías para huéspedes huecos antes de que llegue el día de su muerte? ¿Por qué nuestros muebles no son tan simples

---

[57] Juego de palabras de Thoreau, pues en los mapas se señalaba en blanco los lugares inexplorados y desconocidos.
[58] Referencia a la esclavitud y el comercio de hombres en los estados del Sur.

como los del árabe o el indio? Al pensar en los benefactores de la raza a quienes hemos deificado como mensajeros del cielo y portadores de frutos divinos para los hombres, no imagino ningún séquito a sus talones, ni ningún coche cargado de muebles modernos. ¡Y qué si admitiera —¿no sería ésta una admisión curiosa?— que nuestros muebles deberían ser más complejos que los del árabe tan sólo en la medida en que seamos moral e intelectualmente superiores a ellos! En la actualidad nuestras casas están atestadas de bártulos y desordenadas, y una buena ama de casa haría bien en deshacerse de muchas cosas mientras barre y realiza su trabajo matutino. ¡Trabajo matutino! Por los sonrojos de Aurora y la música de Memnón[59], ¿cuál debería ser el *trabajo matutino* del hombre en este mundo? Yo tenía tres piezas de piedra caliza sobre el escritorio, pero me produjo espanto pensar que era necesario quitarles el polvo cada día, mientras que aún tengo que pasarle el plumero al mobiliario de mi mente, así que, disgustado, las arrojé por la ventana. ¿Cómo podría yo tener una casa amueblada? Prefiero sentarme al aire libre: en el pasto no se forma polvo, salvo en aquellos lugares donde el hombre ha triturado el suelo.

Son los amantes del lujo y la disipación los que establecen las modas que tan diligentemente sigue el rebaño. El viajero que se detiene en las que se supone que son las mejores posadas se da cuenta de todo esto de inmediato, porque los hosteleros lo toman por un Sardanápalo[60], y si se rindiese a sus tiernas influencias pronto quedaría castrado por completo. Me temo que a la hora de construir un vagón del ferrocarril se gasta más en lujo

---

[59] Según la mitología griega, Memnón fue rey de Etiopía, hijo de Titono y Aurora. Durante la Guerra de Troya formó un ejército para la defensa de la ciudad, y fue muerto a manos de Aquiles como venganza por la muerte de Antíloco.
[60] Sardanápalo fue un legendario rey de Nínive, en Asiria, que habría vivido del 661 a. C. al 631 a. C., siendo un monarca muy cultivado y poco belicoso. En el lenguaje común, la palabra pasó a designar a cualquier príncipe o persona de vida «afeminada» y disoluta.

que en seguridad, con lo que corremos el riesgo de que éste no sea nada mejor que una moderna sala con sus divanes, otomanas, pantallas y otros cientos de objetos traídos de Oriente, que fueron inventados para las mujeres del harén y los afeminados nativos del Imperio Celeste, y el conocimiento de cuyos nombres avergonzaría a Jonathan[61]. Prefiero sentarme en una calabaza en la que poder estar solo antes que apretujarme sobre un almohadón de terciopelo. Y prefiero recorrer la tierra a mi aire en un carro de bueyes que ir al cielo en el lujoso vagón de un tren de excursión, respirando *malaria*[62] durante todo el trayecto.

La simplicidad y desnudez de la vida del hombre primitivo implica que éste era, al menos, un habitante de la naturaleza. Una vez había repuesto sus fuerzas y calmado su hambre, volvía a contemplar el camino. Habitó este mundo como si fuera una inmensa tienda de campaña, atravesando valles, cruzando planicies o trepando a las cimas de las montañas. Pero he aquí que los hombres se han convertido en las herramientas de sus propias herramientas. El hombre que al sentir hambre arrancaba sin más una fruta se convirtió en un agricultor, y el que halló refugio bajo un árbol en propietario de una casa. Ya no acampamos para pasar la noche, sino que nos hemos fijado en la tierra y hemos olvidado el cielo. Hemos aceptado el cristianismo como una forma mejorada de *agri*cultura. Hemos edificado una mansión familiar para este mundo y una tumba familiar para el otro. Las mejores obras de arte son la expresión de la lucha del hombre para independizarse de esta condición, aunque el alcance habitual de nuestro arte no llega sino a consolarnos de esta situación y a hacernos olvidar ese otro estado superior. En realidad no hay lugar en esta ciudad para las *bellas* artes, si es que alguna vez hubieran descendido hasta nosotros,

---

[61] Jonathan, o Brother Jonathan, era el nombre con el que los británicos solían referirse a los norteamericanos.
[62] Del italiano, literalmente, «mal aire».

porque nuestras vidas, nuestras casas y nuestras calles no les ofrecerían ningún pedestal adecuado. No hay un solo clavo donde colgar un cuadro, ni un estante en el que recibir el busto de un héroe o santo. Cuando pienso en la forma en que se edifican y pagan, o no se pagan, nuestras casas, y cómo se administran y mantienen las economías domésticas, me extraña que el suelo no se hunda bajo los pies del visitante que admira las menudencias expuestas sobre la repisa de la chimenea, y que no se caiga y acabe en el sótano, sobre un suelo de tierra, pero más sólido y honesto. No puedo obviar que la vida, que muchos consideran refinada y rica tal como la viven, es algo que se ha pasado por alto, y soy incapaz de disfrutar de las *bellas* artes que verdaderamente la enriquecen, ya que toda mi atención se halla concentrada en el salto: sé que el mayor salto que han efectuado unos músculos humanos es el que son capaces de realizar algunos árabes errantes, que se elevan veinte pies sobre la superficie del suelo. Sin un apoyo externo, con toda seguridad el hombre caerá de nuevo a la tierra tras ese salto. Estoy tentado de preguntar al *propietario* de esa gran *impropiedad*: «¿Quién te sostiene a ti? ¿Eres tú uno de los noventa y siete que fracasan o de los tres que triunfan? Contéstame a estas preguntas y quizá luego, al mirar vuestras menudencias, las encuentre decorativas». El carro delante del caballo no es ni bello ni útil. Antes de que podamos adornar nuestras casas con objetos bellos, las paredes deben estar desnudas, nuestras vidas deben estar al desnudo, y los cimientos deben estar asentados sobre un bello gobierno de la casa y sobre una vida bella: ahora bien, el gusto por la belleza se cultiva fundamentalmente al aire libre, sin casa ni casero.

En *Maravillosa Providencia*, el viejo Johnson[63] hablaba de los primeros pobladores de esta ciudad, de quienes era contemporáneo,

---

[63] Edward Johnson (1598 – 1672), terrateniente inglés y oficial del ejército que llegó a Nueva Inglaterra en 1636. Desempeñó un papel central en la fundación de la iglesia y la comunidad de Woburn, Massachusetts, y fue especialmente conocido como autor de *The Wonderworking Providence of Sion's Savior in New England*.

y cuenta que «se cobijaron en la tierra, debajo de la ladera de alguna colina, donde hallaron su primer refugio, y, apartando la tierra sobre algunos maderos, encendieron un fuego humeante en el lado más elevado». «No tuvieron casas», dice luego, «hasta que la tierra, como la bendición del Señor, produjo pan con que alimentarlos» y, de hecho, la cosecha del primer año fue tan escasa que «se vieron en la necesidad de cortar el pan en rebanadas muy finas durante una larga temporada». El secretario de la provincia de Nueva Holanda, escribiendo en holandés en el año 1650 para informar a quienes querían comprar tierra allí, decía igualmente que «en Nueva Holanda, y sobre todo en Nueva Inglaterra, quienes no cuentan con recursos para construir una casa o una granja de acuerdo con sus deseos, primero cavan en el suelo un pozo cuadrado, parecido a un sótano, con una profundidad de seis a siete pies y tan largo y ancho como estiman oportuno, luego recubren con madera las paredes de tierra y revisten a su vez esa madera con corteza de árbol, o algún otro material que impida que la tierra ceda; después enmaderan el suelo y, finalmente, colocan unas tablas, que cubren a su vez con corteza o musgo, para formar el techo, de modo que en estas casas pueden vivir secos y cálidos con sus familias durante dos, tres o cuatro años, añadiendo nuevos silos de acuerdo con las necesidades de la familia. Los hombres ricos y distinguidos de Nueva Inglaterra, en el origen de las colonias, construyeron así sus primeras casas por dos razones: primera, para no perder tiempo en la edificación y que no les faltase comida en la estación siguiente; segunda, para no desanimar a los trabajadores, que habían traído en gran número desde su tierra natal. En los siguientes tres o cuatro años, cuando el país se adaptó a la agricultura, se construyeron casas hermosas y gastaron en ellas varios miles»[64].

[64] Cita de *The Documentary History of the State of New York* de Edmund Bailey O'Callaghan.

Al actuar de este modo, nuestros antecesores hicieron gala de su prudencia, como si estuvieran preocupados ante todo por cubrir las necesidades más urgentes. Pero ¿están actualmente cubiertas las necesidades más urgentes? Cuando pienso en comprar una de estas lujosas casas de nuestro tiempo, me disuado a mí mismo de inmediato, porque, por así decirlo, creo que el país no se ha adaptado aún a la cultura *humana* y nos vemos obligados a cortar nuestro pan *espiritual* en rebanadas aún más finas que las de nuestros antecesores. No defiendo que se deba descuidar todo ornamento arquitectónico, algo que no ha ocurrido ni siquiera en las épocas más duras, pero creo que debemos revestir de belleza nuestras casas, antes que nada, en aquellos lugares que están en contacto con nuestras vidas, al igual que hace el molusco con la suya, y nunca sobrecargarlas. ¡Ay, sin embargo, he estado dentro de más de una de esas casas y sé bien cómo las forran!

Aunque no hayamos degenerado hasta el punto de no poder vivir en una cueva o en una tienda o vestir pieles, es mejor aceptar las ventajas, si bien a veces tan costosas, que la inventiva y la industria de la humanidad nos ofrecen. Puesto que, por ejemplo, en esta zona donde vivo las tablas y las ripias, la cal y los ladrillos son más baratos y más fáciles de conseguir que una buena cueva y troncos y cortezas y arcilla en cantidad suficiente. Hablo con pleno conocimiento porque estoy familiarizado con estas cuestiones tanto en la teoría como en la práctica. Y desde luego, con un poco más de ingenio podríamos usar estos materiales para hacernos más ricos de lo que somos, más ricos que los ricos, y convertir así nuestra civilización en una bendición. El hombre civilizado es un salvaje más sabio y con más experiencia. Pero pasemos sin más dilación a mi propio experimento.

Hacia finales de marzo de 1845 pedí prestada un hacha, me dirigí a los bosques cercanos a la laguna de Walden, a un lugar no lejano a aquel en que pensaba construir mi casa, y comencé a derribar algunos pinos blancos de gran altura y con forma de flecha, demasiado jóvenes para hacer de ellos madera. Es difícil empezar sin pedir prestado, pero quizá ésta es la forma más generosa de permitir que el otro tenga interés en vuestra empresa. El dueño del hacha, en el momento de entregármela, me dijo que era la niña de sus ojos, pero se la devolví más afilada de lo que la recibí. Estuve trabajando en una ladera muy agradable, cubierta de pinos, a través de los cuales veía la laguna, y en un pequeño claro, donde crecían más pinos y algunos nogales americanos. El hielo de la laguna, completamente oscuro y saturado de agua, aún no se había derretido, pero ya había zonas abiertas. Durante aquellos días hubo algunas ventiscas de nieve, pero llegaban casi siempre cuando yo ya estaba de regreso hacia mi casa, llegando a la vía férrea. Los dorados taludes de arena se extendían allí centelleantes, en la atmósfera brumosa, y los raíles brillaban bajo el sol de la primavera y se oía a la alondra, al papamoscas y a otras aves que ya habían venido para comenzar otro año junto a nosotros. Fueron unos maravillosos días de primavera, en los que el invierno de nuestro descontento se iba deshelando[65], al igual que la tierra y la vida, que se habían mantenido aletargadas, comenzaban a desperezarse. Un día en que mi hacha se había salido del mango, desprendí una cuñita de un nogal americano verde, la metí en el intersticio con ayuda de una piedra, y hundí el hacha por completo en un charco para que se empapara e hinchara la madera, y vi una culebra a rayas que se metía en el agua y se quedaba en el fondo, sin dificultad aparente, durante todo el tiempo que estuve allí, es decir, más de un cuarto de hora; seguramente se debía a que todavía no había salido totalmente de su estado de letargo. Me pareció que los hombres permanecen en su condición actual, baja y primitiva, por razones similares a las de la culebra, pero si sintieran

---

[65] Paráfrasis de *Ricardo III* de Shakespeare: «Ahora el invierno de nuestro descontento se vuelve verano».

la influencia de la primavera de las primaveras que brota en ellos, necesariamente se elevarían hacia una vida superior y más pura. En alguna mañana helada ya había encontrado culebras en el sendero con partes de su cuerpo insensibles y paralizadas, esperando a que el sol las deshelara. El primero de abril llovió, se derritió el hielo, y a primera hora de aquel día brumoso escuché a un ganso extraviado que andaba a tientas y graznaba como si estuviera perdido, o como si fuera el espíritu de la bruma.

Continué así durante varios días, cortando y tallando la madera que utilizaría para la construcción, así como los parales y los cabrios, todo con mi pequeña hacha, sin desarrollar ningún pensamiento comunicable ni semejante a los de los estudiosos, sino cantando para mí mismo:

> Dicen los hombres que saben muchas cosas;
> Pero mirad, han tomado alas
> Las artes y las ciencias,
> Y mil aplicaciones;
> El viento que sopla
> Es todo cuanto sabemos[66].

Desbasté los fustes mayores de seis pulgadas cuadradas y la mayoría de las vigas solamente en dos costados, y los parales y las maderas para el suelo por un solo lado, dejando el resto de la corteza en las maderas, de forma que estaban perfectamente derechas y más fuertes que si hubieran sido aserradas. Para entonces ya había conseguido que me prestasen varias herramientas, de modo que iba ensamblando a espiga y cuidadosamente cada madero desde su extremo. Mis días en los bosques no eran muy largos; sin embargo, solía llevar algo de comida, generalmente

---

[66] Poema de Thoreau.

pan y manteca, y leer a mediodía el periódico[67] con que la envolvía, sentado entre las verdes ramas de pino que había desmochado previamente y dejando que el pan se impregnara de su fragancia, pues mis manos estaban cubiertas por una espesa capa de resina. Antes de terminar era ya más amigo que enemigo de los pinos, a pesar de haber derribado unos cuantos, y los conocía mucho mejor. A veces el sonido de mi hacha atraía a algún caminante que anduviese por los bosques, y charlábamos agradablemente sobre las astillas que yo había dejado.

Ya que trabajé sin prisa, mi casa no estuvo ensamblada y lista para ser levantada hasta mediados del mes de abril. Para entonces había comprado ya la choza de James Collins, un irlandés que trabajaba en el ferrocarril de Fitchburg, con la intención de reutilizar su tablazón. La choza de James Collins era considerada de una calidad extraordinaria. Cuando llamé para verla, el dueño no se encontraba en casa. Caminé a su alrededor, sin ser observado en un primer momento, pues la ventana era alta y profunda. Era pequeña, con un tejado puntiagudo y poco más que ver; el lodo levantaba cinco pies de altura en todo su perímetro, como si fuese un montón de abono. El techo era la parte más sólida, a pesar de que era un poco quebradizo y estaba alabeado por el sol. No había ningún umbral, pero bajo la tabla de la puerta existía un paso perenne para las gallinas. La señora C. se asomó a la puerta y me dijo que pasara para ver el interior. Las gallinas entraron cuando me acerqué. Estaba oscuro, con el suelo sucio, húmedo y viscoso, y algún tablón que no podría transportarse. La señora C. encendió una lámpara para enseñarme el techo y

---

[67] Thoreau era un compungido lector de periódicos, a pesar de que en la correspondencia con su amigo Harrison Blake le recomendara: «No permita que los periódicos tomen posesión de nuestra vida», o bien: «Recuerde que no tiene por qué comer si no está hambriento. No lea los periódicos». Véase *Cartas a un buscador de sí mismo*, op. cit, p. 31 y p. 42. Por otro lado, como se puede comprobar, también en varios de los textos recogidos en esta antología arremete Thoreau contra los periódicos y sus directores.

las paredes, así como la madera del suelo que se extendía bajo la cama, y me advirtió de que no pisara sobre las tablas que daban al sótano, una especie de cavidad oscura de dos pies de profundidad. Según sus propias palabras había «buenas maderas sobre nuestras cabezas, buenas maderas alrededor y una buena ventana», que en origen tuvo dos cristales rectangulares, pero el gato acababa de romper uno para salir. También había una estufa, una cama, un sitio para sentarse, un niño que había nacido allí mismo, un quitasol de seda, un espejo con marco dorado y un molinillo de café aparentemente nuevo, clavado a un pedazo de roble. Eso era todo. Entretanto James había vuelto y el negocio se arregló enseguida. Yo tenía que pagarle cuatro dólares y veinticinco centavos aquella misma noche, él tenía que abandonar su morada a las cinco de la madrugada del día siguiente, sin vender mientras tanto nada a nadie. Y yo tomaría posesión a las seis. Lo mejor, me recomendó, sería que estuviese allí temprano y me anticipase así a ciertas reclamaciones oscuras y sin fundamento, relativas al alquiler del suelo o al pago de la leña. Me aseguró que ésta era la única dificultad. A las seis de la mañana me crucé en el camino con él y su familia. Un gran fardo contenía todas sus cosas, cama, molinillo, espejo, gallinas, todo menos el gato —según me enteré más tarde, éste huyó a los bosques y se convirtió en un gato salvaje, cayó en una trampa para marmotas y pasó a ser un gato muerto—.

Esa misma mañana desarmé el refugio, sacando todos los clavos, y lo llevé cerca de la laguna en carretadas no muy cargadas, extendiendo las maderas sobre el pasto para que el sol las decolorara y corrigiera su alabeo. Un zorzal madrugador me dedicó una o dos notas mientras conducía el carro a través del sendero del bosque. Fui informado traicioneramente por un joven Patrick[68] de que un vecino, Seeley, otro irlandés, aprovechando los

---

[68] Nombre por el que normalmente se refería a los irlandeses.

intervalos del transporte que yo efectuaba, había llenado sus bolsillos con los clavos que aún estaban suficientemente derechos para ser utilizados, así como con las argollas y los pernos; más tarde, cuando volví, se quedó por allí a pasar el resto del día, contemplando la devastación con despreocupación y pensamientos primaverales, pues, según me dijo, en cualquier caso el trabajo escaseaba. Estaba allí para representar al espectador y para ayudar a equiparar este suceso, en apariencia insignificante, con la expulsión de los dioses de Troya.

Cavé mi sótano en la ladera sur de la colina, donde una marmota había cavado anteriormente su madriguera, entre raíces de zumaque y zarzamora y una ligera capa de vegetación. Tenía seis pies de superficie por siete de profundidad, hasta llegar a una arena más fina donde las patatas no se helarían en invierno. No empedré los laterales, los dejé escalonados; como el sol no había brillado nunca sobre ellos, la arena se mantenía en su lugar. No me llevó más de dos horas de trabajo. Roturar la tierra me produjo un placer muy particular, pues en casi todas las latitudes los hombres cavan hasta obtener una temperatura uniforme. Aun en la ciudad, bajo las casas más espléndidas, se encuentra el sótano donde los hombres guardan las raíces, como siempre se ha hecho y, mucho después de que la estructura desaparezca, la posteridad puede ver su huella en la tierra. La casa sigue siendo una especie de porche a la entrada de una madriguera.

Por fin, a principios de mayo y con ayuda de algunos de mis conocidos, no tanto por necesidad como por establecer una buena vecindad, terminé de armar la estructura de mi casa. Ningún hombre se ha sentido tan honrado como yo gracias a sus maestros de obra. Creo que están destinados a iniciar algún día edificaciones de mayor altura. El 4 de julio[69] empecé a ocupar mi casa,

---

[69] No parece azaroso que Thoreau se traslade y abandone por primera vez la casa familiar el mismo Día de la Independencia de los Estados Unidos.

tan pronto como estuvo techada y entablada, porque las tablas fueron cuidadosamente afiladas y ensambladas, de forma que resultaban por completo impermeables a la lluvia. Después, si bien antes de entarimar el suelo, construí la base de una chimenea en un costado, subiendo a pulso desde el lago dos carretadas de piedras. Y tras escardar la huerta construí el resto de la chimenea, en otoño, antes de que fuera necesario un fuego para calentarse; mientras tanto estuve cocinando fuera de casa, en la tierra, por la mañana temprano; y creo que este uso es más conveniente y agradable en algunos aspectos que el habitual. Cuando llovía antes de que mi pan estuviera ya cocido, colocaba unas pocas tablas para cubrir el fuego y me sentaba junto a éste para contemplar mi hogaza, y puedo decir que así pasé algunas horas muy agradables. En aquellos días leía muy poco, pues mis manos estaban demasiado ocupadas, pero cualquier recorte de papel que encontrara en el suelo (que a su vez me servía de mantel) me proporcionaba un buen pasatiempo. En realidad, respondían al mismo designio que la *Ilíada*.

Valdría la pena edificar con mayor premeditación de lo que lo hice yo, tomando en consideración, por ejemplo, qué base tienen en la naturaleza del hombre una puerta, una ventana, un sótano, una buhardilla, sin construir nunca una estructura al azar y hasta que no encontremos una razón para hacerlo que exceda nuestras necesidades temporales. Existe la misma adecuación entre un hombre que construye su propia casa y un pájaro que construye su propio nido. ¿Quién sabe si, en el caso de que cada hombre construyera su casa con sus propias manos y obtuviera alimento para él y para su familia de forma lo bastante simple y honesta, no se desarrollaría universalmente la facultad poética, al igual que las aves cantan universalmente mientras se hallan tan ocupadas? Sin embargo, ay, nos comportamos como el tordo y el cuco, que ponen sus huevos en los nidos construidos por otras aves y que no alegran a ningún viajero con sus notas rechinantes y desafinadas. ¿Cederemos siempre al carpintero el placer de la construcción? ¿Cuánto vale la experiencia de la arquitectura para la gran masa de los hombres? Nunca, en ninguna de mis caminatas, me crucé con un hombre que estuviera ocupado en una tarea tan simple y natural como la construcción de su casa. Pertenecemos a la comunidad. No sólo el sastre es la novena parte de un hombre[70]: otro tanto es el predicador, el comerciante y el granjero. ¿Dónde termina esta división del trabajo y para qué sirve finalmente? No dudo de que otro *pudiera* pensar por mí, pero no es deseable que lo haga hasta el punto de evitar que yo piense por mí mismo.

Es verdad que en este país existen los llamados arquitectos, y he escuchado al menos a uno de ellos poseído por la idea de que los ornamentos arquitectónicos deben ostentar un contenido de verdad, un aspecto necesario y, por lo tanto, una belleza intrínseca, como si al hablar sobre esto estuviera exponiendo una revelación[71]. Desde su punto de vista, todo esto parece muy sensato, aunque quizá sólo sea un poco mejor que el diletantismo común. Como reformador sentimental de la arquitectura, empezó por la cornisa y no por los cimientos. Al fin y al cabo, todo consiste para él en poner una parte de verdad dentro de un ornamento, de forma que cada ciruela dulce pueda tener dentro una semilla de almendra o alcaravea —aunque a mí me parece que las almendras son más saludables sin el azúcar—, y no en cómo el habitante, el que vive dentro de esa casa, puede

---

[70] Viejo proverbio inglés: «Nueve sastres hacen un hombre».
[71] Probablemente Thoreau se refiere a Horatio Greenough (1805 – 1852), escultor, teórico del arte y de la arquitectura y uno de los antecedentes del pensamiento formalista. Greenough criticó en repetidas ocasiones la arquitectura contemporánea norteamericana por su imitación de los estilos históricos europeos y argumentó que las soluciones formales debían ser inherentes a las funciones del edificio. Curiosamente, Greenough estuvo muy influenciado por el pensamiento trascendentalista de Ralph Waldo Emerson, maestro, en cierto sentido, de Thoreau.

construir verdaderamente por dentro y por fuera y dejar los ornamentos a su aire. ¿Qué hombre sensato pensaría que los ornamentos son algo meramente externo, propio de la piel, y concluiría que la tortuga obtuvo su caparazón moteado, o el marisco sus tintes de madreperla, por medio de un contrato como el que otorgó a los habitantes de Broadway la iglesia de la Trinidad? Sin embargo, es cierto que un hombre no tiene más que ver con el estilo arquitectónico de su casa que una tortuga con el de su caparazón, como al soldado no le hace falta pintar el *color* exacto de su virtud en su estandarte[72]. El enemigo lo descubrirá, pues podría palidecer cuando llegue la hora. A mi juicio, este hombre se asoma desde la cornisa y susurra tímidamente su media verdad a los rudos ocupantes de la casa, que, sin duda, la conocen mejor que él. Sé que la belleza arquitectónica que puedo ver crece gradualmente desde dentro hacia fuera, de acuerdo con las necesidades y el carácter de los habitantes, los únicos constructores de la casa, gracias a una cierta veracidad inconsciente y a una nobleza, ambas exentas de toda preocupación por las apariencias, y cualquier belleza adicional será precedida por esta belleza inconsciente de la vida. Como bien sabe el pintor, por lo general las casas más interesantes en este país son las más sencillas, los modestos hogares rústicos y las chozas de los pobres; lo que los hace *pintorescos* es la vida de los habitantes, de quienes son sus caparazones, y no las peculiaridades de sus exteriores, e igualmente interesante será el apartamento de un habitante de los suburbios de cualquier ciudad si su vida es tan simple y agradable para la imaginación y del estilo de su morada desaparece todo deseo efectista. La mayoría de los ornamentos arquitectónicos está literalmente hueca, y una galerna de septiembre los arrancaría como si fueran plumas prestadas, sin perjudicar la parte esencial del edificio. Quienes no tienen en el

---

[72] En los estandartes medievales cada color representaba una virtud.

sótano ni olivas ni vinos pueden arreglarse sin la *arquitectura*. ¿Qué ocurriría si se hiciera lo mismo con los ornamentos en la literatura, y los constructores de nuestras biblias dedicaran tanto tiempo a las cornisas como les dedican los arquitectos de nuestras iglesias? Así se alzan las *belles lettres* y las *beaux arts* y sus profesores. ¿Acaso a un hombre le concierne verdaderamente la forma en que unos pocos palos se colocan por encima y por debajo de él, y de qué colores está pintada su casa? Eso tendría sentido si fuese *él* quien los colocara y se ocupara de la pintura; pero una vez que el espíritu ha abandonado al morador, es como si construyera su propio ataúd: la arquitectura del sepulcro —y «carpintero» no es entonces más que otro nombre para el «constructor de ataúdes»—. En su indiferencia o desesperación por la vida, un hombre dice: «Tomad un puñado de la tierra que se encuentra a vuestros pies y pintad vuestra casa de ese color». ¿Acaso está pensando en su última y estrecha casa? Mejor tirad al aire un penique y que éste decida. ¡Cuántas horas muertas pasará este hombre sin nada que hacer! ¿Por qué habríamos de tomar un puñado de suciedad? Es preferible que pintéis vuestra casa del color de vuestra tez, que empalidezca y se sonroje por vosotros. ¡Qué empresa, mejorar el estilo de la arquitectura rural! Cuando tengáis listos mis ornamentos, entonces me los pondré.

Antes de la llegada del invierno terminé la chimenea y recubrí los costados de mi casa, que ya para entonces eran impermeables a la lluvia, con tablas imperfectas y llenas de savia, hechas con la primera rebanada del tronco y cuyos bordes tuve que alisar con un cepillo.

Poseo así una casa firmemente revestida y revocada, de diez pies de ancho por quince de largo, con postes de ocho pies, una buhardilla, un armario, una gran ventana en cada lado, dos ventanucos, una puerta en un extremo y una chimenea de ladrillos en el opuesto. El coste exacto de mi casa, pagando un precio corriente por los materiales, pero sin contar el trabajo que yo mismo realicé, fue el que sigue, y lo detallo porque son pocos los que pueden decir con exactitud lo que cuestan sus casas, y menos todavía los que pueden decir, si es que hay alguien que lo sepa, cuál es el coste por separado de los materiales que las conforman:

Tablas (*la mayoría toscas*)	8,03 ½ $
Tablillas de desecho para el tejado y los costados	4,00
Listones	1,25
Dos ventanas con cristales de segunda mano	2,43
Mil ladrillos viejos	4,00
Dos barriles de cal (*era cara*)	2,40
Cerdas (*más de lo que necesitaba*)	0,31
Manto de fundición	0,15
Clavos	3,90
Bisagras y tornillos	0,14
Picaporte	0,10
Tiza	0,01
Transporte (*cargué buena parte en mis espaldas*)	1,40
En total	28,12 ½ $

Éstos fueron todos los materiales, salvo la madera, las piedras y la arena, que reclamé por derecho de ocupación[73]. También poseo un pequeño cobertizo de madera adjunto, construido casi por completo con los materiales sobrantes de la construcción de mi casa.

---

[73] En gran medida, los asentamientos en la frontera americana se realizaron mediante ocupaciones de tierras ajenas a todo título de propiedad. Ya en la época a estos hombres se los llamaba *squatters*, término que hoy sigue utilizándose y se suele traducir por «ocupante ilegal» u «okupa». Aunque Thoreau utiliza repetidas veces la palabra *squatter* para referirse a sí mismo, lo cierto es que tenía el permiso para vivir en esa tierra, que pertenecía a su amigo el filósofo Emerson.

Tengo la intención de construir una casa que sobrepasará a todas las de la calle principal de Concord, tanto en tamaño como en distinción, lo haré en cuanto me plazca y no me costará más que ésta.

Descubrí así que el estudiante que quiere un refugio puede obtenerlo, y para toda su vida, a un precio equiparable a un año de alquiler. Si parece que me enorgullezco más de lo debido, mi excusa consiste en que alardeo más de humanidad que de mí mismo, y mis carencias y contradicciones no afectan a la verdad de mi afirmación. A pesar de tanta gazmoñería e hipocresía —paja que es difícil de separar del trigo, cosa que lamento como cualquiera—, respiraré libre y hondamente, porque supone un desahogo tanto para el sistema físico como para el moral, y no pienso convertirme en abogado del diablo a fuerza de humildad. Intentaré hablar bien y hacerlo en favor de la verdad. En el Cambridge College[74], tan sólo el dormitorio de un estudiante (un poco mayor que el mío) cuesta treinta dólares anuales, a pesar de que la institución aprovechó para construir treinta y dos, uno al lado del otro y bajo el mismo techo, de modo que el ocupante sufre los inconvenientes de sus muchos y ruidosos vecinos, o incluso de quedar alojado en el cuarto piso. No puedo sino pensar que, si fuéramos más sabios en relación con estos asuntos, no solamente necesitaríamos menos educación, pues en ese caso ésta habría sido ya adquirida, sino que nos ahorraríamos una buena parte de los gastos pecuniarios destinados a obtenerla. Estas comodidades que el estudiante requiere en Cambridge o en otros lugares le cuestan, a él o a otro, un sacrificio en términos

---

[74] El nombre oficial de la institución es Harvard College, en Cambridge, Massachusetts, y corresponde a la actual Universidad de Harvard. Thoreau ingresó con dieciséis años y su educación allí se pagó con dificultad gracias a los pequeños beneficios de la fábrica de lápices de su padre y las contribuciones de sus hermanos mayores, que trabajaban como profesores. En la universidad, Thoreau estudió Gramática Latina, Griega e Inglesa, así como otras cuatro lenguas modernas, además de Matemáticas, Historia y Filosofía. También hizo un gran uso de la biblioteca antes de graduarse en 1837.

de vida diez veces mayor de lo que sería necesario si hubiera una óptima administración por ambas partes. Las cosas que más dinero cuestan no son las cosas que más necesita el estudiante. La matrícula, por ejemplo, es un gasto muy importante en la cuenta del trimestre, mientras que la educación, mucho más valiosa, que obtiene asociándose a sus coetáneos más cultivados, es gratuita. El método para fundar una universidad consiste, por lo general, en recaudar los dólares y centavos de las subscripciones y, después, siguiendo ciegamente y hasta el límite el principio de la división del trabajo —un principio que nunca debería seguirse sin circunspección—, se llega a un acuerdo con un contratista que convierte el proyecto en un objeto de especulación y emplea a irlandeses u otros trabajadores para erigir los pabellones, mientras que los futuros estudiantes deberán adecuarse al resultado y las sucesivas generaciones pagarán los descuidos. Creo que sería *mejor* que los estudiantes, y todos aquellos que quieran beneficiarse de algo así, construyeran ellos mismos el recinto. El estudiante que protege su deseada ociosidad y su retiro, evitando sistemáticamente toda clase de trabajo necesario para el hombre, no obtiene más que un ocio innoble e inútil, defraudándose a sí mismo en la única experiencia que puede convertir su tiempo libre en algo productivo. «Pero —dice uno— ¿no querrá usted decir que los estudiantes deberían trabajar con sus manos en lugar de hacerlo con su cabeza?». No digo exactamente eso, pero sí algo que podríamos pensar que es parecido: lo que quiero decir es que los estudiantes no deberían *jugar* a la vida, o simplemente *estudiarla*, mientras la comunidad los sostiene durante el tiempo que dura ese costoso juego, sino que deberían *vivirla* intensamente de principio a fin. ¿Cómo podrían aprender mejor a vivir estos jóvenes si no es realizando el experimento de la vida? Creo que esto ejercitaría sus mentes tanto como las matemáticas. Si yo quisiera que un muchacho aprendiera algo sobre arte y ciencia, por ejemplo, no seguiría el procedimiento habitual, que consiste en colocarlo junto a un profesor, donde todo, menos el arte de vivir, se profesa y practica, para que estudie el mundo a través de un telescopio o un microscopio, y nunca con sus propios ojos; para que estudie química y no aprenda cómo está hecho su pan; o mecánica, y desconozca el mecanismo de la vida; o para que descubra nuevos satélites en torno a Neptuno, y no detecte la mota que se le ha metido en el ojo[75], ni tan siquiera sepa de qué planeta vagabundo es él mismo un satélite, y termine por ser devorado por los monstruos que se agitan a su alrededor, mientras contempla otros monstruos en una gota de vinagre. ¿Quién habría avanzado más al final del mes: el muchacho que fabricó su propia navaja con el mineral que él mismo extrajo y fundió, leyendo lo necesario para poder realizar su trabajo, o el muchacho que acudió a las clases de Metalurgia en el instituto y recibió de su padre una navaja Rogers[76]? ¿Quién sería el primero en cortarse un dedo? ¡Qué sorpresa averiguar, tras licenciarme, que había estudiado navegación[77]! ¿No habría aprendido algo más si me hubiera dado una vuelta por el puerto? Se enseña economía *política* hasta al más *pobre* de los estudiantes, mientras que, por el contrario, la economía de la vida, que es un sinónimo de la palabra filosofía, ni siquiera se profesa sinceramente en nuestras universidades. El resultado es que mientras el estudiante lee a Adam Smith, a Ricardo y a Say[78], las deudas de su padre crecen de forma irreparable.

Y lo mismo ocurre con nuestras universidades, que con un centenar de «adelantos modernos» generan siempre una ilusión, pero no siempre una mejora positiva. El diablo exige hasta el final

---

[75] Alusión a Mateo 7, 3: «¿Y por qué miras la mota que está en el ojo de tu hermano y no ves la viga que está en tu ojo?».
[76] Empresa fundada en 1682 y símbolo de extraordinaria calidad.
[77] Thoreau se refiere a navegación astronómica, incluida en la asignatura de Matemáticas impartida en Harvard durante la década de 1830.
[78] Adam Smith, David Ricardo y Jean-Baptiste Say son tres de los principales exponentes de la Escuela Clásica de economistas.

un interés compuesto por su inversión inicial y por sus numerosas aportaciones sucesivas. Nuestros inventos suelen ser bonitos juguetes que nos distraen de cosas más serias. No son sino medios mejores para llegar a un fin no mejorado, un fin que, de hecho, no era difícil alcanzar, como el ferrocarril que lleva a Boston o a Nueva York. Parece urgente el trazado de un telégrafo magnético[79] desde Maine hasta Texas, pero puede ocurrir que Maine y Texas no tengan nada importante que comunicarse. Todos, de un modo u otro, vivimos el mismo apuro que aquel hombre, ansioso por ser presentado a una distinguida señora, que resultó ser sorda, y cuando se la presentaron y alguien colocó en sus manos una trompetilla, no encontró nada que decirle. Como si lo importante fuera hablar con rapidez y no con sensatez. Estamos deseando construir un túnel bajo el Atlántico, para estar unas semanas más cerca del Viejo Mundo[80], pero es posible que la primera noticia que se transmita y sacuda el amplio, aleteante oído americano sea que la princesa Adelaida ha contraído la tos ferina. Después de todo, no es el hombre cuyo caballo corre una milla por minuto el que nos trae el mensaje más importante; no es un evangelizador, ni se alimenta de langostas y miel silvestre[81]. Dudo de que Flying Childers[82] llevara nunca un celemín de grano al molino.

Un amigo me dice: «Me extraña que no tengas ahorros; ya que te gusta viajar, podrías coger el tren e ir hoy mismo a Fitchburg y ver la región». Pero soy más inteligente que todo eso. He aprendido que el viajero más veloz es aquel que va a pie. Le contesto a mi amigo: «Supongamos que queremos saber quién llega primero hasta allí. La distancia es de treinta millas y el pasaje cuesta noventa centavos. Eso equivale aproximadamente al salario de un día de trabajo. Me acuerdo de la época en que los

---

[79] Inventado por Samuel Morse en 1835 y disponible en Concord desde 1851.
[80] El primer cable submarino que unió ambos continentes se tendió en 1858.
[81] La comida de Juan el Bautista en el desierto.
[82] Famoso caballo de carreras inglés, que nunca fue batido.

salarios eran de sesenta centavos al día para los trabajadores de este mismo ferrocarril. Bueno, decido hacer el camino a pie y llego antes de la noche; es lo que suelo andar durante la semana. Mientras tanto, tú te habrás gastado el dinero que vale el pasaje y llegarás allá mañana, quizá esta noche si tienes la suerte de conseguir un trabajo a tiempo. Habrás trabajado la mayor parte del día, en lugar de ir a Fitchburg. Por lo tanto, creo que si el tren llegara a dar la vuelta al mundo, yo iría siempre por delante de ti; y para ver el país y adquirir ese tipo de experiencia, me vería obligado a dejar de tratar contigo».

Nadie puede estar por encima de esta ley universal, y en lo que refiere al ferrocarril, podemos decir que es tan ancho como largo[83]. Construir un ferrocarril alrededor del mundo, asequible para toda la humanidad, supone nivelar toda la superficie del planeta. Los hombres tienen la equívoca idea de que, si disponen de palas y de capital durante el tiempo necesario, todos podrán, finalmente, viajar a algún sitio, sin emplear apenas tiempo ni dinero, pero aunque la multitud corra hacia la estación y el conductor grite: «¡Viajeros al tren!», cuando el humo se disipe y el vapor se condense, podrá verse con claridad que unos pocos están viajando y el resto ha sido atropellado, y se hablará de «un melancólico accidente»[84]. Sin duda, al final podrán viajar todos aquellos que hayan conseguido comprar su pasaje, es decir, si han sobrevivido, pero es probable que, para entonces, hayan perdido la vitalidad y su deseo de viajar. La idea de dedicar la mejor parte de la vida a trabajar y ganar dinero, y disfrutar sólo más tarde de una dudosa libertad durante la peor parte de la misma, me recuerda a la historia de aquel inglés que se fue a la India a hacer una fortuna para volver después a Inglaterra y llevar una vida de poeta. Debería haberse subido directamente a la buhardilla.

---

[83] «It is as broad as it is long». Proverbio popular que se remonta al siglo XVII.
[84] Terminología habitual de los periódicos de la época.

«¡Cómo!», exclaman un millón de irlandeses asomando desde todas las chozas de la tierra, «¿acaso no es algo bueno este ferrocarril que hemos construido?». «Sí», contesto, «*relativamente* bueno, porque podríais haberlo hecho peor; pero ya que sois mis hermanos, preferiría que hubierais dedicado vuestro tiempo a algo mejor que cavar en este lodazal».

Antes de terminar mi casa, y deseando ganar diez o doce dólares por algún medio honesto y agradable para poder hacer frente a mis desacostumbrados gastos, sembré judías en unos dos acres y medio de tierra suelta y arenosa, así como una pequeña parte con patatas, maíz, guisantes y nabos. La parcela completa tiene once acres; en su mayor parte crecen pinos y nogales americanos, y fue vendida la pasada estación por ocho dólares y ocho centavos el acre. Un granjero dijo que «no servía ni para criar en ella ardillas chillonas». No utilicé en este terreno estiércol de ningún tipo, ya que no era el dueño, sino solamente un ocupante ilegal[85], y como no esperaba volver a cultivar, tampoco la aré por completo. Mientras araba, encontré varios tocones que me proporcionaron combustible para el fuego por un tiempo, y dejaron pequeños círculos de mantillo virgen, fácilmente distinguible durante el verano por el mayor crecimiento de las judías dentro de los mismos.

La madera seca e invendible que se hallaba detrás de mi casa, y la que arrastró la laguna, me proporcionaron el resto de combustible. Tuve que alquilar una yunta y contratar a un hombre para arar, aunque yo mismo manejé el arado. Los gastos de mi granja durante la primera temporada, en herramientas, semillas,

---

[85] Escatológico juego de palabras: Thoreau vuelve a referirse a sí mismo como *squatter* (véase nota 74), pero *squat* significa tanto «ocupar ilegalmente una tierra» como «acuclillarse para defecar». Si es cierto, como dice Thoreau, que no utilizó estiércol «de ningún tipo», tal vez contara con una letrina, aunque los registros arqueológicos de Roland Robbins realizados en 1945 no dieron con ella.

trabajo, etc., fueron de 14,72 ½ dólares. La semilla de maíz me la regalaron. Salvo que se siembre más de lo necesario, este tipo de costes es siempre muy bajo. Obtuve doce medidas de habichuelas y dieciocho de patatas, además de los guisantes y algo de maíz dulce. El maíz amarillo y los nabos fueron demasiado tardíos para que produjeran algo. El beneficio de mi granja fue:

	23,44
Deduciendo los gastos	14,72 ½
Quedan	8,71 ½ $

Esto además del producto consumido y el disponible durante el tiempo en que este cálculo fue hecho, con valor de 4,50 $, y sin olvidar que la cantidad disponible compensaba sobradamente el escaso pasto donde no llegué a cultivar. Bien pensado, es decir, teniendo en cuenta la importancia del alma del hombre y del presente, a pesar de la corta duración de mi experimento, en parte a causa de su carácter transitorio, creo que aquel año lo hice mejor que cualquier granjero de Concord.

Al año siguiente lo hice todavía mejor, porque removí toda la tierra que necesitaba, alrededor de un tercio de acre, y aprendí de la experiencia de ambos años, sin sentirme intimidado en lo más mínimo por tantas célebres obras acerca de la agricultura, entre ellas la de Arthur Young[86], según el cual, si viviéramos de forma sencilla, y comiéramos lo que cultivamos, y no cultiváramos más de lo que comemos, y no cambiáramos nada de todo esto por una cantidad ridícula de cosas más lujosas y caras, no necesitaríamos cultivar más que unas cuantas varas de tierra, y entonces resultaría más barato removerla que usar bueyes para

---

[86] Arthur Young (1741 – 1820), granjero y famoso agrónomo británico, autor de numerosos libros como *A Tour in Ireland, 1776-1779* o *Travels during the Years 1787, 1788, and 1789*.

ararla, y cada tanto se podría elegir un nuevo lugar en vez de abonar el viejo, y todo el trabajo que demanda una granja se podría hacer, por así decirlo, con la mano izquierda y en horas perdidas a lo largo del verano, y no estaríamos atados, como suele ocurrir, a un buey, un caballo, una vaca o un cerdo. Deseo hablar imparcialmente sobre este asunto y como quien no está interesado en el éxito o el fracaso del presente orden económico y social. Yo era más independiente que cualquier granjero de Concord, ya que no estaba anclado a casa o granja alguna, sino que en todo momento podía seguir las inclinaciones de mi genio[87], ciertamente sinuoso. Y además de estar de hecho en mejor situación que ellos, si mi casa se incendiara o mis cosechas fracasaran, me encontraría tan bien como antes.

Suelo pensar que los hombres no son tanto cuidadores de rebaños como los rebaños cuidadores de los hombres, pues aquéllos son mucho más libres. Los hombres y los bueyes intercambian sus trabajos, pero si consideramos tan sólo el trabajo necesario, se verá que los bueyes llevan ventaja, ya que su granja es mucho más grande. El hombre realiza parte de ese trabajo de intercambio en las seis semanas de recolección del heno, y que nadie piense que esto es coser y cantar. Por cierto: ninguna nación basada en la sencillez en todos los aspectos —es decir, una nación de filósofos— cometería un error tan grande como el de hacer uso del trabajo de los animales. Es verdad que nunca ha existido, y es poco probable que exista alguna vez, una nación de filósofos, ni estoy seguro de que fuera deseable que la hubiera. De todas formas, *yo* no habría domado nunca un caballo o un buey, ni lo habría cuidado a cambio de que trabajara para *mí*, por temor a convertirme en un hombre-caballo o en un hombre-rebaño, y si es la sociedad la que parece ganar algo con todo esto, ¿tenemos

---

[87] Para Thoreau la noción de «genio» queda vinculada a la de «razón», pero entendida como aquello capaz de intuir más allá de toda prueba o demostración.

alguna seguridad de que la ganancia de un hombre no constituye la pérdida de otro, y de que el muchacho que cuida los caballos tiene las mismas razones para estar satisfecho que su dueño?

Doy por hecho que algunas obras públicas no se habrían construido sin esta ayuda, y concedo que el hombre comparta la gloria con el caballo y el buey, pero ¿significa esto que de otro modo no hubiera podido realizar obras más dignas aún? Cuando los hombres empiezan a realizar con su ayuda un trabajo, ya no de carácter artístico y no necesario, sino de hecho lujoso y vano, es inevitable que unos pocos intercambien con los bueyes su labor o que, en otras palabras, se conviertan en esclavos de los más fuertes. De esta forma, el hombre trabaja por el animal que lleva dentro y, como un símbolo, también para el animal que está fuera. A pesar de que tenemos muchas y sólidas casas de ladrillos o piedra, todavía hoy la prosperidad de una granja se mide por el tamaño de la sombra que el granero proyecta sobre la casa. Se dice que esta ciudad posee las mayores cuadras para bueyes, vacas y caballos en muchos kilómetros a la redonda, y sus edificios públicos no se quedan atrás, pero existen muy pocos lugares para la libertad de culto o la libre expresión en este condado. Las naciones no deberían ser recordadas por su arquitectura, sino por su capacidad para el pensamiento abstracto. ¡Cuánto más digno de ser admirado es el Bhagvat-Geeta[88] que todas las ruinas del Oriente! Las torres y los templos son el lujo de los príncipes. Una mente sencilla e independiente no se somete ante ningún príncipe. El genio no es propiedad del emperador ni está hecho de plata, oro o mármol, salvo en una parte insignificante. Decidme, por favor, ¿para qué se pica en realidad tanta piedra? Cuando estuve en Arcadia no vi piedra picada, pero las naciones tienen la insana ambición de perpetuar su memoria a base de

---

[88] Normalmente transcrito como Bhagavad Gita, es uno de los poemas del Mahabhárata y uno de los textos clásicos de la tradición del hinduismo.

piedra picada. ¿Qué pasaría si se tomaran el mismo interés en suavizar y pulir sus modales? Un artículo escrito con inteligencia es más memorable que un monumento que llegue hasta la luna. Prefiero ver las piedras en su sitio. La grandeza de Tebas fue una grandeza vulgar. Es más sensato un cerco de piedra que limita el terreno de un hombre honesto que una Tebas con cien portales y ajena al verdadero sentido de la existencia. La religión y la civilización bárbaras y paganas construyen templos espléndidos, no así lo que podríamos llamar cristianismo. La mayor parte de la piedra que pica una nación se dedica a su tumba. Se entierra a sí misma en vida. En cuanto a las pirámides, no hay en ellas nada que deba asombrarnos tanto como el hecho de que se pudiera humillar a tantos hombres hasta el punto de que dedicaran sus vidas a construir la tumba de un bobo ambicioso, a quien habría sido más inteligente y viril ahogar en el Nilo, para luego ofrecer su cuerpo a los perros. Es posible que pudiese inventarme alguna excusa para unos y otros, pero no tengo tiempo. En lo referente a la religión y al amor al arte de los constructores, es igual en todo el mundo, lo mismo si el edificio es un templo egipcio o el Banco de los Estados Unidos. Cuesta más de lo que vale. El principal motivo es la vanidad, ayudada por el amor al ajo, el pan y la mantequilla. El señor Balcom, un joven y prometedor arquitecto, hace un dibujo en el reverso de su Vitrubio[89] con una regla y un lápiz de mina dura, y la faena se entrega a Dobson e Hijos, picapedreros. Mientras esos treinta siglos comienzan a bajar la vista hasta allí, la humanidad comienza a alzar la mirada. En cuanto a vuestras altas torres y monumentos, hubo una vez un loco en esta ciudad que se propuso cavar hasta llegar a China[90] y, según

---

[89] Marco Vitruvio Pollio, arquitecto romano que vivió en el primer siglo de nuestra era y escribió el famoso *De Architectura*.
[90] Efectivamente, en los bosques de Estabrook, cerca de Concord, hay una excavación que se conoce como «El agujero hacia China». Thoreau cuenta en su diario que un tal Farmer pasó tres años cavando allí por las noches para llegar al otro lado del mundo.

dijo, llegó tan lejos que consiguió oír el ruido de las ollas y las teteras chinas, pero creo que no me desviaré de mi camino para admirar el agujero que hizo. A muchos les interesa saber quién construyó los monumentos de Oriente y Occidente. Yo, por mi parte, preferiría saber quiénes, viviendo en aquel tiempo, no los construyeron, pues estos últimos se hallaban por encima de dichas frivolidades. Pero sigamos con mis datos estadísticos.

Como agrimensor, carpintero y por labores diversas[91] —porque tengo tantos oficios como dedos—, gané mientras tanto 13,34 $. El gasto en comida durante ocho meses —exactamente desde el 4 de julio hasta el 1 de marzo, en que se hicieron estos cálculos (aunque viví allí más de dos años)—, sin contar las patatas, un poco de maíz verde y algunos guisantes que cultivé, ni tampoco el valor de lo que quedaba como existencias en la última fecha, fue:

Arroz	1,73 ½ $
Melaza (*la forma más barata de la sacarina*)	1,73
Harina de centeno	1,04 ¾
Harina de maíz	0,99 ¾
Cerdo (*más barato que el centeno*)	0,22
Experimentos que fracasaron:	
Harina de trigo (*cuesta más que la harina de maíz, tanto en dinero como en molestias*)	0,88
Azúcar	0,80
Manteca de cerdo	0,65
Manzanas	0,25
Manzanas secas	0,22
Batatas	0,10
Una calabaza	0,06

[91] Thoreau realizó, por ejemplo, muchos trabajos de carpintería y otras «chapuzas» pagadas en casa de su amigo el filósofo Emerson.

Una sandía	0,02
Sal	0,03

Sí, comí por un valor total de 8,74 $, pero no publicaría mi falta tan desvergonzadamente si no supiera que la mayoría de mis lectores es tan culpable como yo, y que sus cuentas no parecerían mejores que las mías una vez puestas en letras de molde. Al año siguiente, alguna vez pude hacerme un plato de pescado para comer, y en una ocasión llegué a matar una marmota que saqueaba mi campo de judías —efectué su transmigración, como diría un tártaro—, y la devoré, en parte también como experimento; pero, aunque me produjo un placer momentáneo, incluso a pesar de su sabor almizclado, me di cuenta de que a la larga no sería una buena costumbre, más allá de lo que pudiera pensarse de quien fuera a comprarle a su carnicero una marmota ya aderezada.

Aunque es poco lo que puede deducirse de este dato, diré que en gastos varios y ropa, que necesité durante el mismo tiempo, gasté:

	8,40 ¾
En aceite y utensilios de la casa	2,00

De modo que todos los gastos, salvo el lavado y el zurcido, que fueron realizados fuera de casa, en su mayor parte, y todavía no se han recibido las facturas —y éstos son todos y aun más de los caminos por los cuales se gasta el dinero en esta parte del mundo— fueron:

Casa	28,12 ½ $
Granja, un año	14,72 ½
Comida, ocho meses	8,74
Ropa, etc., ocho meses	8,40 ¾

Aceite, etc., ocho meses	2,00
En total	61,99 ¾ $

Me dirijo ahora a aquellos de mis lectores que tienen que buscar un modo para ganarse la vida. Para ello obtuve de mis cosechas:

	23,44 $
Y gané trabajando	13,34
En total	36,78 $

que, sustraído a la suma de los gastos, deja por una parte un saldo de 25,21 ¾ $ —aproximadamente los medios con los que comencé y la cantidad de gastos que había que hacer—, y por otra, además de la comodidad, independencia y salud así aseguradas, una casa confortable para mí durante el tiempo que quisiera ocuparla.

Aunque estos datos estadísticos parezcan accidentales y poco instructivos, tienen cierto valor porque son completos. No he dejado de anotar debidamente nada que haya recibido. Y de ello se desprende que mi comida costó alrededor de veintisiete centavos a la semana. A lo largo de esos dos años ésta fue: harina de centeno y de maíz sin levadura, patatas, arroz, un poco de carne de cerdo salada, melaza y sal; y para beber, agua. Me convenía vivir principalmente a base de arroz, ya que soy un amante de la filosofía hindú. Para enfrentar las objeciones de algunos inveterados cavilosos, puedo afirmar que si algunas veces comí fuera[92]

---

[92] Efectivamente, Thoreau acudía ocasionalmente a comer a casa de su familia o a cenar a casa de los Emerson. Ni era el eremita que a veces se ha pensado, ni el hipócrita que quiso hacernos ver el poeta William Ellery Channing, que concluía que Thoreau iba a hacer vivac a Walden pero seguía viviendo en casa.

—como lo había hecho siempre, y espero tener oportunidad de volverlo a hacer—, frecuentemente era en detrimento de mis arreglos domésticos. Pero como ya he dicho que comer fuera es un elemento constante, no afecta en lo más mínimo a esta afirmación comparativa.

De esta experiencia de dos años he podido deducir que, incluso en estas latitudes, conseguir el alimento necesario cuesta increíblemente poco trabajo; que un hombre puede desarrollar una dieta tan simple como la de los animales, conservando, sin embargo, tanta salud como fuerza. Hice incluso una comida satisfactoria —satisfactoria en diversos sentidos— con un simple plato de verdolaga (*Portulaca oleracea*) que recogí en mi maizal, cocí y salé. Doy el latín por la sabrosa derivación del nombre común[93], y decidme, ¿qué más puede desear un hombre sensato, en tiempos de paz y llegado el mediodía, que unas cuantas panochas de maíz dulce verde hervidas con sal? Incluso las pequeñas variedades que introducía respondían más a las demandas del apetito que a las de la salud. Sin embargo, los hombres han llegado a pasar hambre, no por carecer de lo necesario, sino por falta de lujos, y conozco a una buena mujer que cree que su hijo murió porque sólo bebía agua.

El lector podrá apreciar que estoy tratando el tema desde un punto de vista más económico que dietético, y no se aventurará a poner a prueba mi frugalidad, salvo que cuente con una despensa muy bien provista.

Al principio hice el pan con harina de maíz pura y sal, genuinos panes de pala que cocí delante del fuego, al aire libre, sobre una piedra o en el extremo de un palo de madera aserrada,

---

[93] El vocablo inglés para «verdolaga» es *purslane*, cuya etimología se remonta al s. xiv y a la voz *purcelane*, que deriva a su vez del francés antiguo *porcelaine*, del latín tardío *porcillago*, del latín *porcillaca*, que es variante de *portulaca*. Así, *Portulaca oleracea*, del latín, donde *portula* sería «puertecita» (por el opérculo a modo de tapadera que presenta el fruto) y *oleraceus* sería «del huerto».

mientras construía mi casa, pero solía resultar ahumado y con un sabor pinoso. También probé la harina de trigo, pero al final hallé una mezcla de harina de centeno y maíz que resultaba muy agradable y apropiada. Cuando hace frío, es un buen entretenimiento cocer varios de estos panes, vigilándolos y dándoles la vuelta cuidadosamente, al igual que haría un egipcio con los huevos de su corral. Fueron un auténtico fruto cereal que yo hacía madurar, y me brindaban una fragancia como la de las otras frutas nobles, que trataba de conservar el mayor tiempo posible envolviéndolos en tela. Hice un estudio del antiguo e indispensable arte de hacer pan, consultando a las autoridades en la materia que estaban a mi alcance, retrocediendo hasta los días primitivos y la invención del ácimo, cuando el hombre llegó a esta dieta suave y refinada desde la rudeza de los frutos secos y la carne, viajando hacia atrás gradualmente en mis estudios a través de aquel agriamiento casual de la masa, la que se supone que nos enseñó el proceso de la fermentación, y desde entonces a través de varias fermentaciones hasta llegar a obtener «un pan bueno, dulce y saludable», sostén de la vida. La levadura, que algunos consideran el alma del pan, el *spiritus* que llena su tejido celular, religiosamente conservado como el fuego de Vesta —preciado contenido de una botella que, imagino, llegó a bordo del *Mayflower*[94], que abrió el negocio para América, y cuyo influjo sigue creciendo y esparciéndose en oleadas cereales sobre la tierra—, solía procurármela en la aldea, con regularidad y cuidado, hasta que, al final, una mañana me despisté y se me quemó. Gracias a este accidente descubrí que ni siquiera la levadura era indispensable —mis descubrimientos suelen tener

---

[94] Nombre del barco que, en 1620, transportó a los llamados «Peregrinos», separatistas del anglicanismo religioso, desde Inglaterra hasta la costa de lo que hoy son los Estados Unidos de América. La nave transportó a ciento dos personas, sin contar la tripulación, que fueron los primeros colonos en establecerse en la costa de Massachusetts, formando la colonia de Plymouth, a unas sesenta millas de Concord, ciudad natal de Thoreau, y del lago Walden.

un carácter más analítico que sintético—, y desde entonces he prescindido de ella alegremente, aunque muchas amas de casa me aseguraron muy serias que no puede haber un pan sano y completo sin levadura, y las personas mayores profetizaron una rápida decadencia de mis fuerzas vitales. Sin embargo, sigue sin parecerme un ingrediente esencial, y después de caminar sin ella durante un año aún estoy en el mundo de los vivos, feliz, además, de escapar a la trivialidad de llevar una botella llena de levadura en mi bolsillo, que más de una vez se abría y, para mi desgracia, derramaba su contenido. Es más sencillo y respetable prescindir de ella. El hombre es un animal que puede adaptarse más que ningún otro a todos los climas y circunstancias. Tampoco añadí sal a mi pan, ni soda, ni otros ácidos, ni álcali alguno. Se diría que lo elaboré de acuerdo a la receta que Marco Porcio Catón dejó escrita dos siglos antes de Cristo, y que trato de traducir:

Panem depsticium sic facito.
Manus mortariumque bene lavato.
Farinam in mortarium indito, aquae paulatim addito, subigitoque pulchre.
Ubi bene subegeris, defingito, coquitoque sub testu.

Amasa así el pan.
Lava bien tus manos y el mortero.
Pon la harina en el mortero, añade agua gradualmente y amásalo bien.
Cuando esté completamente amasado, dale forma y cuécelo con una tapadera[95].

Es decir, en una olla. Ni una palabra sobre la levadura. Pero no siempre usé este sostén de la vida. Durante un tiempo, algo más

---

[95] Cita de *Sobre la agricultura* de Marco Porcio Catón (234 – 149 d. C.).

de un mes, no vi de cerca ni una sola miga a causa de mi raquítico monedero.

En esta tierra de centeno y maíz, cualquier habitante de Nueva Inglaterra puede cosechar fácilmente sus propios ingredientes para hacer pan y no depender de mercados fluctuantes y lejanos. Sin embargo, estamos tan lejos de la sencillez y la independencia que en Concord rara vez se encuentra en los comercios harina fresca y dulce, y rara vez se usa maíz molido o en forma más basta. Por lo general, el granjero alimenta a bóvidos y cerdos con el maíz de su propia producción y compra harina de trigo en el almacén, a un coste mayor y que, además, ya no es completa. Vi que podía cosechar fácilmente una o dos medidas de centeno y maíz, porque el primero crecerá en la tierra más pobre y el último no requiere la mejor, y que podía molerlos con un molinillo de mano y pasarme sin arroz ni carne de cerdo; y si necesitaba algún dulce concentrado, experimentando descubrí que podía hacer una muy buena melaza de calabaza o remolacha, y sabía que para ello tan sólo necesitaba plantar unos cuantos arces, y mientras éstos crecían, podía usar algún sustituto, porque como cantaban nuestros antepasados:

Podemos hacer licor para endulzar nuestros labios
De calabazas, zanahorias y astillas de nogal[96].

Finalmente, en lo que respecta a la sal, el más ordinario de los víveres, obtenerla puede ser una ocasión adecuada para visitar la costa, aunque si se prescindiera de ella bebería menos agua. No he leído en ningún sitio que los indios se preocuparan por encontrarla. De este modo podía evitar todo comercio en lo que a mi alimentación se refería, y teniendo ya techo, sólo me faltaba con-

---

[96] Cita del canto anónimo «New England's Annoyances» (1630), que describe las penurias de la vida colonial y se cree que es el primer poema de un colono norteamericano.

seguir vestido y combustible para el fuego. Los pantalones que uso ahora fueron tejidos por la familia de un granjero —gracias al Cielo, todavía hay virtud en el hombre, porque opino que la decadencia del granjero hecho obrero es tan grande y memorable como la del hombre hecho granjero[97]—; y en un país nuevo el combustible es un estorbo. En cuanto al lugar donde habitar, si no se me permitiera ocuparlo, podría comprar un acre al mismo precio por el que se vendió lo que produjo la tierra que cultivé: a saber, ocho dólares y ocho centavos. Pero consideré que elevaba el valor de la tierra ocupándola sin más.

Hay algunos incrédulos que a veces me preguntan cosas parecidas a éstas: si creo que puedo vivir comiendo solamente verduras, y para llegar de una vez a la raíz del asunto —porque la raíz es la fe—, estoy acostumbrado a contestar que podría vivir a base de comer clavos de acero. Si no pueden entender eso, tampoco podrán entender mucho de lo que tengo que decir. Por mi parte, diré que estoy contento de saber que ha habido experimentos de este tipo; como el de aquel hombre joven que trató de vivir dos semanas alimentándose tan sólo con espigas de maíz crudo y duro, con sus dientes como único mortero. La tribu de las ardillas también lo intentó, con éxito. La raza humana está interesada en estos experimentos, a pesar de que algunas viejecitas, incapacitadas o que poseen sus tercios en molinos[98], se alarmen seriamente.

Mi mobiliario —parte del cual hice yo mismo, y el resto no me costó nada de lo que no haya ya rendido cuentas antes— estaba formado por una cama, una mesa, un pupitre, tres sillas, un espejo de tres pulgadas de diámetro, un par de tenazas y morillos,

---

[97] Alusión al Génesis 3, 23, en el que Dios convierte a Adán, en cierto modo, en granjero: «Y lo sacó Jehová del huerto del Edén para que labrase la tierra de la que fue tomado».
[98] El tercio del que habla Thoreau refiere a la tercera parte del capital del esposo difunto que heredaban por ley las viudas.

una olla, una cacerola, una sartén, un cazo, una palangana, dos cuchillos y tenedores, tres platos, una taza, una cuchara, una jarra para el aceite, otra para la melaza y una lámpara lacada. Nadie es tan pobre como para tener que sentarse sobre una calabaza. Eso es pereza. En las buhardillas de esta ciudad hay gran cantidad de sillas que os regalarán a cambio simplemente de llevároslas de allí. ¡Mobiliario! Gracias a Dios puedo sentarme y ponerme de pie sin recurrir a una tienda de muebles. Además del filósofo, ¿qué otro hombre no se avergonzaría de ver sus muebles puestos en un carro que recorre el país, expuestos a la luz del cielo y a los ojos de los hombres, miserable recuento de cajones vacíos? Ése es el mobiliario de Spaulding[99]. Al ver uno de estos cargamentos, nunca sé decir si pertenece a un hombre —así llamado— rico o a un pobre: el dueño siempre parece un desamparado. En realidad, cuantas más cosas de este tipo se poseen, más pobre es uno. Cada cargamento parece contener todo lo que había en una docena de chozas; y si la choza es pobre, el propietario será doce veces más pobre. Decidme, ¿para qué nos mudamos sino para liberarnos de nuestros muebles, de nuestra exuvia[100] y, finalmente, para ir de este mundo a otro recién amueblado y dejar que el primero se queme? Como si un hombre debiera llevar atados al cinturón todos esos trastos, siendo así incapaz de moverse por esta tierra hostil donde están trazados nuestros destinos, tratando de arrastrarlos, arrastrando así su propia trampa[101]. Fue un zorro afortunado el que abandonó su cola en la trampa[102]. La rata almizclera roerá su tercera pata para liberarse. No hay que asombrarse de que el hombre

---

[99] Thoreau cita este mismo apellido en *Musketaquid* (Errata naturae, 2014) y en varios de sus ensayos breves. Tal vez fuese un personaje inexistente y prototípico o algún conocido del autor.
[100] Del latín *exuere*, «sacar», «desprender», la exuvia es la cutícula o cubierta exterior (exoesqueleto), abandonada por los artrópodos (insectos, crustáceos o arácnidos) tras la muda.
[101] *Trap* en el original, que significa tanto «trasto» como «trampa».
[102] Alusión a la fábula de Esopo, «El zorro que perdió su cola».

haya perdido su vitalidad. ¡Cuán a menudo se encuentra en punto muerto! «Señor, disculpe mi atrevimiento, ¿qué quiere decir con encontrarse en punto muerto?». Si sois de los que pueden ver[103], donde y cuando quiera que halléis un hombre veréis todo lo que posee, ¡ay!, y por mucho que pretenda repudiarlos, veréis tras él hasta los muebles de su cocina y todas las baratijas que salva y no llegará a quemar, y parecerá estar atado a todo esto y avanzar con ello como pueda. Creo que está en punto muerto el hombre que ha atravesado un agujero o una portezuela por la que no cabía su cargamento de muebles. No puedo sino sentir compasión cuando escucho a un hombre aseado y con buen aspecto, seguro, y aparentemente libre y dispuesto, hablando sobre si sus muebles están o no asegurados. «Pero ¿qué haré con mis muebles?». Entonces mi alegre mariposa queda atrapada en una telaraña. Incluso de aquellos que parecen no tenerlos, si preguntáis, confirmaréis que tenían unos cuantos almacenados en la granja de alguien. Inglaterra me parece hoy en día un viejo caballero que viaja con mucho equipaje, baratijas que ha acumulado tras un largo y doméstico atesoro, y que no ha tenido el valor de quemar: un baúl grande, otro pequeño, una caja de sombreros y un fardo. Tire por lo menos los tres primeros. En nuestro tiempo sobrepasa la capacidad de un hombre sano levantar su cama e intentar andar[104], y ciertamente yo recomendaría al enfermo que abandonara su cama y echara a correr. Cuando me he encontrado con un inmigrante tambaleándose bajo un fardo que contenía todas sus cosas —como un enorme lobanillo que le hubiera crecido sobre la nuca—, le he compadecido, no porque eso fuera todo lo suyo, sino porque tuviera que transportar todo eso. Si tengo que arrastrar mi carga, cuidaré de que sea ligera, y de que no se me clave en parte vital alguna.

---

[103] Como el profeta o el poeta, según la terminología de Thoreau.
[104] Alusión a Juan 5, 8: «Le dijo Jesús: "Levántate, toma tu cama, y anda"».

Aunque tal vez sería más prudente pensar que ese fardo no tiene mayor peso.

Anoto de paso que no gasté nada en cortinas, porque no tengo vecinos que evitar salvo el sol y la luna, y me gusta que éstos miren adentro. La luna no agriará la leche ni pudrirá mi carne, ni el sol estropeará mis muebles ni decolorará mi alfombra, y si a veces es un amigo demasiado cálido, me parece económicamente más sensato retirarse tras alguna cortina provista por la naturaleza que añadir un solo detalle más a los artículos de la casa. Una vez una señora me ofreció una estera, pero como no tenía espacio dentro de la casa, ni tiempo para sacudirla, no la acepté, prefiriendo secarme los pies en el césped que hay ante mi puerta. Es mejor cortar el mal de raíz.

No hace mucho asistí a la subasta de los efectos personales de un diácono, pues su vida no había estado falta de muchas cosas:

El mal que hacen los hombres les sobrevive[105].

Como es habitual, una gran parte eran baratijas que había empezado a acumular en vida de su padre. Entre otras cosas había una tenia seca. Ahora, después de yacer medio siglo en una buhardilla y en otros agujeros polvorientos, estas cosas no se queman: en lugar de hacer una *hoguera* o realizar una destrucción purificadora, hubo una *subasta* o revalorización de las mismas. Los vecinos se reunieron ávidamente para verlas, lo compraron todo y las transportaron cuidadosamente a sus buhardillas y sus sótanos, para que yacieran allí hasta que sus propiedades fueran liquidadas, y entonces empezar de nuevo. Cuando un hombre muere, da una patada al polvo.

Tal vez podríamos imitar con provecho las costumbres de algunas naciones salvajes, como por ejemplo la de liberarse de su

---

[105] Cita de *Julius Caesar* de William Shakespeare.

tristeza anualmente; tienen esta idea, capten con ella o no una realidad. ¿No estaría bien que celebráramos esta *busk*[106] o «fiesta de los primeros frutos», como dice Bartram[107] que era la costumbre entre los indios Muclasse? «Cuando celebran esta festividad», dice Bartram, «provistos de nuevas ropas, nuevas ollas, sartenes y otros utensilios y muebles para la casa, juntan todas las ropas usadas y demás cosas desechables, barren y limpian sus casas, las cuadras y todo el poblado, y lo arrojan todo a un único montón común donde se quema junto con los restos de los maíces y provisiones. Después de tomar la medicina y ayunar durante tres días, se apaga el fuego. Durante el ayuno, se abstienen de la satisfacción de todo apetito y pasión. Se proclama una amnistía general; todos los malhechores pueden volver al poblado.

A la mañana del cuarto día, el sumo sacerdote enciende un nuevo fuego en la plaza pública frotando dos maderas, y todas las casas del poblado se proveen de este fuego nuevo y puro».

Luego celebran fiestas por los nuevos maíces y frutos, y cantan y bailan durante tres días, «y durante los siguientes cuatro días, reciben visitas y disfrutan junto con sus amigos de los poblados vecinos que, como ellos, se han preparado y purificado»[108].

También los mexicanos practicaban una purificación parecida cada cincuenta y dos años, en la creencia de que había llegado el momento para que el mundo llegara a su fin[109].

No conozco ningún sacramento más verdadero, siempre acogiéndome a la definición del diccionario: «Signo exterior y visible

---

[106] Gran fiesta de los indios Muclasse que celebra el cambio de año.
[107] William Bartram (1739 – 1823), botánico y naturalista estadounidense, autor de *Travels through North and South Carolina, Georgia, East and West Florida and the Cherokee Country*, que fue considerado en su tiempo uno de los libros que más contribuyeron al conocimiento de la historia natural de Norteamérica.
[108] Todas las citas pertenecen al libro de Bartram nombrado en la nota anterior.
[109] Thoreau leyó sobre esta cuestión en *History of the Conquest of Mexico* de William Hickling Prescott.

de una gracia interior y espiritual»¹¹⁰, y no dudo de que fueron inspirados originariamente por el cielo para actuar así, a pesar de que no posean ningún registro bíblico de la revelación.

Durante más de cinco años me mantuve así, sólo con el trabajo de mis manos, y descubrí que podía pagar todos mis gastos trabajando unas seis semanas al año¹¹¹. Disponía de libertad y seguridad para el estudio, de los inviernos completos, así como de la mayor parte de los veranos. Procuré trabajar en una escuela concienzudamente¹¹², pero descubrí que entonces mis gastos carecían de proporción, o mejor dicho, resultaban desproporcionados en relación con mis ingresos, porque me veía obligado a vestir y a enseñar, e incluso a pensar y a creer, de manera acorde, de modo que el negocio resultó una pérdida de tiempo¹¹³. Como no enseñaba en beneficio de mis conciudadanos, sino como medio de vida, fue un fracaso. También lo intenté con el comercio¹¹⁴, pero me di cuenta de que avanzar por esa senda me llevaría al menos diez años, y para entonces andaría ya por el camino del diablo. Me asustó la idea de conseguir hacer lo que se llama un buen negocio. La primera vez que pensé qué podía hacer para ganarme la vida, teniendo aún presente alguna triste experiencia por la que, como prueba de mi ingenuidad, traté de conformarme

---

[110] La definición proviene de San Agustín y así pasa efectivamente al *American Webster Dictionary* de 1828.
[111] Lo que supone, aproximadamente, trabajar un día a la semana y descansar seis: inversión del relato bíblico.
[112] En el original *thoroughly*, lo que resulta un juego de palabras con el propio nombre del autor, que intentó por tanto trabajar de profesor *a la thoreau*, o de manera *thoreautiana*, y el resultado fue el que se relata a continuación y en nuestra nota siguiente.
[113] Su filosofía de la educación podría resumirse a través de unas líneas dirigidas a Orestes Brownson: «La educación debe ser ante todo algo placentero, tanto para el alumno como para el profesor, que debe ser a su vez un estudiante entre sus pupilos y aprender de ellos y con ellos». Al final de su segunda semana como profesor en la escuela de Concord, Thoreau fue amonestado por no azotar a sus alumnos. Esa misma tarde, dimitió.
[114] En el negocio familiar de lápices y grafito.

a los deseos de mis amigos, barajé seriamente la posibilidad de dedicarme a recoger gayubas; estaba seguro de poder hacerlo, y su pequeño rédito habría bastado —porque mi mayor habilidad ha sido desear poco—, pensé tontamente, tan poco era el capital requerido y tan poca la distracción ejercida sobre mis habituales estados de ánimo. Al observar cómo mis conocidos se dedicaban sin vacilación al comercio, pensé que mi ocupación sería muy parecida a la suya: recorrer las colinas durante todo el verano para recoger las gayubas que encontrara, y luego disponer de ellas sin esfuerzo adicional, y así guardar los rebaños de Admeto[115]. También soñé que podría recoger hierbas silvestres, y llevar siemprevivas en carros de heno a los habitantes del pueblo o de la ciudad, a los que les gustaría recordar los bosques. Desde entonces he aprendido que el comercio maldice todo lo que toca, y aunque comercies con mensajes del cielo, su maldición acompaña siempre al negocio.

Como prefería unas cosas a las otras y valoraba ante todo mi libertad, y como podría haberme resultado arduo, y aún peor, llegar a tener éxito, no quise cambiar mi tiempo por ricas alfombras o muebles macizos, o por una cocina bien surtida, o por una casa de estilo griego o gótico. Para quien no suponga una interrupción adquirir esas cosas, y sepa cómo usarlas una vez adquiridas, que se dedique a su persecución. Algunos son «industriosos» y parece que el trabajo les gusta en sí mismo, o quizá simplemente los aleja de males mayores; a todos ellos no tengo nada que decirles ahora. A los que no sabrían qué hacer con más ocio del que ahora disfrutan, puedo recomendarles que trabajen el doble, que trabajen hasta pagar por sí mismos y obtener su carta de libertad[116]. En lo que a mí respecta, descubrí

---

[115] Según la mitología griega, Zeus ordenó a Apolo, que había matado a los cíclopes, que trabajase como pastor para el rey Admeto.
[116] Thoreau se refiere a los *indentured servants*, una forma de servidumbre mediante deudas creada en los primeros años de las colonias americanas. Por aquel entonces, los agricultores,

que el trabajo como jornalero era el más independiente de todos, especialmente porque requiere sólo treinta o cuarenta días al año para obtener un sustento. El día del jornalero termina cuando se oculta el sol, y entonces está libre para dedicarse a su ocupación predilecta, independiente de su trabajo; su patrono, sin embargo, especula de mes en mes y no tiene un respiro a lo largo del año.

En pocas palabras, estoy convencido, tanto por fe como por experiencia, de que mantenerse a uno mismo en esta tierra no es una dificultad, sino un pasatiempo, siempre que se viva de forma sencilla y sabia; así como las ocupaciones de las naciones más sencillas son hoy por hoy los deportes de las más artificiales. No es necesario que un hombre se gane la vida con el sudor de su frente[117], a no ser que sude con más facilidad que yo.

Un joven conocido mío, que ha heredado varios acres, me confesó que pensaba que él también debería vivir como yo lo hago, y que lo haría *si tuviera medios para ello*. No quisiera en forma alguna que nadie adoptara *mi* modo de vivir, pues, más allá de que antes de que aquél lo haya aprendido bien yo puedo haber encontrado ya otro distinto, prefiero que en el mundo existan tantas personas diferentes como sea posible, y que cada uno se ocupe de encontrar y proseguir su propio camino y no el de su padre, su madre o su vecino. El joven puede construir o plantar o navegar, pero que no se le impida realizar aquello que me dice que le gustaría hacer. Un único punto matemático nos hace sabios, como el marino o el esclavo fugitivo fijan la vista en la Estrella Polar, y ésa es guía suficiente para toda una vida.

---

hacendados y comerciantes de las colonias encontraron muchas dificultades para contratar a trabajadores libres, sobre todo porque era muy fácil para los potenciales trabajadores establecer sus propias explotaciones agrícolas. La solución fue traer a trabajadores jóvenes de Inglaterra o Alemania, que trabajarían durante varios años sin cobrar, recibiendo apenas alimentos, ropa y alojamiento, hasta pagar la deuda generada por sus gastos de viaje y establecida en su contrato.

[117] Alusión al Génesis 3, 19: «En el sudor de tu rostro comerás el pan hasta que vuelvas a la tierra».

Es posible que no lleguemos a puerto en el tiempo previsto, pero mantendremos el rumbo correcto.

Sin duda, en este caso, lo que es cierto para uno es más cierto aún para un millar, como una casa grande no es más costosa proporcionalmente que una pequeña, ya que un solo tejado puede cubrirla, un solo sótano estar debajo y una pared separar varios apartamentos. Pero, por mi parte, prefiero una morada solitaria. Más aún: en general será más fácil construirlo todo uno mismo que convencer a otro de las ventajas de la pared común; y si ésta se hace para que el gasto sea menor, también será más delgada, y ese otro puede resultar un mal vecino y no asumir las derramas que le correspondan. La única cooperación posible resulta extraordinariamente parcial y superficial, y la escasa cooperación auténtica es como si no existiera, ya que consiste en una armonía inaudible para los hombres. Si un hombre tiene fe cooperará con igual fe en cualquier parte; si no tiene fe, continuará viviendo como el resto del mundo y con quienquiera que conviva. Cooperar, tanto en un sentido superior como en el más bajo, significa *ganarse la vida juntos*. Hace poco oí que se les proponía a dos muchachos jóvenes que viajaran juntos alrededor del mundo: uno sin dinero, obteniendo recursos a medida que avanzara, trabajando delante del mástil y detrás del arado, y el otro con una letra de cambio en el bolsillo. Era fácil darse cuenta de que no serían compañeros durante mucho tiempo, o que no *cooperarían* desde el momento en que uno no iba a *cooperar* de ningún modo. Se separarían ante la primera crisis relevante que se presentara en sus aventuras. Como he sugerido, el hombre que va solo puede comenzar hoy, pero el que viaja con otro debe esperar a que su compañero esté listo, y puede transcurrir mucho tiempo antes de que partan.

He oído decir a algunos de mis conciudadanos que todo esto es muy egoísta. Confieso que hasta ahora me he dedicado poco a empresas filantrópicas. He hecho algunos sacrificios por sentido del deber y, entre otros, he sacrificado también este placer. Hay algunas personas que han utilizado todas sus artes para persuadirme de que mantuviera a alguna familia pobre de la ciudad; si no tuviera nada que hacer —pues ya se ocupa el diablo de encontrar empleo para el ocioso—, podría probar con este pasatiempo. Sin embargo, casi decidido ya a aceptar la propuesta de mantener a personas pobres tan confortablemente como me mantengo a mí mismo, y colocar así su cielo bajo una obligación, fui a hacerles mi oferta y todos ellos prefirieron continuar siendo pobres, sin vacilar siquiera. Mientras mis conciudadanos y las damas se dedican de mil formas distintas a buscar el bien de sus semejantes, creo que uno, al menos, puede dedicarse a fines distintos y menos humanitarios que éstos. La caridad requiere un determinado carácter, como cualquier otra cosa. En cuanto a hacer el bien, ésa es una profesión saturada. Más aún, diré que lo intenté con empeño, y aunque parezca extraño, me siento feliz de que sea ajeno a mi constitución. No creo que deba renunciar consciente y deliberadamente a mi particular vocación para practicar el bien que la sociedad me demanda, a fin de salvar al universo de la destrucción; y creo que una misma firmeza, pero infinitamente más vasta y situada en otra parte, es lo que lo protege ahora. Jamás me interpondría entre un hombre y su carácter; y a aquel que hace su trabajo, que yo rehúso, con todo su corazón, su alma y su vida, le diría: «Persevera», aun cuando, como probablemente ocurrirá, el mundo lo llame a eso hacer el mal.

Estoy lejos de suponer que mi caso es peculiar; sin duda, muchos de mis lectores harían una defensa parecida. En cuanto a hacer algo —no comprometeré a mis vecinos para que lo califiquen de bueno—, no dudo en afirmar que podrían contratarme; en cuanto a qué hacer, debe ser quien contrate el que lo averigüe. El *bien* que hago, en el sentido más habitual de la palabra, debe estar fuera de mi camino y en mayor medida no debe ser intencionado. Dicen los hombres, con sentido práctico: «Comienza donde te halles y tal como seas, sin aspirar a ser de más valor, y con amabilidad premeditada sigue tu camino haciendo el bien». Si yo fuera a predicar de esta manera, diría más bien: «Decídete a ser bueno». Como si el sol debiera detenerse, tras hacer llegar sus fuegos hasta el esplendor de una luna o una estrella de sexta magnitud[118] y siguiera como un Robin Goodfellow[119] espiando por las ventanas de cada casa de campo, inspirando a los lunáticos y pudriendo las carnes y haciendo visible la oscuridad[120], en lugar de aumentar constantemente su agradable y beneficioso calor hasta ser tan brillante que ningún mortal pueda mirarlo a la cara, y girando entretanto alrededor del mundo en su propia órbita, haciéndolo bueno, o más bien, como ha descubierto una filosofía más verdadera, girando el mundo alrededor de él y recibiendo sus bienes. Cuando Faetón[121], deseoso de dar prueba de su origen celestial, obtuvo el carruaje del Sol sólo por un día y lo dirigió fuera del camino trillado, quemó varias manzanas de casas en las calles más bajas del cielo y abrasó la superficie de la tierra y secó cada manantial e hizo surgir el gran desierto del Sahara, hasta que al final Júpiter lo derribó y el Sol, apenado con su muerte, dejó de brillar durante un año[122].

No hay olor más nauseabundo que el que emana del bien corrupto. Es como el de la carroña humana, la divina. Si supiese con seguridad que un hombre iba a venir a mi casa con la firme intención de hacerme un bien, escaparía tan rápido como pudiese, como si huyese de ese viento seco y abrasador de los desiertos africanos llamado simún, que llena boca, nariz y orejas de arena,

---

[118] Según la clasificación del astrónomo griego Hiparco (190 – 120 a. C.).
[119] También conocido como Puck, duende o elfo doméstico y festivo que aparece en *Sueño de una noche de verano*, de William Shakespeare.
[120] Alusión a *El paraíso perdido* de Milton: «Sin luz, más bien oscuridad visible».
[121] El hijo del Sol según la mitología griega.
[122] Así se cuenta en las *Metamorfosis* de Ovidio, 2, 1-400.

hasta la asfixia, por temor a que me infligiese un poco de ese bien suyo, y que ese virus llegara hasta mi sangre. No, en ese caso preferiría padecer el mal de forma natural. Un hombre no es un buen *hombre* para mí sólo porque me alimentaría en caso de que pasase hambre, o me calentaría en caso de que tuviese frío, o me sacaría de una fosa si cayese en ella. Puedo encontrar un perro Terranova[123] que haga lo mismo. La filantropía no es el amor al prójimo en el sentido más amplio. Howard[124] era, sin ninguna duda, un hombre muy valioso a su manera, y tuvo su recompensa[125]; pero, en comparación, ¿qué son cien Howards para *nosotros* si su filantropía no *nos* ayuda cuando mejor estamos y más nos merecemos ser ayudados? Nunca he sabido de ninguna reunión filantrópica en la que se propusiese ayudarme a mí o a mis semejantes.

Los jesuitas estaban muy desconcertados ante esos indios que, en la misma hoguera, sugirieron nuevas formas de tortura a sus verdugos. Despreciando el sufrimiento físico, a veces ocurría que también despreciaban cualquier forma de consuelo que pudieran ofrecerles los misioneros; y la regla según la cual habría que actuar con los demás como uno quiere que actúen consigo mismo no resultó muy persuasiva a oídos de aquellos a quienes, por su parte, resultaba indiferente cómo fuesen a ser tratados, que amaban a sus enemigos de un modo insólito[126] y que estaban muy cerca de perdonarles todo lo que hiciesen[127].

Estad seguros de que dais al pobre la ayuda que más necesita, aun cuando con vuestro solo ejemplo lo dejéis bien atrás. Si le

---

[123] El poeta William Ellery Channing tenía un Terranova que solía acompañarles a él y a Thoreau en sus paseos.
[124] John Howard (1726 – 1790), reformador de las cárceles inglesas.
[125] Alusión, tal vez irónica, a Mateo 5, 12: «Alegraos, porque vuestra recompensa es grande en los cielos».
[126] Nueva alusión a Mateo 5, 44: «Amad a vuestros enemigos».
[127] Alusión en este caso a Lucas 23, 24, pero asimilando siempre a los indios con los apóstoles y frente a los sacerdotes oficiales: «Jesús dijo: "Padre, perdónalos, porque no saben lo que hacen"».

dais dinero, no se lo entreguéis sin más, gastaos con él. A veces cometemos errores curiosos. A menudo el pobre no está tan aterido y hambriento como sucio, andrajoso y lleno de rudeza. Eso es en parte por gusto y no meramente un infortunio. Si le dais dinero, quizá comprará con ello más harapos. Solía compadecer a los torpes obreros irlandeses que cortaban hielo en el lago, con ropas finas y andrajosos, mientras yo temblaba dentro de mis cuidadas ropas y algo más a la moda, hasta que un día muy frío uno cayó al agua y vino a mi casa a calentarse, y le vi quitarse tres pares de pantalones y dos pares de medias antes de llegar a la piel, y aunque, en efecto, estaban bastante sucios y harapientos, podía permitirse rechazar las ropas *extra* que le ofrecí, ya que tenía muchas ropas *intra*. Esa zambullida era lo que más necesitaba. Entonces empecé a compadecerme de mí mismo y vi que habría más caridad en concederme a mí una camisa de franela que a él toda una tienda de ropa barata. Hay mil podando las ramas del mal por cada uno que se esfuerza en devastar la raíz, y puede ocurrir que aquel que conceda la mayor cantidad de tiempo y dinero al necesitado esté contribuyendo al máximo a producir esa miseria que en vano trata de aliviar. Como el pío criador de esclavos que consagra los réditos de cada décimo esclavo a la compra de la libertad de un domingo para el resto. O como los que muestran su amabilidad con los pobres empleándolos en sus cocinas. ¿No serían más amables si se pusieran a trabajar allí ellos mismos? Alardeáis de destinar a la caridad una décima parte de vuestras ganancias: tal vez deberíais gastar las nueve décimas partes y terminar con ella. La sociedad recupera así sólo una décima parte de los beneficios de la propiedad. ¿Es esto generosidad o negligencia del sistema de justicia?

La filantropía es quizá la única virtud suficientemente apreciada por el género humano. Más aún, está sobrevalorada; y es nuestro egoísmo quien así la estima. Un día de sol aquí en Concord, un pobre robusto elogió ante mí a un conciudadano porque, según decía, era amable con el pobre, refiriéndose a sí mismo. Se estima más a los tíos y tías caritativos que a los verdaderos padres y madres espirituales de nuestra raza. Cierta vez oí a un venerable pastor, hombre de cultura e inteligencia, disertar sobre Inglaterra; y después de enumerar sus valores científicos, literarios y políticos, Shakespeare, Bacon[128], Cromwell[129], Milton, Newton y otros, habló sobre sus héroes cristianos, a los cuales, como si su profesión se lo exigiera, elevó como los mayores entre los grandes, a un lugar muy superior al resto. Se trataba de Penn[130], Howard y la señora Fry[131]. A nadie se le escapa la falsedad e hipocresía de todo esto. Estos últimos nombres no son los de los mejores hombres y mujeres de Inglaterra; tan sólo los de sus mejores filántropos.

No pretendo sustraerle los elogios que se le deben a la filantropía, simplemente pido justicia para todos aquellos que son una bendición para la humanidad gracias a sus propias vidas y su trabajo. No doy un valor principal a la rectitud y a la benevolencia de un hombre, que son, por así decirlo, su tronco y hojas. Aquellas plantas con cuyo marchito verdor elaboramos tisanas para el enfermo tienen un uso sencillo, humilde, y son empleadas más asiduamente por los curanderos. Yo quiero la flor y el fruto de un hombre; que alguna de sus fragancias me oree y que aromatice nuestra conversación. Su bondad no debe ser un acto transitorio y parcial, sino una abundancia constante que nada le cueste y de la que no tenga conciencia. Esta caridad oculta una multitud de pecados. Demasiado a menudo el filántropo abraza a la humanidad con el recuerdo de sus propias cuitas omitidas. Y lo llama «compasión». Debemos transmitir nuestro valor y no

---

[128] Francis Bacon (1561 – 1626), filósofo y canciller de Inglaterra.
[129] Oliver Cromwell (1599 – 1658), político y militar inglés.
[130] William Penn (1644 – 1718), militante cuáquero y reformista democrático.
[131] Elizabeth Gurney Fry (1780 – 1845), reformadora social de las prisiones inglesas desde la perspectiva filantrópica cuáquera.

nuestra desesperación. Nuestra salud y comodidad, y no nuestra enfermedad, y cuidar de que ésta no se extienda por contagio. ¿Desde qué llanuras sureñas llega la voz del llanto[132]? ¿En qué latitudes reside el pagano al cual debiéramos iluminar? ¿Quién es ese hombre brutal e intemperante al que nosotros debiéramos redimir? Cuando algo aqueja a un hombre hasta el punto de que no puede realizar sus funciones, cuando tiene un dolor en sus entrañas —porque éste es el asiento de la compasión—, enseguida se propone reformar el mundo. Siendo él mismo un microcosmos, descubre —pues se trata de un verdadero descubrimiento y él es el hombre adecuado para hacerlo— que el mundo ha estado comiendo manzanas verdes[133]; a sus ojos, de hecho, el propio mundo es una gran manzana verde y supone un peligro espantoso pensar que los hijos de los hombres puedan mordisquearla antes de que esté madura; y su drástica filantropía busca directamente a los esquimales y a los patagones, y abraza a las populosas aldeas de India y de China, y así, durante unos pocos años de actividad filantrópica, mientras las grandes potencias hacen uso de él para sus propios intereses, no hay duda de que este hombre se cura de su dispepsia, el mundo adquiere un leve sonrojo en una o en ambas mejillas, como si empezara a madurar, y la vida pierde su crudeza; una vez más vivir es dulce y edificante. Jamás he soñado con una atrocidad mayor que la que yo mismo he cometido. Nunca conocí ni conoceré a un hombre peor que yo.

Creo que lo que entristece al reformador no es su compasión por sus semejantes más desafortunados, aunque se trate del santísimo hijo de Dios, sino su sufrimiento privado. Dejad que este sufrimiento se arregle, que la primavera llegue a él, que la mañana se eleve sobre su lecho, y abandonará, sin disculpa alguna, a sus generosos compañeros. Mi excusa para no sermonear en contra

---

[132] Nueva alusión a la esclavitud de los negros vigente en los estados del Sur.
[133] Consideradas fuente de indigestión.

del tabaco es que nunca lo masqué; ésa es la pena que tienen que pagar los mascadores de tabaco reformados, aunque hay bastantes cosas que he mascado y contra las cuales podría hablar. Si alguna vez os embaucan con estas filantropías, no dejéis que vuestra mano izquierda sepa lo que hace la derecha[134], pues no vale la pena. Rescatad al que se ahoga y ataos los cordones de los zapatos. Tomaos el tiempo que necesitéis y decidíos por un trabajo libre.

Nuestras costumbres se han corrompido al comunicarnos con los santos[135]. Nuestros salterios resuenan eternamente con una melodiosa maldición de Dios[136]. Se diría que incluso los profetas y redentores antes han calmado los temores de los hombres que confirmado sus esperanzas. No hay registro de que el regalo de la vida haya quedado satisfecho de forma simple e irreprensible, no hay elogio memorable de Dios. Toda salud y éxito me hacen bien, por lejanos y apartados que parezcan; cualquier enfermedad o derrota contribuye a entristecerme y me hace daño, a pesar del gran interés que pueda tener ello en mí o yo en ello. Si estamos decididos a restañar la humanidad por medios verdaderamente indios, botánicos, magnéticos o naturales, seamos primero tan simples y buenos como la Naturaleza, despejemos las nubes que se ciernen ante nuestra frente, y llenemos cada uno de nuestros poros con un poco de vida. No sigáis siendo supervisores de los pobres, tratad de convertiros en un prócer para el mundo.

Leo en el *Gulistán*[137] del jeque Saadi de Shiraz: «Le preguntaron a un hombre sabio por qué de los muchos árboles célebres

---

[134] Alusión a Mateo 6, 3: «Pero cuando des limosna, no sepa tu mano izquierda lo que hace tu derecha».
[135] Alusión a I Corintios 15, 33: «No os engañéis: las malas conversaciones corrompen las buenas costumbres».
[136] Alusión todavía más satírica que las anteriores a Job 2, 9: «Entonces le dijo su mujer: "¿Aún te mantienes en tu interior? ¡Maldice a Dios y muérete!"».
[137] El *Gulistán*, también conocido como *El jardín de las rosas*, es un hito de la literatura persa, quizás su gran clásico en prosa. Fue escrito en 1259 d. C. y es una de las dos obras mayores del autor persa Saadi, considerado uno de los más importantes poetas persas medievales.

que creó el Dios Supremo altos y umbrosos ninguno ha sido llamado *azad* o libre, exceptuado el ciprés que no da fruto alguno, ¿qué misterio hay en esto? El sabio contestó que cada cual tiene su fruto apropiado y su estación señalada, en cuyo momento reverdece y florece, y fuera del mismo se halla seco y marchito; el ciprés no está expuesto a ninguna de ambas situaciones ya que se halla siempre floreciente, y los *azads*, o religiosos independientes, son de esta misma naturaleza. No pongáis vuestro corazón en lo transitorio, porque el Dijlah, o Tigris, continuará fluyendo a través de Bagdad después de que la raza de los califas se haya extinguido. Si tu mano posee en abundancia, sé generoso como la palma datilera; pero si no tienes nada que dar, sé un *azad*, un hombre libre, un ciprés»[138].

---

[138] Cita del *Gulistán*.

VERSOS COMPLEMENTARIOS DE T. CAREW[139]
LAS PRETENSIONES DE LA POBREZA

Presumes demasiado, pobre y necesitado infeliz,
Al pedir una estación en el firmamento,
Porque tu humilde casa, o tu tina,
Alimenta alguna virtud perezosa o pedante
Al sol barato o junto a las fuentes sombrías,
Con raíces y hortalizas; donde tu mano derecha,
Desgarrando de la mente esas pasiones humanas,
Sobre cuyos troncos florecen bellas virtudes lozanas,
Degrada la naturaleza y entorpece el sentido,
Y, como Gorgona, convierte a los hombres activos en piedras.
No requerimos la sorda sociedad
De vuestra templanza necesitada
Ni esa estupidez poco natural
Que no conoce pena ni alegría; ni vuestra violada
Fortaleza pasiva falsamente exaltada
Sobre la activa. Esta estirpe baja y abyecta
Que fija su asiento en la mediocridad
Conviene a vuestras mentes serviles; mas fomentamos
Sólo las virtudes que admiten excesos,
Actos bravos, generosos, magnificencia real,
Prudencia previsora, magnanimidad,
Que no conoce límite, y esa virtud heroica
Para la cual la Antigüedad no dejó un nombre

---

[139] Lo que sigue es una cita de «Coelum Britannicum de Thomas Carew» (1595 – 1640), poeta inglés del alto Renacimiento, de estilo ligero y reconocido árbitro de elegancia poética en la corte de Carlos I. Su obra supone un ingenioso giro de la tradición lírica petrarquista y de la poesía amorosa para un público cada vez más sofisticado y aristocrático. También escribió uno de los poemas eróticos más conocidos del s. XVII, «A Rapture». Thoreau añade el título y el satírico subtítulo, moderniza un tanto su lenguaje y, en el sexto verso, transcribe erróneamente *rigid* (rígida) por *right* (derecha).

Sino modelos, Hércules,
Aquiles, Teseo. Regresa a tu celda aborrecida
Y cuando veas la nueva esfera iluminada,
Estudia para saber al menos quiénes fueron esos próceres.

LEYES SUPERIORES[1]

Mientras volvía a casa a través de los bosques con mi sarta de pescado, arrastrando mi caña y siendo ya noche cerrada, vislumbré una marmota que cruzó furtivamente el sendero y sentí una extraña sacudida de placer indómito y la poderosa tentación de cazarla y devorarla cruda, no porque tuviera hambre, sino por aprehender la vida salvaje que representaba. En cualquier caso, mientras vivía en la laguna, al menos un par de veces me sorprendí rastreando los bosques, como un sabueso hambriento, en un estado de extraño abandono, buscando algún venado que pudiera devorar, y ninguna pieza habría estado demasiado cruda para mí. Los lugares más salvajes me resultaban inexplicablemente familiares. Encontraba en mí mismo, y aún encuentro, un instinto dirigido hacia una vida superior o, como se suele decir, espiritual, común a la mayoría de los hombres, y otro hacia un estado primitivo y salvaje, y siento el mismo respeto por ambos. Amo lo salvaje tanto como el bien. El aspecto salvaje y aventurero inherente a la pesca resulta muy recomendable para mí. A veces me gusta plantar los dos pies en la

---

[1] El ensayo «Desobediencia civil» del propio Thoreau (recogido en las páginas 51-78 de este volumen) no era sino una llamada para que otras leyes superiores rigieran sobre los hombres: «El Estado nunca se enfrenta de manera intencionada al sentido moral o intelectual de un hombre, sino sólo a su cuerpo, a sus sentidos. No está armado con ninguna inteligencia u honradez superior, sino con una mayor fuerza física. Yo no nací para ser sometido. Seguiré mi propio camino. Ya veremos quién es más fuerte. ¿Cuánta fuerza posee la multitud? Sólo pueden someterme aquellos que obedecen a una ley superior a la mía, obligándome a ser como ellos». El término «leyes superiores» supone para Thoreau en un mismo sentido su falta de asentimiento a las supuestas «leyes democráticas» que garantizaban, por ejemplo, la esclavitud. Este texto fue publicado en su versión definitiva en *Walden*.

vida y pasar el día como un animal. Quizá deba a esta ocupación y a la caza, practicadas desde mi juventud, mi intimidad con la naturaleza. Nos llevan de forma temprana a lugares que a esa edad, de otra manera, apenas conoceríamos. Los pescadores, cazadores, leñadores y otros cuyas vidas transcurren en los campos y en los bosques son, en cierto sentido, parte de la naturaleza, y a menudo tienen una disposición más favorable a observarla en los intervalos de sus ocupaciones que los filósofos o los poetas, que se aproximan con tanta expectación. La naturaleza no teme mostrarse ante ellos. En las llanuras, el viajero es por naturaleza un cazador, en las cuencas altas de los ríos Misuri y Columbia, un trampero, y en las cataratas de Saint Mary, un pescador. Quien sólo es viajero, aprende las cosas de oídas y a medias, y tendrá escasa autoridad. Nos interesa sobre todo lo que la ciencia nos enseña del saber práctico o instintivo de esos hombres, pues sólo ahí reside la verdadera *humanidad* o el relato de la experiencia humana.

Se equivocan los que afirman que el yanqui tiene pocas diversiones porque no dispone de tantas vacaciones oficiales, y que los hombres y los jóvenes no juegan a tantos juegos como en Inglaterra, pues aquí las diversiones más primitivas y solitarias, como la caza, la pesca y otras semejantes, no han sido sustituidas por éstos. Entre mis contemporáneos, casi todos los muchachos de Nueva Inglaterra de entre diez y catorce años llevaban al hombro una escopeta, y los terrenos adonde iban a cazar no estaban limitados como los cotos de un noble inglés, sino que eran más extensos incluso que los de un salvaje. No es extraño, por tanto, que no se quedaran a jugar en la plaza. Sin embargo, las cosas están cambiando, no tanto por una creciente compasión como por la escasez de la caza, pues quizá el cazador sea el mejor amigo de los animales cazados, sin exceptuar a la Sociedad Protectora[2].

---

[2] La primera de estas sociedades, The English Society for the Prevention of Cruelty to Animals, fue fundada en 1824.

Cuando vivía junto a la laguna, a veces deseaba diversificar mi menú introduciendo un poco de pescado. En realidad, pescaba por la misma necesidad que movió a los pescadores primitivos. Cualquier argumento dictado por la compasión que pudiera invocar contra esta práctica sería ficticio y tendría más que ver con mi filosofía que con mis sentimientos. Pero con esto me refiero únicamente a la pesca, pues hace ya tiempo que cambié de parecer con respecto a la caza de aves: vendí mi rifle antes de venir a los bosques. No tengo más vedada que otros la piedad, pero no creí que mis sentimientos fueran a verse afectados. No sentía lástima de los peces ni de los gusanos. Era una cuestión de costumbre. En lo que atañe a la caza de aves, durante los últimos años mi excusa para usar un rifle fue el estudio ornitológico y el hecho de perseguir sólo aves raras o nuevas para mí. Confieso que ahora creo que hay formas mejores de estudiar ornitología. Ésta requiere, ante todo, una atención minuciosa hacia el comportamiento de los pájaros, razón suficiente para dejar el rifle. No obstante, a pesar de esta objeción basada en la compasión, dudo de que haya unos esparcimientos tan beneficiosos como la caza y la pesca, y cuando algunos amigos se han mostrado inquietos ante esta cuestión y me han consultado si deberían permitir a sus hijos ir de caza, les he respondido que sí, recordando que ésta fue una de las mejores aportaciones a mi educación: *hacedlos* cazadores, aunque al principio sólo sean aficionados, que se conviertan finalmente en verdaderos cazadores, que nunca encuentren, en este bosque ni en ningún otro, una pieza suficientemente grande, que sean, en última instancia, cazadores y pescadores de hombres[3]. Hasta ese extremo comparto la opinión de la monja de Chaucer que

---

[3] Alusión a Marcos 1, 17: «Y les dijo Jesús: "Venid en pos de mí, y haré que seáis pescadores de hombres"».

No cambiaría una gallina desplumada por el texto
Que afirmaba que los cazadores no eran hombres santos[4].

Hay un periodo en la historia del individuo, como en la de la raza, en el que a los cazadores se los denomina «los mejores hombres», como hacían los algonquinos[5]. Siento lástima por el muchacho que jamás ha disparado una escopeta; no por eso es más humano, y en cambio su educación ha sido tristemente descuidada. Ésta era mi respuesta cuando me preguntaban por aquellos jóvenes que se inclinaban hacia la caza, confiando siempre en que pronto dejaría de interesarles. Ningún ser humano, una vez pasada la irreflexiva época de la juventud, asesinaría[6] gratuitamente a una criatura que tiene el mismo derecho a la vida que él. En el instante de la muerte, la liebre grita como un niño. Os advierto, madres, que mi compasión no siempre hace las distinciones fil-*antrópicas*[7] al uso.

A menudo, el joven aprende así a conocer el bosque y la parte más original de sí mismo. Primero va allí como cazador y pescador, hasta que, al final, si lleva en sí la simiente de una vida mejor, distingue los intereses que realmente le conciernen, tal vez como poeta o como naturalista, y abandona el rifle y la caña de pescar. Si fuera así, la mayoría de los hombres se mantendría siempre joven. En algunos países no es raro ver a un párroco cazador, que tal vez podría ser un buen perro pastor, pero está muy lejos de ser un Buen Pastor[8]. Me sorprende que, por lo que yo sé y con una sola excepción, la única actividad que de forma evidente retuvo

---

[4] Cita del prólogo de *Los cuentos de Canterbury* de Geoffrey Chaucer (1343 – 1400). Thoreau confunde al monje con una monja.
[5] Tribu nativa de Canadá.
[6] En diversas ocasiones a lo largo de su obra y sus cartas, Thoreau utiliza la palabra «asesinato» (*murder*) para referir la muerte de un animal a manos de un hombre.
[7] Como en otras ocasiones, un destacado etimológico le sirve para reforzar un concepto: el amor de Thoreau («fil», del griego *philos*) no se limita a los humanos.
[8] Alusión a Juan 10, 11: «Yo soy el buen pastor; el buen pastor su vida da por las ovejas».

a cualquiera de mis conciudadanos en Walden durante medio día, ya fueran padres o hijos, salvo que estuvieran cortando leña, hielo, u ocupados en algo parecido, fue la pesca. Por lo general, si no obtenían una buena sarta de pescado no se sentían ni afortunados ni haciendo buen uso de su tiempo, aunque hubieran tenido ocasión de contemplar la laguna durante todo ese rato. Podrían ir allí mil veces antes de que el sedimento de la pesca se hundiera hasta el fondo y dejara un propósito claro, pero, sin duda, semejante proceso clarificador se extiende en el tiempo. El gobernador y su consejo apenas recuerdan la laguna, adonde iban a pescar cuando eran unos muchachos; ahora son demasiado viejos y dignos para ir de pesca, de modo que nunca volverán a verla. Y sin embargo esperan ir al cielo. Si los legisladores se interesaran por ella, sería para reglar el número de anzuelos que pueden usarse allí; pero nada saben del Gran Anzuelo con el que se puede atrapar a la propia laguna, usando como cebo el cuerpo legislativo. Incluso en las comunidades civilizadas, el desarrollo embrionario del hombre pasa por una etapa de cazador.

En estos últimos años, me he dado cuenta en repetidas ocasiones de que no puedo pescar sin perder una parte del respeto que tengo hacia mí mismo. Lo he intentado una y otra vez. Estoy dotado para la pesca y, como muchos de mis semejantes, tengo un instinto ineludible que se reaviva de vez en cuando, pero cada vez que pesco siento que sería mejor no hacerlo. Y creo que no me equivoco. Me llega como una leve insinuación, como las primeras luces del alba. Es innegable que ese instinto, propio de los órdenes inferiores de la Creación, perdura en mí; sin embargo, cada año que ha ido pasando me he vuelto menos pescador, aunque no por ello me he hecho más humano ni más sabio; en la actualidad no soy pescador en absoluto. Pero me doy cuenta de que si viviera en un lugar salvaje, me tentaría la idea de ser de nuevo cazador y pescador. Además, hay algo esencialmente sucio en esa dieta y en toda carne, y empiezo a comprender dónde comienza el quehacer doméstico y el porqué de tantos esfuerzos para ofrecer cada día un aspecto pulcro y respetable y mantener la casa agradable y ajena a malos olores e imágenes repulsivas. Como fui mi propio carnicero, pinche de cocina y cocinero, así como el caballero al que servía los platos, puedo hablar con una inusual experiencia global. En mi caso, la objeción práctica a los alimentos de origen animal era su suciedad; por otro lado, cuando pescaba, limpiaba, aderezaba y comía mis peces, no tenía la sensación de que me alimentaran esencialmente. Insignificante y prescindible, todo ello me costaba más de lo que valía. Un poco de pan y unas patatas me habrían servido igual, con menos trastornos e inmundicias. Como muchos de mis contemporáneos, durante muchos años me he abstenido de comer animales[9] y de beber té, café, etc., no tanto por las posibles consecuencias nocivas como por el desagradable efecto que tenía en mi imaginación. La repugnancia que producen los alimentos de origen animal no procede de la experiencia, sino del instinto. Me parecía más admirable vivir con poco o incluso pasarlo mal en algunos aspectos; aunque nunca llegué a tanto, hice lo suficiente para agradar a mi imaginación. Creo que todo hombre que pretenda sinceramente conservar intactas sus facultades superiores o poéticas está inclinado a abstenerse de comer alimentos de origen animal y a evitar, en general, el exceso de alimento. Es un hecho significativo y comprobado por diversos entomólogos, lo he encontrado en Kirby y Spence[10], que «algunos insectos completamente desarrollados, a pesar de estar dotados de órganos digestivos, no hacen uso de ellos», de lo que

---

[9] Thoreau se refiere a todos aquellos reformadores que desde mediados del siglo XIX proponen nuevas maneras de comer y nuevos equilibrios dietéticos. Thoreau no era estrictamente vegetariano, pero comía carne muy pocas veces y casi siempre para evitar un problema a la hora de sentarse a la mesa con la familia.
[10] William Kirby (1759 – 1850) y William Spence (1783 – 1860), autores de An Introduction to Entomology.

concluyen que «por regla general, casi todos los insectos en ese estado comen mucho menos que en estado larvario. La voraz oruga transformada en mariposa... y la glotona cresa convertida en mosca»[11] tienen bastante con una o dos gotas de miel o de cualquier otro líquido dulce. El abdomen situado bajo las alas de la mariposa sigue representando a la larva. Ése es el bocado escogido que tienta su destino insectívoro. El tragaldabas es un hombre en estado larvario, y hay naciones enteras en esa condición, naciones sin fantasía ni imaginación, cuyos vastos abdómenes les delatan.

Es difícil proporcionarse y cocinar una dieta tan sencilla y limpia que no ofenda a la imaginación, la cual debe ser alimentada al mismo tiempo que el cuerpo: deben sentarse juntos a la mesa. Tal vez pueda lograrse. La fruta, consumida con moderación, no hará que nos avergoncemos de nuestro apetito ni dificultará nuestras aspiraciones más dignas. Sin embargo, añadid un condimento innecesario en vuestro plato y os intoxicaréis. No vale la pena vivir de una cocina opulenta. La mayoría de los hombres se avergonzaría si se sorprendiera preparando semejante comida con sus propias manos, ya fueran alimentos de origen animal o vegetal, tal como se los preparan otros a diario. Pero hasta que eso no ocurra, no estaremos civilizados, y aunque sean caballeros y señoras, no serán verdaderos hombres y mujeres. Ésta es una sugerencia de lo que deberíamos sin duda cambiar. Inútil preguntarse por qué la imaginación no puede reconciliarse con la carne y la grasa. Me alegra que no lo haga. ¿No es éste un reproche que recibe el hombre como animal carnívoro? Por supuesto que el hombre puede vivir, y vive en gran medida, depredando a otros animales, pero éste es un modo de vida miserable —como sabe cualquiera que haya colocado trampas para conejos o haya degollado a un cordero—, y aquel que enseñe a los hombres

---

[11] Cita de *An Introduction to Entomology* de Kirby y Spence.

a ceñirse a una dieta más inocente y saludable será considerado un benefactor de la humanidad. Independientemente de mis propias costumbres, estoy convencido de que dejar de comer animales es parte del destino de la raza humana y de su mejora progresiva, al igual que las tribus salvajes abandonaron la mutua antropofagia cuando entraron en contacto con otras más civilizadas.

Si uno presta oído a las tenues pero constantes sugerencias de su genio, en todo verdaderas, no ve realmente hasta qué límite podrían conducirle, incluso a la locura, y sin embargo, a medida que se haga más resuelto y fiel, ése será su camino. La más leve objeción asumida por un hombre sano se impondrá a la larga a los usos y costumbres de la humanidad. Nadie ha descarrilado por seguir a su genio. Aunque lo llevara a la debilidad corporal, no habría nada que lamentar, pues sería una vida conformada con los principios superiores. Si acogéis con alegría el día y la noche, si la vida exhala un aroma de flores y de hierbas aromáticas, y así es más ligera, más estrellada, más inmortal, ése es vuestro éxito. La naturaleza entera os felicita y, por el momento, podéis regocijaros. Los mayores valores y beneficios son los menos apreciados. Fácilmente llegamos a dudar incluso de que existan. Los olvidamos pronto. Son la esencia de lo real. Quizá los hechos más asombrosos y reales nunca se le comunican al hombre a través de su semejante. La verdadera cosecha de mi vida cotidiana es algo tan intangible e indescriptible como los matices de la mañana o de la tarde. Una pizca de polvo estelar, un fragmento del arco iris atrapados al vuelo.

Sin embargo, nunca he sido demasiado remilgado; si fuera necesario, podría comerme con gusto una rata asada. Me alegra haber bebido agua durante tanto tiempo, por la misma razón por la que prefiero el cielo natural al paraíso de un comedor de opio[12].

---

[12] Probable alusión a las *Confesiones de un comedor de opio* de Thomas de Quincey (1785–1859).

No tengo problema en permanecer siempre sobrio, aunque existan infinitos grados de ebriedad. Creo que el agua es la única bebida del sabio; el vino no es un licor tan noble, ¡y pensar en espolear las esperanzas matinales con una taza de café caliente o las de la tarde con una de té! Ah... ¡qué bajo caigo cuando alguna de las dos me tienta! Hasta la música puede embriagar. Éstas son las causas, en apariencia, nimias, que destruyeron Grecia y Roma y destruirán Inglaterra y los Estados Unidos. Entre todas las ebriedades, ¿quién no preferiría la que procura el aire que respiramos? He descubierto que mi objeción más seria al trabajo burdo y prolongado es que me obliga a comer y a beber burdamente. Aunque es cierto que ahora soy menos exigente a este respecto. Llevo menos religión a la mesa y no pido bendición alguna, no porque sea más sabio, sino porque —me veo obligado a confesarlo, por lamentable que resulte— con los años me he vuelto más burdo e indiferente. Quizá estas cuestiones sean preocupaciones de la juventud, como se cree también de la poesía. Mi costumbre no está «en ninguna parte», mi opinión está aquí. No obstante, estoy lejos de considerarme uno de esos seres privilegiados a los que se refieren los Vedas cuando dicen: «Quien tiene fe sincera en el Ser Supremo Omnipresente puede comer todo cuanto existe», es decir, no está obligado a averiguar cuál es su alimento ni quién lo prepara; pero aun en este caso habría que advertir, como ha hecho notar un comentador hindú, que el Vedanta limita este privilegio a los «tiempos de miseria»[13].

¿Quién no ha sentido alguna vez un placer inefable tras un bocado en el que no participó su apetito? Me complace pensar que el sentido del gusto, por lo general grosero, me ha provisto de una percepción intelectual, que la inspiración me llegaba desde el paladar, que algunas bayas comidas en la ladera de

---

[13] Cita de *Translation of Several Principal Books, Passages and Texts of the Veds and of Some Controversial Works of Brahmunical Theology* de Rammohun Roy (1832).

una colina han alimentado mi genio. «Si el alma no es dueña de sí misma —dice Tseng-tse[14]— miramos sin ver, escuchamos sin oír, comemos sin distinguir los sabores de los alimentos»[15]. Quien distingue el verdadero sabor de sus alimentos nunca será un glotón; el que no lo hace no será otra cosa. Un puritano puede tomar su corteza de pan negro con tanto apetito como un concejal su sopa de tortuga. No contamina al hombre el manjar que entra por su boca, sino el apetito con el que lo ingiere[16]. No se trata de la calidad ni de la cantidad, sino de la devoción a los sabores sensuales, de que aquello que comemos no sustente nuestra parte animal ni inspire nuestra vida espiritual, sino que sea alimento para los gusanos a los que pertenecemos. El cazador tiene afición a las tortugas de tierra, a las ratas almizcleras y a otros bocados salvajes semejantes, mientras la señora refinada se permite el gusto por la jalea hecha con pezuña de ternera o las sardinas europeas, ambos son iguales. Él va a buscarlas a la presa del molino y ella abre su tarro de conservas. Lo sorprendente es que ellos, que tú y que yo, podamos llevar esta vida bestial y repugnante dedicados a comer y a beber.

Nuestra vida al completo es asombrosamente moral. Entre la virtud y el vicio no hay un instante de tregua. La única inversión que nunca da pérdidas es la bondad. Es la insistencia de esta música de arpa la que hace vibrar el mundo y nos conmueve. Esa arpa es el viajante charlatán de la Compañía Universal de Seguros que informa sobre sus cláusulas, y la única prima que abonamos es nuestra pequeña bondad. Aunque la juventud termine por hacerse indiferente, las leyes del universo no son indiferentes, sino que siempre se inclinan del lado de los seres más

---

[14] Discípulo de Confucio.
[15] Cita del «Comentario al filósofo Tsang» que Thoreau traduce directamente del francés desde la edición que maneja de Pauthier (véase nota 22, texto «Economía»).
[16] Alusión a Mateo 15, 11: «No lo que entra en la boca contamina al hombre, mas lo que sale de la boca».

sensibles. Escuchad el reproche del céfiro, ahí lo tenéis, quien no lo oiga será desgraciado. No podemos rasgar una cuerda o tocar un solo registro sin que nos traspase esta moral fascinante. Tomad cierta distancia y muchos ruidos desagradables os parecerán música, una dulce y altiva sátira sobre la mezquindad de nuestras vidas.

Somos conscientes de que un animal habita en nosotros y que despierta a medida que nuestra naturaleza superior se adormece. Es sensual, repta y quizá no lo podamos desalojar nunca, como los gusanos que, incluso en vida y con buena salud, están instalados en nuestro cuerpo. Tal vez podamos alejarnos de él, pero no cambiar su naturaleza. Temo que goce de una salud que le es propia, temo que nosotros podamos estar bien sin ser puros. El otro día recogí la mandíbula inferior de un puerco, provista de dientes y colmillos blancos y robustos, lo que sugería una salud y una fuerza animales distintas de las del espíritu. Ese animal prosperó por medios distintos a la templanza y la pureza. «La diferencia entre los hombres y las bestias —decía Mencio[17]— es ínfima; el rebaño de hombres comunes la pierde pronto; los hombres superiores la conservan con cuidado»[18]. ¿Quién sabe qué clase de vida llevaríamos de haber alcanzado la pureza? Si supiera de un hombre tan sabio que pudiera enseñarme la pureza, iría a buscarlo de inmediato. «Según el Veda, el gobierno de nuestras pasiones y de los sentidos exteriores del cuerpo, así como las buenas acciones, son indispensables para que nuestra mente se acerque a Dios»[19]. El espíritu puede, con el tiempo, penetrar y dirigir todos los miembros y funciones del cuerpo y convertir en pureza y devoción aquello que es en apariencia la sensualidad más grosera. La energía genésica que nos disipa y contamina cuando nos

---

[17] Filósofo confuciano chino, realmente Meng-tse (372 – 289 a. C.).
[18] Cita que Thoreau traduce directamente del francés desde la edición que maneja de Pauthier (véase nota 22, texto «Economía»).
[19] Cita de Rammohun Roy, cit.

abandonamos nos vigoriza e inspira desde la contención. La castidad es el florecimiento del hombre; y lo que llamamos Genio, Heroísmo, Santidad y otras cosas parecidas son los frutos que genera. El hombre fluye inmediatamente hacia Dios cuando se abre el canal de la pureza. Una tras otra, nuestra pureza nos inspira y nuestra impureza nos abate. Bendito sea aquel que está seguro de que el animal muere cada día dentro de él y deja espacio a lo divino. Quizá no haya nadie que no tenga motivos para la vergüenza a cuenta de la naturaleza inferior y animal a que se ve trabado. Temo que sólo seamos dioses o semidioses como los faunos y los sátiros, bestias aliadas con lo divino, criaturas del apetito, y que, hasta cierto punto, nuestra vida misma sea nuestra desgracia.

¡Feliz aquel que les ha asignado su lugar
A sus bestias y ha deforestado su alma!

★ ★ ★

¡Se sirve de su caballo, cabra, lobo y demás animales
Sin ser un asno para todos los demás!
Si no, el hombre no es sólo una piara de cerdos,
También esos demonios que desencadenan en él
Una rabia temeraria y lo hacen aún peor[20].

La sensualidad es una, aunque adopte muchas formas; la pureza es una. Es la misma cuando el hombre come, bebe, cohabita o duerme de forma sensual. Sólo existe un apetito, y no hay más que ver a alguien haciendo alguna de estas cosas para saber cuál es su grado de sensualidad. El impuro no puede estar ni de pie ni sentado de manera pura. Cuando se acecha al reptil por una boca de su madriguera, asoma por la otra. Si uno quiere ser casto,

---

[20] Cita de «To Sir Edward Herbert at Julyers» de John Donne (1572 – 1631).

debe ser moderado. ¿Qué es la castidad[21]? ¿Cómo sabe un hombre si es casto? No lo sabe. Hemos oído hablar de esa virtud, pero no sabemos en qué consiste. Hablamos de oídas y de acuerdo a rumores. La sabiduría y la pureza proceden del ejercicio; la ignorancia y la sensualidad, de la pereza. Para el estudiante, la sensualidad es un comportamiento perezoso de la mente. De manera universal, alguien sucio es también perezoso, siempre sentado junto a la estufa, acostado cuando el sol ya alumbra, descansando sin estar fatigado. Si queréis evitar esa suciedad y todos los pecados, trabajad duro, aunque sea limpiando una cuadra. Es difícil someter a la naturaleza, pero hay que someterla. ¿De qué te sirve ser cristiano siendo tan impuro como el pagano, si no eres más abnegado, más religioso? Conozco muchas creencias religiosas consideradas paganas cuyos preceptos cubrirían de vergüenza al lector y le sugerirían nuevos esfuerzos, aunque sólo fuera a la hora de celebrar los ritos.

Dudo al escribir estas cosas, pero no a causa de su contenido —no me importa lo obscenas que puedan resultar mis *palabras*—, sino porque no puedo tratarlas sin revelar mi impureza. Hablamos libremente y sin rubor sobre una forma de la sensualidad, nos callamos acerca de las otras. Nos hemos degradado hasta tal punto que no podemos conversar con sencillez sobre las funciones necesarias de la naturaleza humana. En épocas remotas, en algunos países se hablaba con respeto sobre todas esas funciones y se regulaban por ley. Nada era demasiado trivial para el legislador hindú, por ofensivo que resulte para el gusto moderno. Enseñaba a comer, a beber, a cohabitar, a evacuar he-

---

[21] Thoreau escribió un breve ensayo sobre la castidad para su amigo Harrison Blake. En julio de 1852, con treinta y seis años, viudo y con dos hijas, Blake decidió casarse en segundas nupcias con Nancy Pope Howe Conant, una joven alumna suya que pertenecía a una acaudalada familia de Sterling, Massachusetts. Blake escribió a Thoreau solicitándole que compartiera sus pensamientos sobre el modo en que un hombre y una mujer podían vivir juntos y Thoreau le envió dicho ensayo. (En castellano se puede leer en *Cartas a un buscador de sí mismo*, Henry David Thoreau, Madrid, Errata naturae, 2012, pp. 49-60).

ces y orina, etc., sin mirar hipócritamente hacia otro lado ni quitar importancia a estas cosas.

Todo hombre edifica un templo, que llama cuerpo, para el dios al que adora, según un estilo propio, y no puede escapar de esta tarea dedicándose en su lugar a martillear el mármol. Todos somos escultores y pintores y los materiales que empleamos son nuestra propia carne, sangre y huesos. La nobleza comienza por refinar los rasgos del hombre; la bajeza o la sensualidad, por embrutecerlos.

John Farmer se sentó a su puerta una tarde de septiembre, después de una dura jornada de trabajo, y aún seguía pensando en su tarea. Después de darse un baño, se recreó en sus pensamientos. Era un atardecer más bien frío, y algunos de sus vecinos tenían miedo de que cayera una helada. Ya hacía rato que había dejado de perseguir la marcha de sus ideas cuando oyó que alguien tocaba una flauta, y aquel sonido armonizó con su estado de ánimo. Aún seguía pensando en su trabajo, el peso de todas esas preocupaciones era tal que, aunque ocupaban su mente sin descanso, se encontró urdiendo planes y proyectos contra su voluntad e implicándose muy poco en ellos. No eran sino una costra que se desprendía con facilidad de su piel. Pero las notas de esa flauta llegaban a sus oídos desde una esfera distinta de aquella en la que él trabajaba y le sugerían una actividad para ciertas facultades que hasta entonces habían permanecido adormiladas. Esa música suprimía la calle, la ciudad y el Estado donde vivía. Una voz le susurró: «¿Por qué sigues aquí y llevas esta vida mezquina y agotadora cuando podrías tener una existencia gloriosa? Esas mismas estrellas centellean también sobre otros campos». Pero ¿cómo escapar de esta condición y emigrar realmente allí? Lo que se le ocurrió entonces fue practicar una sobriedad nueva, permitiendo que su mente descendiera hasta el fondo de su cuerpo y lo redimiera, tratándose a sí mismo con un respeto siempre creciente.

DEFENSA DEL CAPITÁN BROWN

Confío en que me perdonaréis por estar aquí. No es mi intención imponeros mis ideas, pero no me queda otro remedio. A pesar de lo poco que sé del capitán Brown, de buen grado haré cuanto esté en mi mano por corregir el tono y las afirmaciones de los periódicos, y de mis compatriotas en general, con respecto a su carácter y sus actos. No nos cuesta nada ser justos. Al menos podemos expresar nuestra simpatía y admiración por él y por sus compañeros, y eso es lo que me propongo hacer.
    Empecemos por su historia.
    Procuraré omitir, en la medida de lo posible, lo que ya habéis leído. No es preciso que os describa su físico, pues lo más probable es que la mayoría de vosotros lo hayáis visto y tardéis en olvidarlo. Me han contado que su abuelo, John Brown, fue oficial en la Revolución y que él nació en Connecticut a principios de este siglo, pero enseguida se trasladó con su padre a Ohio. En una ocasión le oí decir que su padre era un contratista que abastecía de carne al ejército desplegado allí durante la guerra de 1812[1]; que solía acompañarlo al campamento y que lo ayudaba, por lo que se convirtió en testigo directo del día a día de la vida militar, más, quizá, que si hubiera sido soldado, pues acostumbraba a estar presente en las reuniones de los oficiales. Sobre todo aprendió por experiencia propia cómo se abastecen y mantienen los

---

[1] Declarada por el Congreso el 18 de junio de 1812 contra Inglaterra, básicamente por razones comerciales.

ejércitos en el campo, un trabajo que, según él mismo observó, requiere al menos tanta experiencia y destreza como conducirlos a la batalla. Decía que pocas personas son conscientes del coste, incluso pecuniario, que supone disparar una sola bala en la guerra. En cualquier caso, vio lo suficiente como para aborrecer la vida militar y para que ésta le provocara una gran repugnancia. Hasta tal punto fue así que, cuando lo tentaron con un pequeño empleo en el Ejército a los dieciocho años, no sólo declinó la oferta, sino que se negó a recibir instrucción al ser llamado a filas y lo multaron por ello. Entonces decidió que nunca tendría nada que ver con ninguna guerra, a menos que fuera una guerra en pro de la libertad.

Cuando comenzaron las revueltas en Kansas[2], envió allí a varios de sus hijos pertrechados con las armas de que disponía para apoyar al partido del Estado Libre y les dijo que, si la cosa se ponía fea y lo necesitaban, él acudiría para socorrerlos con sus manos y sus consejos. Como todos sabéis, no tardaría en cumplir su palabra y, gracias a su intervención, más que a la de cualquier otro, Kansas fue liberada.

Durante una época de su vida, trabajó como agrimensor y luego se dedicó un tiempo a la cría de ganado lanar y viajó a Europa en calidad de agente a cuenta de ese negocio. Allí, como en todas partes, se mantuvo atento a cuanto lo rodeaba e hizo muchas observaciones originales sobre lo que vio. Decía, por ejemplo, haberse dado cuenta de por qué el suelo de Inglaterra era tan rico y el de Alemania (creo recordar) tan pobre, y pensaba escribir a algunos miembros de la realeza al respecto. Se debía a que, en Inglaterra, el campesinado vive en la tierra que cultiva, mientras que en Alemania vuelve al pueblo por la noche. Es una pena que no escribiera un libro sobre sus reflexiones.

---

[2] Como ya se ha mencionado con anterioridad, estas revueltas fueron la consecuencia de la ley de Kansas-Nebraska de 1854.

Diría que se trataba de un hombre chapado a la antigua en cuanto a su respeto por la Constitución y a su fe en la estabilidad de esta Unión. Consideraba que la esclavitud, de la que él era el enemigo más acérrimo, se oponía completamente a ambas.

Era un granjero de Nueva Inglaterra por nacimiento y ascendencia, un hombre de gran sentido común, reflexivo y práctico, como son los de su clase, pero diez veces más. Fue el mejor de los que una vez estuvieron en Concord Bridge, en Lexington Common y en Bunker Hill[3], el más firme y el que profesaba principios más elevados que cualquiera de los que he tenido ocasión de oír que lucharan allí. No lo convirtió ningún conferenciante abolicionista. Ethan Allen y Stark[4], con quienes podemos compararlo en ciertos aspectos, se distinguieron en un campo inferior y menos importante. Ellos se enfrentaron valerosamente a los enemigos de su país, pero él ha tenido el valor de enfrentarse a su propio país cuando éste se ha equivocado. Un escritor del Oeste, al dar cuenta de cómo había escapado a tantos peligros, asegura que se ocultaba bajo el «aspecto de un campesino», como si, en esas praderas, lo apropiado fuera que un héroe vistiera con ropas de ciudad.

No fue a esa universidad llamada Harvard, con todo lo antigua y buena alma máter que es. No se alimentó de la papilla que allí se suministra. Como él decía: «No sé más de gramática que uno de vuestros becerros». Pero fue a la gran universidad del Oeste, donde se dedicó de lleno al estudio de la Libertad, por la que ya había mostrado una temprana afición, y, tras licenciarse en varias carreras, finalmente comenzó la práctica pública de la Humanidad en Kansas, como todos sabéis. Tales eran *sus humanidades* y no el mero estudio de la gramática.

---

[3] Gestas bélicas de la Guerra de Independencia de Estados Unidos.
[4] El ya mencionado Ethan Allen (véase nota 3 de la página 46) y John Stark (1728-1822) fueron héroes de la guerra de Independencia americana. El general Stark derrotó a los ingleses en Bennington, Vermont (1777).

Habría dejado caer mal un acento griego y ayudado a levantarse a un hombre caído.

Pertenecía a esa clase de hombre de la que oímos hablar constantemente, pero de la que lo desconocemos casi todo: el puritano. En vano lo mataríamos. Murió allá en los tiempos de Cromwell y reapareció aquí. ¿Y por qué no? Se dice que algunos de esa estirpe vinieron y se establecieron en Nueva Inglaterra y hacían algo más que celebrar el día de sus antepasados y comer maíz tostado en conmemoración de esos tiempos. No eran ni demócratas ni republicanos, sino hombres de costumbres sencillas, rectos y devotos, que no se fiaban de los gobernantes que no eran temerosos de Dios, ni hacían demasiadas concesiones ni iban en busca de candidatos disponibles.

«En su campamento —como alguien ha escrito recientemente y alguna vez yo mismo le he oído afirmar— no permitía la menor blasfemia ni se admitía la presencia de hombre alguno de dudosa moralidad, a no ser, por supuesto, como prisionero de guerra. "Prefiero —decía— tener en mi campamento la viruela, la fiebre amarilla y el cólera a la vez que a un hombre sin principios... Es un error, señor, que nuestra gente crea que los matones son los mejores combatientes o los hombres adecuados para hacer frente a esos sureños. Deme hombres de buenos principios, hombres temerosos de Dios, hombres que se tengan respeto a sí mismos y, con una docena de ellos, me enfrentaré a cien de esos rufianes de Buford[5]"». Decía que si alguien se ofrecía

---

[5] Jefferson Buford nació en 1807 en Carolina del Sur. Estudió Derecho y ejerció como abogado y, durante la Guerra Creek (1813-1814), llegó a distinguirse como sargento mayor. Tras la guerra, regresó a Alabama, donde poseía y dirigía una plantación de esclavos en el río Chattahoochee. En 1856, tras la aprobación de la ley Kansas-Nebraska, lideró la famosa «Expedición Buford», para la que reunió a unos cuatrocientos sureños proesclavistas de los estados de Alabama, Carolina del Sur y Georgia, que accedieron a asentarse en Kansas a cambio de que los llevaran gratis, les garantizasen un medio de vida mientras estuvieran allí y una finca de cuarenta acres, en un esfuerzo por colonizar Kansas y asegurarse de que el territorio entraba en la Unión como estado esclavista.

como soldado a sus órdenes y alardeaba de lo que haría o dejaría de hacer en cuanto viera al enemigo, le merecía muy poca confianza.

Nunca fue capaz de reclutar a más de una veintena de hombres a los que aceptara sin condiciones, y sólo una docena, entre los que se encontraban sus hijos, en los que tuviera una fe absoluta. Cuando estuvo aquí hace unos años, mostró a unos cuantos un pequeño libro manuscrito —su «libro de ordenanzas», creo que lo llamaba— donde figuraban los nombres de los miembros de su compañía en Kansas y las reglas a las que se sometían; y aseguró que varios de ellos incluso habían sellado el pacto con su sangre. Cuando alguien señaló que, con la incorporación de un capellán, habría sido una perfecta tropa cromwelliana, él contestó que le habría gustado añadir a un capellán a la lista si hubiera hallado a alguno que desempeñara su cargo con dignidad. Resulta sin embargo bastante fácil encontrar a uno para el Ejército de los Estados Unidos. De todos modos, creo que en su campamento se rezaban oraciones mañana y tarde.

Era un hombre de hábitos espartanos que, a los sesenta años, seguía una escrupulosa dieta y se excusaba en la mesa diciendo que debía comer con moderación y curtirse mucho, como correspondía a un soldado o a cualquiera que se ejercitara para empresas difíciles, para una vida expuesta.

Un hombre de excepcional sentido común y franqueza, tanto en palabras como en actos; un trascendentalista por encima de todo; un hombre de ideas y principios: eso era lo que lo distinguía. No cedía ante caprichos o impulsos pasajeros, sino que llevaba a cabo el propósito de toda una vida. Me percaté de que no exageraba en nada, sino que era comedido al hablar. Recuerdo en especial cómo, en el discurso que pronunció aquí, aludió a lo que su familia había padecido en Kansas, sin dar en absoluto rienda suelta a su fuego contenido. Era un volcán con un tiro de chimenea corriente. Dedicó también unas palabras a los actos de ciertos rufianes de frontera[6], de los que dijo, haciendo un rápido inciso en su discurso, como un soldado experimentado que reservara sus fuerzas e intenciones: «Tenían todo el derecho del mundo a que los colgasen». No era en absoluto retórico, no hablaba para Buncombe ni para sus votantes, no necesitaba inventar nada, sino que decía la pura verdad y comunicaba su propia determinación, de modo que transmitía una fuerza incomparable, y la elocuencia en el Congreso o en cualquier otro lugar me resultaba una burda imitación. Era como comparar los discursos de Cromwell con los de cualquier rey.

En cuanto a su tacto y prudencia, me limitaré a decir que, en una época en que casi nadie de los Estados Libres podía llegar a Kansas por vía directa, al menos sin que le arrebatasen las armas, él, cargado de aquellas defectuosas y de otro tipo que pudo reunir, atravesó Misuri lentamente y a ojos de todos en una carreta tirada por bueyes, al parecer en calidad de agrimensor, con su brújula topográfica a la vista. De este modo, pasó desapercibido y tuvo oportunidades de sobra para averiguar los planes del enemigo. Tras su llegada, siguió ejerciendo la misma profesión durante un tiempo. Cuando, por ejemplo, veía en la pradera a un grupo de rufianes discutiendo, cómo no, sobre el único tema que por entonces ocupaba sus mentes, él se llevaba la brújula y a uno de sus hijos y procedía a trazar una línea imaginaria por el preciso lugar en el que estaba reunido aquel cónclave y, cuando llegaba a su altura, se detenía con total naturalidad y charlaba un rato con ellos, poniéndose perfectamente al corriente de sus novedades y, finalmente, de todos sus planes; y, tras haber completado

---

[6] «Border Ruffians»: término con el que los colonos partidarios del suelo libre de Kansas y los abolicionistas del Norte bautizaron a los activistas a favor de la esclavitud del Estado de Misuri, que, de 1854 a 1860, solían cruzar la frontera del estado de Kansas para obligar a sus habitantes a aceptar la esclavitud, interferían en la elecciones territoriales y atacaban asentamientos de suelo libre. Esta violencia fue el origen de la expresión «Kansas sangrienta». Los rufianes contribuyeron al aumento de las tensiones regionales que desembocaron en la Guerra de Secesión americana.

así su verdadero estudio, reanudaba el imaginario y seguía la línea que había trazado hasta que se perdía de vista.

Cuando expresé mi sorpresa ante el hecho de que fuera capaz de vivir en Kansas, a sabiendas de que se había puesto precio a su cabeza y de que había tal cantidad de personas, incluidas las autoridades, que cargaban contra él, me lo explicó diciendo: «Dan por sentado que no me atraparán». Durante algunos años pasó la mayor parte del tiempo oculto en los pantanos; padeció pobreza y enfermedad, consecuencia directa de su vida a la intemperie; y sólo trabó amistad con los indios y con unos cuantos blancos. Sin embargo, aunque se supiera que estaba merodeando por un pantano concreto, sus enemigos no se molestaban en ir tras él. Podía incluso presentarse en una ciudad donde había más rufianes de frontera que partidarios del Estado Libre y gestionar algún negocio, sin demorarse demasiado pero sin ser molestado, pues, según decía: «Un simple puñado de hombres no estaba dispuesto a comprometerse y no daba tiempo a reunir una gran partida».

En cuanto a su reciente fracaso, no conocemos los hechos a ciencia cierta. Obviamente, distaba mucho de ser un intento insensato y a la desesperada. Su enemigo, el señor Vallandigham[7], se ha visto obligado a confesar que «fue una de las conspiraciones mejor planificadas y ejecutadas que haya fracasado jamás».

Sin mencionar sus otros éxitos, ¿fue un fracaso y una muestra de mala organización librar de la esclavitud a una docena de seres humanos[8], huir con ellos a plena luz del día, durante semanas o meses, sin prisa, de un estado a otro por todo el Norte, a la vista de todos y a sabiendas de que habían puesto precio a su cabeza, y detenerse de camino en un juzgado para contar lo

---

[7] Congresista demócrata por Ohio.
[8] En diciembre de 1858, Brown y sus hombres fueron del sudeste de Kansas a Misuri y atacaron dos plantaciones, liberando a once esclavos. Luego se dirigieron hacia el este hasta que alcanzaron Detroit, donde los esclavos embarcaron con destino a Canadá.

que había hecho, convenciendo de este modo a Misuri de que no resultaba rentable tratar de retener esclavos en su vecindad? Y esto, no porque los lacayos del Gobierno fuesen indulgentes, sino porque le tenían miedo.

Con todo, no atribuía su éxito neciamente a «su estrella» ni a magia alguna. Decía con toda sinceridad que la razón por la que tantas personas se acobardaban ante él era, como confesó uno de sus prisioneros, que les faltaba una causa, una suerte de armadura de la que ni él ni los suyos carecieron jamás. Llegado el momento, pocos hombres estaban dispuestos a dar la vida en defensa de lo que sabían que estaba mal; no querían que ése fuera su último acto en este mundo.

Pero pasemos sin más demora a *su* último acto y a sus consecuencias.

Los periódicos parecen ignorar, o tal vez realmente ignoren, el hecho de que existen al menos dos o tres individuos en cada ciudad del Norte de la misma opinión que el que os habla sobre él y sobre su empresa. No dudo en decir que constituyen un grupo importante y en aumento. Aspiramos a ser algo más que esclavos estúpidos y timoratos que fingen leer Historia y la Biblia, pero que profanan cada casa y cada día en que respiramos. Tal vez los políticos inquietos demuestren que sólo diecisiete hombres blancos y cinco negros participaron en esta última empresa, pero esa misma inquietud por demostrarlo podría sugerirles que no todo está dicho. ¿Por qué siguen eludiendo la verdad? Están tan inquietos por la vaga conciencia del hecho —que no terminan de asimilar— de que al menos un millón de habitantes libres de los Estados Unidos se habría alegrado si la empresa hubiera tenido éxito. Como mucho se atreven a criticar la táctica. Aunque no llevemos crespón, pensar en la situación en que se encuentra ese hombre y el probable destino que le espera está arruinándoles el día a muchos en el Norte. Si alguien que lo haya visto aquí es capaz de seguir otra deriva de pensamiento, no me explico de qué pasta está hecho. Si existe alguien que no vea perturbado su sueño, le garantizo que engordará con facilidad en cualquier circunstancia que no afecte ni a su cuerpo ni a su cartera. Yo, en cambio, he puesto una hoja de papel y un lápiz bajo la almohada y, cuando no puedo dormir, escribo en la oscuridad.

En general, el respeto que siento por mis semejantes, salvo en un caso entre un millón, no ha aumentado estos días. He sido testigo de la sangre fría con la que periodistas y hombres de a pie suelen hablar de este tema. Es como si hubieran capturado a un vulgar malhechor, aunque uno con verdaderas «agallas» —como cuentan que dijo el gobernador de Virginia utilizando el lenguaje de los reñideros: «El tipo con más arrojo que haya visto jamás»—, y estuvieran a punto de colgarlo. Él no soñaba con sus enemigos cuando al gobernador le pareció tan valiente. Cuando tengo que oír estas observaciones de mis vecinos, o las oigo comentar, toda mi dulzura se convierte en hiel. Al principio, cuando oímos que había muerto, uno de mis conciudadanos afirmó que había «muerto como un idiota»[9], lo cual —y perdonadme— me sugirió por un instante cierta semejanza entre el muerto y mi vecino vivo. Otros, de espíritu cobarde, espetaron con desprecio que «había desperdiciado su vida» por enfrentarse al Gobierno. Decidme, ¿cómo han desperdiciado ellos *sus* vidas, ellos, que elogiarían a cualquiera que atacara en solitario a una vulgar banda de ladrones o asesinos? Oigo que otro pregunta, al estilo yanqui: «¿Qué ha ganado con eso?», como si hubiera pretendido llenarse los bolsillos con esta empresa. Semejante individuo no tiene la menor idea de lo que es ganar salvo en ese sentido mundano. Si la cosa no termina en una fiesta «sorpresa» o no nos proporciona un par de botas nuevas o una muestra de agradecimiento, es que es un fracaso. «Pero no va a ganar nada con eso». Pues no,

---

[9] Alusión al libro segundo de Samuel 3, 33: «Entonces el rey entonó esta elegía por Abner: "¿Había de morir Abner como muere un insensato?"».

supongo que no iba a ganarse un jornal de cuatro chelines con seis peniques[10] al día durante todo un año por dejarse ahorcar, pero ahora tiene la posibilidad de salvar una parte considerable de su alma —¡y *qué* alma!— mientras que *vosotros* no. No cabe duda de que en vuestro mercado sacaréis más por un litro de leche que por un litro de sangre, pero ése no es el mercado al que los héroes llevan la suya.

Esos hombres no saben que el fruto sale según la semilla y que, en el mundo de la moral, cuando sembramos una buena semilla, es inevitable un buen fruto, y eso no depende de cuánto la reguemos ni de cómo la cultivemos; del mismo modo, cuando sembramos o enterramos a un héroe en su campo, es seguro que brotará una cosecha de héroes. Esa semilla tiene tal fuerza y vitalidad que no nos pide permiso para germinar.

La efímera carga de Balaclava[11], que obedecía una orden chapucera y ponía de manifiesto que el soldado es una máquina perfecta, ha sido celebrada, como era de esperar, por un poeta laureado; pero la carga firme, y en su mayor parte exitosa, de este hombre durante años contra las legiones de la esclavitud, que obedecía órdenes infinitamente más elevadas, es mucho más memorable que aquélla, del mismo modo que un hombre inteligente e íntegro es superior a una máquina. ¿Y todo esto ha de quedar relegado al olvido?

«Se lo tenía bien merecido»; «un hombre peligroso»; «no hay duda de que está loco»[12]. Y ellos siguen con sus vidas cuerdas,

---

[10] Cifra proverbial que indicaba la suma insignificante por la que los avaros pueden llegar a degradarse.

[11] Durante la Guerra de Crimea (1853-1856), los británicos ganaron una batalla en Balaclava, pero no antes de que la artillería rusa diezmara a más de quinientos hombres debido a una desastrosa carga de caballería dirigida por lord Cardigan. El poeta laureado lord Alfred Tennyson (1809-1892) ensalzó la batalla en su poema «La carga de la brigada ligera».

[12] El abogado de Brown intentó alegar demencia en su juicio, pero Brown se negó considerándolo un «artificio miserable». Después de ser sentenciado, un grupo de amigos y familiares trataron de que el gobernador de Virginia le conmutara la pena de muerte alegando que

sensatas y del todo admirables, leyendo algo de Plutarco, pero sobre todo deteniéndose en esa proeza de Putnam, al que descolgaron en la guarida de un lobo[13]; y, de este modo, se nutren para acometer hazañas heroicas y patrióticas algún día. La Tract Society[14] pudo permitirse la publicación de la historia de Putnam. Se podría inaugurar el curso escolar en los distritos con su lectura, pues en ella no se habla ni de la esclavitud ni de la Iglesia, a menos que al lector se le ocurra pensar que algunos pastores son *lobos* con piel de cordero. Hasta la Junta Americana de Comisionados para las Misiones Extranjeras[15] se atrevería a protestar contra *ese* lobo. He oído hablar de juntas y de juntas americanas, pero resulta que hasta hace poco no había visto cosa igual. Y, sin embargo, he sabido de hombres, mujeres y niños del Norte, de familias enteras, que compran su condición de «miembros vitalicios» en dichas sociedades. ¡Miembros vitalicios en la tumba! Podéis conseguir un entierro por mucho menos.

Nuestros enemigos están entre nosotros y a nuestro alrededor. No hay hogar que no esté dividido, pues nuestro enemigo no es otro que la rigidez universal de la cabeza y el corazón, la falta de vitalidad en el hombre, que es el resultado de nuestros

---

Brown padecía demencia hereditaria. Como Thoreau indica, los periódicos estaban llenos de especulaciones sobre su estado mental.

[13] Israel Putnam (1718-1790) fue un general estadounidense del ejército Continental del cual destaca su participación en la Batalla de Bunker Hill durante la Guerra de Secesión. Según la tradición oral, en su juventud había matado al último lobo de Connecticut introduciéndose en su madriguera con una antorcha, un mosquete y los pies atados con una cuerda para que pudieran sacarlo con facilidad.

[14] La American Tract Society (ATS) es una organización evangélica sin ánimo de lucro fundada en 1825 en Nueva York con el propósito de publicar y diseminar la literatura cristiana. Sus antecedentes se remontan a la New England Tract Society (1814), la New York Tract Society (1812) y la Religious Tract Society de Londres, que se fundó en 1799.

[15] La American Board of Commissioners for Foreign Missions fue la primera sociedad congregacionista de Estados Unidos en fundar misiones evangélicas en el extranjero. Su fundación fue propuesta en 1810 por graduados del Williams College y se constituyó oficialmente en 1812. En 1961 se fusionó con otras sociedades para formar la Iglesia Unida de la Junta de Ministerios de la Humanidad.

vicios; y de ahí derivan todos los tipos de miedo, superstición, intolerancia, persecución y esclavitud. No somos más que mascarones de proa de un pecio, con hígado en lugar de corazón. La adoración de los ídolos es la maldición que convierte al adorador en una auténtica imagen de piedra; y el vecino de Nueva Inglaterra es tan idólatra como el hindú. En cambio, este hombre era una excepción, pues no erigió un solo ídolo político entre él y su Dios.

¡Una Iglesia que nunca dejará de excomulgar a Cristo mientras exista! ¡Olvidaos de vuestras iglesias, de las anchas y bajas y de las estrechas y altas! Dad un paso al frente e inventad un nuevo tipo de letrina. Inventad una sal que os reanime y que no ofenda nuestras narices.

El cristiano moderno es aquel que ha accedido a recitar todas las plegarias de la liturgia con tal de que luego le permitan irse derechito a la cama y dormir en paz. Todas sus oraciones empiezan con: «Ahora me dispongo a dormir», y siempre está deseando que llegue el momento de su «descanso *eterno*». También ha accedido a llevar a cabo determinadas obras de caridad de viejo uso, por tradición, pero no desea oír hablar de las modernas; no quiere que se añadan nuevas cláusulas a su contrato para que éste se adapte a los nuevos tiempos. Muestra el blanco de sus ojos el domingo y el negro el resto de la semana. El mal no es sólo un estancamiento de la sangre, sino también del espíritu. Muchos de ellos, sin duda, cuentan con una buena disposición, pero son perezosos por naturaleza y por costumbre, y no pueden concebir que exista alguien que se mueva por motivos más elevados que los suyos. Por tanto, acusan a este hombre de loco, pues saben que, mientras sean fieles a sí mismos, nunca serán capaces de actuar como él.

Soñamos con países extranjeros, con otros tiempos y otras razas de hombres, y los situamos a cierta distancia en el espacio o en el tiempo, pero, en cuanto ocurre algún suceso importante como éste entre nosotros, descubrimos esa distancia y esa extrañeza que media entre nosotros y nuestros vecinos más próximos. *Ellos* son nuestras Austrias, nuestras Chinas y nuestras islas de los Mares del Sur. Nuestra sociedad abarrotada se torna enseguida en una muy espaciosa, limpia y hermosa a la vista; una ciudad de distancias magníficas. Descubrimos por qué nunca antes habíamos llegado más allá de los cumplidos y de lo superficial con ellos; nos percatamos de que existen tantas verstas entre nosotros como entre un tártaro errante y una ciudad china. El hombre reflexivo se convierte en ermitaño en el bullicio del mercado. De repente, mares impracticables se interponen entre nosotros, o mudas estepas se extienden a nuestro alrededor. Es la diferencia de naturaleza, de inteligencia y de fe, y no los arroyos y las montañas, lo que origina las verdaderas e infranqueables fronteras entre los individuos y los Estados. Sólo aquellos con ideas afines a las nuestras pueden entrar como ministros plenipotenciarios en nuestra corte.

Leí todos los periódicos que pude conseguir la semana posterior a este suceso y no recuerdo haber visto en ellos ni una sola muestra de simpatía por estos hombres. Desde entonces, sólo me he encontrado con una noble declaración en un periódico de Boston, aunque no en el editorial. Algunos periódicos voluminosos decidieron no publicar el informe completo con las palabras de Brown para no excluir otros asuntos. Como si un editor rechazara el manuscrito del Nuevo Testamento para publicar el último discurso de Wilson[16]. El mismo periódico que contenía esta valiosa noticia estaba dedicado casi en exclusiva, en columnas paralelas, a las actas de las convenciones políticas que se estaban celebrando. Pero el descenso hasta ellas era demasiado pronunciado. Deberían haber evitado ese contraste y haberlo publicado al menos en un número especial. ¡Pasar de las

---

[16] Henry Wilson (1812-1875), senador republicano por Massachusetts y abolicionista.

voces y los actos de hombres cabales al cacareo de las convenciones políticas! ¡Aspirantes a cargos públicos y oradores, que no han puesto un huevo en su vida, pero sacan pecho sobre uno de tiza! Su gran juego es el de los palitos chinos, o más bien ese juego aborigen universal de los platos[17], en el que los indios gritaban ¡hub, bub! Excluid las actas de las convenciones políticas y religiosas y publicad las palabras de un hombre vivo.

Sin embargo, no pongo tanta objeción a lo que han omitido como a lo que han publicado. Hasta el *Liberator* lo ha calificado de «esfuerzo desatinado, salvaje y aparentemente descabellado». En cuanto a la multitud de periódicos y revistas, no tengo la suerte de conocer a ningún director en este país que haya publicado deliberadamente algo que sabe que a la larga reducirá de manera permanente el número de sus suscriptores. No lo creen conveniente. Entonces, ¿cómo van a publicar la verdad? Si no decimos cosas agradables —argumentan— nadie nos prestará atención. Y, en consecuencia, se comportan como algunos vendedores ambulantes, que cantan una canción subida de tono para atraer a la multitud. Los redactores republicanos, obligados a tener sus artículos listos para la edición matutina, y acostumbrados a mirarlo todo a la luz crepuscular de la política, no expresan admiración, ni siquiera verdadero pesar, sino que llaman a estos hombres «fanáticos crédulos», «descarriados», «locos» o «trastornados». Lo cual nos sugiere que hemos sido bendecidos con un plantel de redactores *cuerdos* que no tienen nada de «descarriados» y que saben perfectamente dónde tienen la cabeza.

---

[17] Stewart Culin, en su libro *Games of the North American Indians*, Courier Corporation, 1975, describe así el juego del plato: «Los instrumentos que se utilizan consisten en una bandeja o un plato hecho de madera o de corteza de árbol y seis piezas de metal, madera o piedra redondas o cuadradas pero planas, cuyos bordes o superficies sean de diferentes colores. Éstas se ponen en el plato y, tras agitarlas un rato, se lanzan al aire y se vuelven a capturar en el plato con considerable destreza. Gana quien consigue más piezas vueltas con la misma marca o del mismo color. Si hay empate, no se puntúa; si son dos o cuatro, el plato cambia de manos». Es una especie de juego de dados.

Un hombre acomete una hazaña heroica y humana y, de repente, oímos a la gente y a los partidos declarar por todas partes: «Yo no lo hice, ni le presté mi apoyo para que lo hiciera, faltaría más. En absoluto se puede deducir de mi trayectoria». A mí no me interesa oíros definir vuestra postura. Que yo sepa, nunca me ha interesado ni creo que me interese en el futuro. En mi opinión, en este momento se trata de mero egotismo, o de una impertinencia. No es necesario que os toméis tantas molestias en dejar claro que no tenéis nada que ver con él. Ningún hombre inteligente creerá jamás que tenía algo que ver con vosotros. Como él mismo afirmaba, hacía y deshacía «bajo los auspicios de John Brown y de nadie más». El Partido Republicano no se da cuenta de a cuántos «su fracaso» les hará votar más correctamente de lo que lo habrían hecho. Han contado los votos de Pensilvania y compañía, pero no han contado correctamente el voto del capitán Brown. Él les ha arrebatado el viento de las velas, el poco que tenían, e incluso podría haberles hecho ponerse a la capa y carenar.

¡Y qué más da que no perteneciese a vuestra camarilla! Aunque no aprobéis su método o sus principios, reconoced su magnanimidad. ¿No os gustaría proclamar vuestra afinidad con él en este tema, aunque no se os parezca en nada más? ¿Acaso creéis que perderíais vuestra reputación? Lo que perderíais por un lado lo ganaríais por otro.

Si no se refieren a esto, entonces es que no dicen ni la verdad ni lo que piensan. Sencillamente siguen con los mismos trucos de siempre.

«Se le tenía —dice uno que lo llama loco— por un hombre íntegro, de comportamiento muy discreto y aparentemente inofensivo, hasta que se mencionaba el tema de la esclavitud: entonces exhibía un sentimiento de indignación sin precedentes».

El barco negrero viene de camino, abarrotado de víctimas moribundas; nuevos cargueros se le suman en mitad del océano;

una pequeña tripulación de traficantes de esclavos, con el beneplácito de gran parte de los pasajeros, ahoga a cuatro millones de esclavos bajo las escotillas y, aun así, el político afirma que el único modo de obtener la libertad es por «la pacífica difusión de los sentimientos humanitarios», sin necesidad de ningún «estallido violento». Como si los sentimientos de humanidad no fuesen nunca acompañados de sus actos y uno pudiera diseminarlos cual mercancía bajo pedido, con la misma facilidad de quien esparce agua con una regadera para asentar el polvo. ¿Qué es lo que oigo arrojar por la borda? Los cuerpos de los muertos que han hallado la libertad. Así es como «difundimos» la humanidad, y sus sentimientos con ella.

Directores de prensa prestigiosos e influyentes, acostumbrados a tratar con políticos, hombres de ínfimo grado, aseguran en su ignorancia que actuó «movido por la venganza». Es evidente que no conocen a este hombre. Han de engrandecerse para concebirlo. No me cabe duda de que llegará el día en que empezarán a verlo tal y como era. Deben considerarlo un hombre de fe y de principios religiosos y no un político o un indio; alguien que no esperó a que el asunto le tocara de cerca ni a que le desbaratasen algún insignificante plan para dar la vida por la causa de los oprimidos.

Si a Walker[18] se le considera el representante del Sur, me gustaría poder decir que Brown era el representante del Norte. Era un hombre superior. No valoraba su integridad física tanto como sus ideales. No reconocía las leyes humanas injustas y les hizo frente como le dictó la conciencia. Por una vez, nos elevamos por encima de la trivialidad y lo rastrero de la política hasta la región de la verdad y la hombría. Nadie en América se ha alzado

---

[18] Probablemente David Walker (1785-1830), un negro libre originario del Sur. Su *Appeal to the Coloured Citizens of the World*, publicado en 1829, fue uno de los documentos antiesclavistas más radicales: un llamamiento a la rebelión de los esclavos contra sus amos.

jamás con semejante perseverancia y eficacia por la dignidad de la naturaleza humana, sabiéndose un hombre y, por tanto, un igual a cualquier Gobierno. En ese sentido, fue el más americano de todos nosotros. No necesitaba que ningún abogado charlatán lo defendiera con falsos testimonios. Ningún juez que los votantes americanos o los burócratas de cualquier grado pudieran erigir era rival para él. No podría haberlo juzgado un tribunal de iguales, pues no tenía igual. Cuando un hombre se alza con serenidad contra la condena y la venganza de la humanidad, elevándose por encima de ellas *un cuerpo entero*, literalmente —aunque fuera el más vil de los asesinos tras ajustar cuentas consigo mismo—, el espectáculo resulta sublime —¿acaso no lo sabíais, vosotros, *Liberators, Tribunes, Republicans?*— y nosotros nos convertimos en delincuentes por comparación. Honraos a vosotros mismos reconociéndolo. Él no necesita vuestro respeto.

En cuanto a los periódicos demócratas, no son lo bastante humanos como para afectarme en lo más mínimo. Nada de lo que digan puede indignarme.

Soy consciente de que me anticipo un poco, ya que, según las últimas noticias, Brown sigue vivo en manos de sus enemigos; si ése fuera el caso, llevo todo este tiempo pensando en él y refiriéndome a él como si estuviera físicamente muerto.

No creo en erigir estatuas a quienes siguen vivos en nuestros corazones y cuyos huesos aún no se han desmoronado en la tierra que nos rodea, pero preferiría ver la estatua del capitán Brown en el patio del capitolio de Massachusetts antes que la de cualquier otro hombre que conozca. Me alegro de vivir en estos tiempos, de ser su contemporáneo.

¡Qué contraste, cuando volvemos a ese partido político[19] que con tanta preocupación trata de apartarlo a él y a su trama de su

---

[19] Se refiere al Partido Republicano, que, a pesar de su declarado antiesclavismo, consideraba peligrosa, inoportuna y de muy dudosa eficacia política la acción de Brown u otras parecidas.

camino y que mira a su alrededor en busca de algún esclavista disponible al que convertir tal vez en su candidato, o que al menos ejecute la Ley de Esclavos Fugitivos y todas aquellas leyes injustas contra las que él se alzó en armas!

¡Locos! ¡Un padre, seis hijos, un yerno y varios hombres más —al menos tantos como doce discípulos—, todos presos a la vez de la misma locura; mientras el tirano cuerdo mantiene con mano más firme que nunca a sus cuatro millones de esclavos, y un millar de directores de prensa igualmente cuerdos, sus cómplices, salvan al país y sus propios pellejos! Asimismo, locos fueron sus esfuerzos en Kansas. Preguntadle al tirano quién es su peor enemigo, si el cuerdo o el loco. ¿Acaso piensan que está loco las miles de personas que mejor lo conocen, que se alegraron de sus hazañas en Kansas y que le proporcionaron ayuda material allí? El uso de semejante palabra no es más que un tropo en boca de la mayoría que insiste en usarla y no me cabe duda de que muchos otros ya se han retractado en silencio de sus palabras.

Leed sus admirables respuestas a Mason[20] y a los demás. ¡Cómo los ridiculiza y derrota en comparación! Por un lado, preguntas medio toscas y medio timoratas; por el otro, la verdad, clara como un relámpago, estrellándose contra sus sienes obscenas. Están hechos para figurar junto a Pilatos, Gessler[21] y la Inquisición. ¡Qué ineficaces sus discursos y sus actos! ¡Y qué vano su silencio! No son más que herramientas inútiles en esta gran obra. Ningún poder humano los congregó en torno a este predicador.

¿Para qué han enviado Massachusetts y el Norte a unos cuantos representantes *cuerdos* al Congreso en los últimos años? ¿Qué tipo de sentimientos pretendían declarar? Todos sus discursos juntos y reducidos a su esencia —y ellos mismos probablemen-

---

[20] James Murray Mason (1798-1871), senador demócrata por Virginia.
[21] Hermann Gessler figura en la leyenda de Guillermo Tell como el gobernador de Altdorf, presentado como un individuo colérico y sanguinario al que dio muerte el héroe.

te lo confiesen— no pueden competir ni en franqueza y fuerza viril, ni en simple verdad, con los pocos comentarios espontáneos que el loco de John Brown, ese hombre al que estáis a punto de ahorcar y enviar al otro mundo, aunque no en *vuestra* representación, pronunció en la estación de bomberos de Harper's Ferry. No, no era nuestro representante en absoluto. Era un espécimen de hombre demasiado justo para que nos representase. ¿Quiénes *fueron*, entonces, sus electores? Si leéis sus palabras con atención, lo descubriréis. En su caso no hay elocuencia vacía, ni discursos elaborados e inaugurales ni cumplidos al opresor. La verdad es su inspiración, y la seriedad la que bruñe sus frases. Podía permitirse perder sus rifles Sharps mientras mantuviera la facultad de hablar: un rifle Sharps de alcance infinitamente mayor y más certero.

¡Y el *Herald* de Nueva York reproduce la conversación al pie de la letra! No es consciente de que se ha convertido en vehículo de palabras imperecederas.

No siento ningún respeto por la perspicacia de quien lea el informe de esa conversación y siga tachando su esencia de locura. Tiene el tono de una cordura más cuerda que una disciplina y unos hábitos de vida corrientes, más que una organización al uso, segura. Tomemos una frase cualquiera: «Responderé en buena lid, y de ningún otro modo, a cualquier pregunta que pueda contestar. En lo que a mí respecta, he hecho honor a la verdad en todo. Valoro mi palabra, señor». Los pocos que le reprochan su espíritu vengador, pero que en realidad admiran su heroísmo, carecen de criterio con que reconocer a un hombre noble, de amalgama alguna con la que combinar su oro puro. Lo que mezclan es su propia escoria.

Es un alivio pasar de estas calumnias al testimonio de sus carceleros y verdugos, que, aunque amedrentados, son más veraces. El gobernador Wise habla de él con mucha más justicia y con más aprecio que cualquier periódico, político o personaje público del Norte de los que haya tenido noticias. Sé que os podéis permitir oírlo hablar de nuevo sobre este asunto. Dice: «Quienes lo toman por loco se equivocan. [...] Es frío, sereno e indómito y es justo que diga que fue clemente con sus prisioneros. [...] Me inspiró una gran confianza en su integridad como hombre amante de la verdad. Es un fanático, un vanidoso y un charlatán —no hago mías estas palabras del señor Wise—, pero también es firme, honrado e inteligente. Los hombres que sobrevivieron también son como él. [...] El coronel Washington[22] asegura que era el hombre más frío y firme al que jamás viera desafiar el peligro y la muerte. Con un hijo muerto a su lado y otro herido de bala, le tomaba el pulso a su hijo agonizante con una mano y con la otra sujetaba el rifle y daba órdenes a sus hombres con el mayor aplomo, animándolos a mantenerse firmes y a vender sus vidas al mayor precio posible. De los tres prisioneros blancos, Brown, Stevens[23] y Coppoc[24], resultaba difícil decir cuál hacía gala de mayor firmeza».

¡Son casi los primeros norteños que se han ganado el respeto de los esclavistas!

El testimonio del señor Vallandigham, aunque menos valioso, sigue la misma línea al asegurar que «en vano puede subestimarse a este hombre o a su conspiración. [...] Es todo lo contrario a un rufián, un fanático o un loco común».

«Todo está tranquilo en Harper's Ferry», dicen los periódicos. ¿Cómo es esa calma que sigue cuando la ley y el esclavista prevalecen? Considero que este hecho es una piedra de toque diseñada con el fin de sacar a relucir, con deslumbradora claridad, la naturaleza de este Gobierno. Sólo necesitábamos que

---

[22] Uno de los rehenes de Brown en Harper's Ferry fue el coronel Lewis W. Washington, dueño de una plantación local y tataranieto del presidente George Washington.
[23] Aaron D. Stevens, guerrillero a quien Brown conoció en Nebraska en 1856.
[24] Edwin Coppoc, un cuáquero de veinticuatro años de Iowa que se unió a Brown un año antes del asalto a Harper's Ferry.

nos ayudaran a verlo a la luz de la Historia. Necesitaba verse a sí mismo. Cuando un Gobierno presta su fuerza a la injusticia, como hace el nuestro para mantener la esclavitud y matar a los libertadores del esclavo, se revela como una mera fuerza bruta, o peor aún, como una fuerza demoníaca. Es la cabeza de los Plug Uglies[25]. Ahora resulta más patente que nunca que la tiranía es la que manda. Veo con total claridad que este Gobierno se ha aliado eficazmente con Francia y Austria[26] para oprimir a la humanidad. Hay un tirano sentado con cuatro millones de esclavos encadenados en su poder; y ahí llega su heroico libertador. Este Gobierno, de lo más hipócrita y diabólico, levanta la mirada desde su asiento sobre los boqueantes cuatro millones y pregunta con presunción de inocencia: «¿Por qué me atacáis? ¿Acaso no soy un hombre honrado? Dejad de armar revuelo por este asunto u os convertiré también en esclavos, o mejor aún: os colgaré».

Hablamos de un Gobierno *representativo*, pero ¿qué monstruo de Gobierno es aquel en el que las facultades más nobles de la mente, y el corazón entero, no están *representados*? Es como si un tigre o un buey semihumanos, a los que hubieran arrancado el corazón y volado la tapa de los sesos, acecharan la tierra. Ha habido héroes que han seguido luchando sobre sus muñones cuando las balas alcanzaron sus piernas, pero nunca he oído que semejante gobierno haya hecho ningún bien.

---

[25] Los Plug Uglies eran una banda callejera a la que a veces se consideraba club político que operó en el oeste de Baltimore, Maryland, de 1854 a 1860. Como otras asociaciones similares en Baltimore y en otras ciudades de los Estados Unidos durante esta época, la influencia que ejercían los hacía útiles para los políticos, deseosos de controlar las encuestas cuando se celebraban comicios. Los Plug Uglies fueron las figuras centrales en el primer disturbio electoral de Baltimore acaecido en octubre de 1855. Fueron quienes planearon el frustrado asesinato de Lincoln cuando éste pasara por Baltimore, camino de Washington, para tomar posesión de su cargo de presidente en marzo de 1861.
[26] En 1859 estos países estaban sometidos al poder autocrático: Francia bajo Napoleón III y Austria bajo el emperador Francisco José.

El único Gobierno que reconozco —y no me importa los pocos que haya a la cabeza o cuán pequeño sea su ejército— es el que instaura la justicia en su territorio, nunca el que instaura la injusticia. ¿Qué hemos de pensar de un Gobierno para el que todos los hombres verdaderamente justos y valientes de su territorio son enemigos que se interponen entre él y aquellos a los que oprime? ¡Un Gobierno que se las da de cristiano y crucifica a un millón de Cristos cada día!

¡Traición[27]! ¿Dónde nace esa traición? No puedo evitar pensar en vosotros, Gobiernos, como merecéis. ¿Podéis secar las fuentes del pensamiento? Cuando la alta traición es resistencia a la tiranía aquí abajo, tiene su origen en el poder que forja y recrea eternamente al hombre, siendo ese poder el que la perpetra. Cuando hayáis capturado y colgado a todos esos rebeldes humanos, no habréis conseguido más que vuestra propia culpabilidad, pues no habréis secado el manantial. Suponéis que lucháis contra un enemigo al que no apuntan ni los cadetes ni el cañón estriado de West Point. ¿Puede todo el arte del fundidor de cañones tentar a la materia para que se vuelva contra su hacedor? ¿Es la forma en la que el fundidor cree forjarlo más importante que la materia que constituye el cañón y a él mismo?

Los Estados Unidos cuentan con una cáfila de cuatro millones de esclavos. Tienen la firme determinación de mantenerlos en esta condición y Massachusetts es uno de los superintendentes confederados encargados de impedir su fuga. No se trata de todos los habitantes de Massachusetts, sino de los que gobiernan y son obedecidos. Fue Massachusetts, junto con Virginia, quien sofocó la insurrección de Harper's Ferry. Fue este estado el que

---

[27] Brown fue acusado de asesinato, de conspiración para iniciar una revuelta de esclavos y de traición contra el Estado de Virginia. Como ha señalado Stephen Oates, experto en historia del siglo XIX de los Estados Unidos, el cargo de traición fue extraño, porque Brown «no era un ciudadano de ese estado y no le debía lealtad alguna».

mandó allí a los infantes de marina[28], y ahora tendrá que pagar por su pecado.

Suponed que existiese una sociedad en este estado que, de su propio bolsillo y por su propia magnanimidad, salvase a todos los esclavos fugitivos que huyen hacia nosotros, protegiese a nuestros conciudadanos de color y dejara el resto del trabajo al supuesto Gobierno. ¿No perdería rápidamente ese Gobierno su función y se convertiría en algo despreciable para la humanidad? Si los ciudadanos se ven obligados a desempeñar las funciones del Gobierno, a proteger al débil y a impartir justicia, entonces el Gobierno se convierte en un mero asalariado, en un empleado que realiza tareas menores. Por supuesto, un Gobierno que necesita un comité de vigilancia[29] para existir no es sino la sombra de un Gobierno. ¿Qué pensaríamos del cadí oriental tras el cual trabajara en secreto un comité de vigilancia? Pues, en general, ése es el carácter de nuestros estados norteños: cada uno tiene su propio comité de vigilancia. Y, hasta cierto punto, estos Gobiernos demenciales reconocen y aceptan esta relación. En la práctica, vienen a decir: «Estaremos encantados de trabajar para vosotros en estos términos, pero no arméis demasiado alboroto». Y de este modo el Gobierno, con el salario asegurado, se retira a la trastienda, llevándose consigo la Constitución, y dedica la mayor parte de su trabajo a repararla. A veces, cuando paso y lo oigo trabajar, me recuerda a esos granjeros que en invierno

---

[28] El primer día de enfrentamientos en Harper's Ferry, el presidente James Buchanan mandó tres compañías de artillería y noventa marines a la ciudad. Se trataba de tropas federales y, por tanto, estaban respaldadas por todos los estados de la Unión.

[29] Tras la aprobación de la Ley de Esclavos Fugitivos —según la cual un esclavo fugitivo de un estado del Sur podía ser perseguido en un estado del Norte y ser reclamado con una simple declaración de su propietario, y las autoridades locales se veían obligadas a perseguirlo y capturarlo—, los abolicionistas del Norte crearon comités de vigilancia para acometer actos de resistencia. En Boston, dichos comités fueron organizados por el reformador Samuel Gridley Howe (1801-1876) y el ministro Theodore Parker (1810-1860), que más tarde se hallarían entre los componentes del pequeño grupo «los Seis Secretos», que conocían con antelación los planes de Brown en Harper's Ferry.

tratan de sacarse unos centavos dedicándose al negocio de los toneles. ¿Y qué tipo de licor va a almacenar su barril? Especulan en los mercados y perforan las montañas, pero no son competentes ni para trazar una carretera decente. El comité de vigilancia posee y gestiona el único camino *libre*, el Ferrocarril Subterráneo[30]. Son *ellos* los que han construido túneles a todo lo ancho de esta tierra. Este Gobierno está perdiendo su poder y su respetabilidad y eso es tan cierto como que el agua se pierde en una vasija agrietada y se conserva en una en buen estado.

Oigo que muchos condenan a estos hombres por su reducido número, pero ¿cuándo fueron multitud los buenos y los valientes? ¿Lo habríais tenido esperando hasta que ese día llegase? ¿Hasta que vosotros y yo nos uniésemos a él? El mero hecho de que no estuviera rodeado de una turba o una tropa de mercenarios debería bastar para diferenciarlo de los héroes ordinarios. Pocos lo acompañaban, sí, porque pocos eran dignos de hacerlo. Cada uno de los que dieron su vida por los pobres y los oprimidos era un elegido, escogido entre muchos miles, si no millones; un hombre de principios, de valor inusitado y de devota humanidad, dispuesto a sacrificar su vida en cualquier momento por el bien de su prójimo. En este sentido, puede que alguien dude de que hubiera muchos más de sus iguales en todo el país —hablo sólo de sus seguidores—, pues su líder, sin duda, lo recorrió a todo lo largo y ancho tratando de engrosar su tropa. Sólo ellos estuvieron dispuestos a interponerse entre el opresor y el oprimido. Sin lugar a dudas, no podíais haber escogido mejores hombres que colgar. Ése era el mayor tributo que este país les podía rendir. Estaban maduros para la horca. Esta nación lleva mucho tiempo intentándolo y ya ha colgado a unos cuantos, pero nunca antes había encontrado a la persona adecuada.

---

[30] El «Underground Railroad» era el nombre por el que se conocía la red clandestina que ayudaba a los esclavos a llegar a Canadá.

Cuando pienso en él y en sus seis hijos, y en su yerno, por no hablar de los demás reclutados para esta lucha, dirigiéndose fría, reverente y humanamente al trabajo, durante meses o años, durmiendo y despertándose con ese pensamiento, ponderando la idea en verano y en invierno, sin esperar otra recompensa que una conciencia tranquila, mientras casi toda América se alineaba en el otro bando... vuelvo a decir que me llega al alma como si de un espectáculo sublime se tratase. Si algún periódico hubiese defendido «su causa», si algún órgano, como suele decirse, hubiera tocado la misma melodía monótona y tediosa y luego hubiera pasado la gorra, no habría tenido ninguna eficacia. Si hubiera actuado de modo que hubiese pasado desapercibido para el Gobierno, habría resultado sospechoso. Fue el hecho de que el tirano le diera paso, o más bien él al tirano, lo que lo distinguió de todos los reformistas que conozco.

Su doctrina particular consistía en que un hombre tiene perfecto derecho a intervenir por la fuerza ante un esclavista para salvar a un esclavo. Estoy de acuerdo con él. Aquellos que se escandalizan continuamente por la esclavitud tienen cierto derecho a escandalizarse por la muerte violenta de un esclavista, pero no los demás. Éstos se escandalizarán más por su vida que por su muerte. No me inclinaré a pensar que erró en el método, el más rápido y exitoso para liberar esclavos. Hablo en nombre del esclavo al decir que prefiero la filantropía del capitán Brown a esa otra filantropía que ni me dispara ni me libera. En cualquier caso, no creo que sea muy sensato pasarse la vida entera hablando o escribiendo sobre este asunto, a menos que uno esté inspirado de continuo, y yo no lo he hecho. Un hombre tiene otros asuntos que atender. No deseo matar ni que me maten, pero vislumbro circunstancias en las que ambas cosas podrían llegar a resultar inevitables. Preservamos la supuesta «paz» de nuestra comunidad mediante pequeños actos de violencia cotidiana. ¡Fijaos en la porra y en las esposas del policía!

¡Fijaos en la cárcel! ¡Fijaos en la horca! ¡Fijaos en el capellán del regimiento! Sólo aspiramos a vivir a salvo fuera del alcance de *ese* ejército provisional. De modo que nos defendemos a nosotros mismos y a nuestros gallineros y mantenemos la esclavitud. Sé que la inmensa mayoría de mis compatriotas cree que el único uso correcto que se le puede dar a un rifle Sharps y a un revólver es batirse en duelo con ellos cuando otras naciones nos insultan o cazar indios o disparar a esclavos fugitivos y ese tipo de cosas. Creo que, por una vez, los rifles Sharps y los revólveres se emplearon en una causa justa. Las herramientas estaban en manos de quien sabía usarlas.

La misma indignación que se dice que una vez desalojó el templo[31], lo volverá a desalojar. La cuestión no tiene nada que ver con las armas, sino con el espíritu con que se usan. Hasta ahora no había nacido nadie en América que amara tanto a sus semejantes y los tratase con tanta ternura. Vivía para ellos. Tomó su vida y la entregó por ellos. ¿Qué tipo de violencia es ésa que no alientan los soldados, sino los ciudadanos pacíficos; no tanto los legos como los ministros del Evangelio; no tanto las sectas combativas como los cuáqueros; y no tanto los cuáqueros varones como las mujeres cuáqueras?

Este suceso me advierte de que existe algo llamado muerte, la posibilidad de que un hombre muera. Parece como si ningún hombre hubiera muerto antes en América, pues, para morir, primero hay que haber vivido. No creo en los coches fúnebres, ni en los ataúdes ni en las exequias que han tenido. En ese caso no hubo muerte porque no había habido vida; simplemente se pudrieron o se descompusieron, como ya venían haciendo

---

[31] Referencia a Mateo 21, 12-13: «Y entró Jesús en el templo de Dios, y echó fuera a todos los que vendían y compraban en el templo, y volcó las mesas de los cambistas, y las sillas de los que vendían palomas; y les dijo: "Escrito está: mi casa, casa de oración será llamada; mas vosotros la habéis hecho cueva de ladrones"».

tiempo atrás. No se rasgó el velo del templo[32], sólo se abrió un agujero en algún sitio. Dejad que los muertos entierren a sus muertos. Los mejores tan sólo se quedaron sin cuerda como un reloj. Franklin, Washington... ellos fueron liberados sin morir: un buen día desaparecieron. Oigo a muchos fingir que se están muriendo o que incluso han muerto, qué más da. ¡Sandeces! Los desafío a que lo hagan. No hay suficiente vida en ellos. Se licuarán como los hongos y tendrán a cien panegiristas limpiando el sitio donde lo hicieron. Desde que comenzó el mundo, sólo ha muerto media docena o pocos más. ¿Cree usted que va a morir, señor? ¡No! No hay esperanza para usted. Aún no ha aprendido la lección. Castigado después de clase. Armamos un alboroto innecesario por la pena capital, que arrebata la vida, cuando no hay vida que arrebatar. ¡Memento mori! No entendemos esa frase sublime que una vez alguien respetable hizo esculpir en su lápida. La interpretamos en un sentido servil y quejumbroso; hemos olvidado por completo cómo morir.

Pero tened por seguro que moriréis. Haced vuestro trabajo y terminadlo. Si sabéis cómo empezar, sabréis cuándo terminar.

Estos hombres, al enseñarnos a morir, nos han enseñado también a vivir. Si los actos y las palabras de este hombre no propician un renacimiento, será la sátira más dura posible sobre los actos y las palabras la que lo haga. Es la mejor noticia que América haya oído jamás. Ya ha logrado acelerar el débil pulso del Norte y ha infundido más sangre generosa en sus venas y en su corazón que muchos años de lo que se da en llamar prosperidad política y económica. ¡Cuántos hombres que últimamente contemplaban la opción del suicidio tienen ahora algo por lo que vivir!

Un escritor dice que la peculiar monomanía de Brown hizo que «los de Misuri lo temieran como a un ser sobrenatural».

---

[32] Alusión a Mateo 27, 51: «Y he aquí, el velo del templo se rasgó en dos, de arriba abajo, y la tierra tembló y las rocas se partieron».

Pues claro, un héroe en medio de unos cobardes como nosotros siempre es muy temido. Él es precisamente eso. Ha demostrado ser superior a la naturaleza. Tiene cierto halo de divinidad.

> Si no se eleva sobre sí mismo,
> ¡Qué poca cosa es el hombre[33]!

Los periódicos también argumentan que una prueba de su *locura* reside en la idea de que fue designado para hacer lo que hizo, ¡que no dudó de sí mismo ni por un momento! Hablan como si en estos días fuera imposible que a un hombre «lo designara la Providencia» para llevar a cabo una tarea cualquiera, como si los votos y la religión estuvieran pasados de moda en relación con el trabajo cotidiano de los hombres, como si el agente que debiera abolir la esclavitud sólo pudiera ser nombrado por el presidente o por un partido político. Hablan como si la muerte de un hombre fuera un fracaso y la prolongación de su vida, sea ésta del carácter que sea, un éxito.

Cuando reflexiono acerca de la causa a la que con tanta devoción se entregó este hombre y luego reflexiono acerca de la causa a la que se entregan sus jueces y todos los que lo condenan con tanta rabia y elocuencia, me doy cuenta de que se hallan tan alejados entre sí como los cielos y la tierra.

En resumen: nuestros «líderes» son tipos inofensivos, y saben *perfectamente* que no fueron elegidos por la Providencia, sino por los votos de su partido.

¿Quién es aquél cuya seguridad requiere que el capitán Brown sea ahorcado? ¿Es indispensable para algún norteño? ¿Es que no queda otro recurso que arrojar también a este hombre al Minotauro? Si no queréis, decidlo sin ambages. Mientras suceden estas

---

[33] Versos pertenecientes al poema «To the Lady Margaret, Countess of Cumberland», del poeta e historiador inglés Samuel Daniel (1562-1619).

cosas, la belleza permanece velada y la música no es más que una mentira estridente. ¡Pensad en él, en sus inusuales atributos! En un hombre al que se tardan años en forjar y comprender; no en un héroe de pacotilla ni en el representante de ningún partido. Un hombre que el sol no volverá a iluminar en esta tierra sumida en la oscuridad. Alguien para cuya creación se emplearon los materiales más caros, el diamante más puro, y que fue enviado para redimir a los cautivos. ¡Y el único uso que le dais es colgarlo al final de una soga! Vosotros, que aparentáis sufrir por Cristo crucificado, pensad en lo que estáis a punto de hacerle a quien se ofreció como redentor de cuatro millones de hombres.

Cualquiera sabe cuándo están justificados sus actos y ni todas las luces del mundo pueden alumbrarlo en ese asunto. El asesino siempre sabe que su castigo es justo, pero, cuando un Gobierno le arrebata la vida a un hombre sin el consentimiento de su conciencia, nos encontramos ante un Gobierno temerario que da un paso hacia su propia disolución. ¿No es posible que un individuo tenga razón y un Gobierno no? ¿Deben acatarse las leyes simplemente porque se han promulgado? ¿O porque unos cuantos dicen que son buenas aunque no lo sean? ¿Qué necesidad hay de hacer del hombre un instrumento que lleve a cabo un acto que su mejor naturaleza desaprueba? ¿Es acaso la intención de los legisladores ahorcar a hombres buenos? ¿Van a interpretar los jueces la ley al pie de la letra y no según su espíritu? ¿Qué derecho tenéis a formalizar un pacto con vosotros mismos que diga que haréis esto o lo otro en contra de vuestra luz interior? ¿Está en vuestra mano decidir, tomar una u otra resolución, y rechazar las convicciones que os imponen y que escapan a vuestro entendimiento? Yo no creo en los abogados, en esa forma de atacar o defender a un hombre, porque nos rebaja a tratar con el juez en su propio terreno y, en los casos de mayor relevancia, que un hombre quebrante o no una ley humana carece de la menor importancia. Dejad que los abogados decidan en casos triviales. Los hombres de negocios pueden arreglarlo entre ellos. Si se tratara de los intérpretes de las leyes eternas que obligan legítimamente al hombre, otro gallo cantaría. ¡Una fábrica de leyes falsas con un pie en la tierra de los esclavos y otro en la tierra de los hombres libres! ¿Qué tipo de leyes para hombres libres podéis esperar de eso?

Estoy aquí para defender su causa con vosotros. No suplico por su vida, sino por su naturaleza, por su vida inmortal; y así deja de ser su causa y se convierte en vuestra por completo. Hace mil ochocientos años, Cristo fue crucificado; esta mañana tal vez el capitán Brown haya sido ahorcado. Son los dos extremos de una cadena a la que no faltan eslabones. Ya no es el viejo Brown; es un ángel de luz.

Ahora comprendo que era necesario que ahorcaran al hombre más valiente y humano de todo el país. Tal vez él mismo lo haya comprendido. Casi temo oír en cualquier momento que ha sido liberado, pues dudo de que una vida prolongada, de que cualquier vida, pueda hacer tanto bien como su muerte.

«¡Descarriado!», «¡Charlatán!», «¡Loco!», «¡Vengativo!». Eso es lo que escribís desde vuestros butacones, y así es como él, herido, responde desde el suelo del arsenal, alto y claro como un cielo sin nubes, genuino como la voz de la naturaleza: «Nadie me envió aquí; fue mi propia voluntad y la de mi Creador. No reconozco a ningún amo en forma humana».

Y con qué tono dulce y noble continúa, dirigiéndose a sus captores, que lo observan de pie: «Creo, amigos míos, que sois culpables de una gran equivocación contra Dios y contra la humanidad, y sería por completo lícito que alguien os hiciera frente para liberar a los que perversamente os empeñáis en mantener en la esclavitud».

Y, con respecto a su movimiento: «Es, en mi opinión, el mayor servicio que un hombre puede prestar a Dios».

«Compadezco a los pobres que viven en la esclavitud y que no tienen a nadie que los ayude; ésa es la razón por la que estoy aquí: no para gratificar ninguna animosidad personal, venganza o espíritu rencoroso, sino por simpatía hacia los oprimidos y los agraviados, que son tan buenos como vosotros, e igual de valiosos a ojos de Dios».

No reconocéis vuestro testamento cuando lo veis.

«Quiero que comprendáis que respeto los derechos de los más pobres y débiles de entre la gente de color, oprimida por el poder de la esclavitud, tal y como hago con los de los más ricos y poderosos».

«Me gustaría añadir que será mejor que vosotros, los del Sur, os preparéis para zanjar esta cuestión, que se resolverá antes de lo que creéis. Cuanto antes os preparéis, mejor. Podéis deshaceros de mí con toda facilidad. Ya casi lo habéis hecho, pero queda esta cuestión por zanjar —me refiero a la cuestión de los negros—; esto aún no ha acabado».

Preveo un tiempo en que el pintor pintará esta escena y ya no tendrá que ir a Roma en busca de un motivo; el poeta la cantará; el historiador la registrará; y, junto con el Desembarco de los Peregrinos y la Declaración de Independencia, será el ornamento de una futura galería nacional, cuando deje de existir la esclavitud tal como la concebimos en estos momentos. Entonces seremos libres de llorar al capitán Brown. Entonces, y sólo entonces, nos cobraremos nuestra venganza.

EL MARTIRIO DE JOHN BROWN

Tan universal es la grandeza moral trascendental, tan estrechos son sus vínculos y tan idéntica es a la de cualquier época y lugar —como una pirámide que se contrae cuanto más nos aproximamos a su cúspide— que ahora, al ojear mi cuaderno de poesía, descubro que lo mejor de ella casi siempre puede aplicarse, en parte o por completo, al caso del capitán Brown. Sólo lo que es verdadero, fuerte y solemnemente serio puede acompañar nuestro ánimo en este momento. Casi cualquier verso noble puede leerse como su elegía o su elogio, o convertirse en el texto de un discurso en su honor. Efectivamente, ahora descubrimos que las partes de que consta una liturgia universal son aplicables a esos raros casos de héroes y mártires para los que ninguna iglesia posee ritual alguno. Ésta es la fórmula establecida en las alturas —su funeral— a la que cada gran genio ha contribuido con una estrofa o verso. Como Marvell escribió:

> Cuando la espada brilla sobre la cabeza del juez,
> Y el miedo silencia a los clérigos cobardes,
> Es la hora del poeta; es entonces cuando desenvaina
> Y en solitario defiende la causa abandonada de la virtud.
> Cuando la rueda del imperio da marcha atrás,
> Y aunque el eje deslavazado del mundo se rompa,
> Él sigue cantando sobre derechos antiguos y tiempos mejores,

Sufre en su búsqueda del bien y triunfa en su castigo del delito[1].

El sentido de la poesía con mayúsculas, leída a la luz de este acontecimiento, sale a relucir como un escrito invisible cuando se arrima al fuego:

Todas las cabezas deben acabar
En la tumba fría.
Sólo los actos del justo
Emanan un olor dulce y florecen en el polvo[2].

Hemos sabido que la dama bostoniana que visitó recientemente a nuestro héroe en la cárcel lo encontró con la misma ropa con la que lo habían hecho prisionero, rota y desgarrada por los sables y las estocadas de las bayonetas, y con la que se había presentado en su juicio, además de sin sombrero. Ella pasó los ratos en la cárcel remendándosela y, como recuerdo, se llevó un alfiler lleno de sangre.

¿Cuáles son las ropas que perduran?

Las prendas que perviven por siempre
Son los actos de misericordia hacia el desposeído;
Y ni el prurito ni el tiempo ni la polilla
Raerán esa seda ni desgastarán este paño[3].

Los famosos versos titulados «El recado del alma»[4], que algunos atribuyen a sir Walter Raleigh mientras esperaba a que

---

[1] Fragmento del poema «Tom May's Death», obra del poeta metafísico, escritor satírico y parlamentario inglés Andrew Marvell (1621-1678), al que se relaciona con otros metafísicos como John Donne y George Herbert. Fue el primer ayudante de John Milton.
[2] Fragmento de la obra de teatro *Contention of Ajax and Ulysses*, del dramaturgo británico James Shirley (1596-1666).
[3] Versos del propio Thoreau.
[4] «The Soul's Errand».

lo ejecutasen al día siguiente, son al menos dignos de semejante origen e igualmente aplicables al caso que nos ocupa. Oídlos:

>   Ve, Alma, huésped del cuerpo,
>   Y da este ingrato mensaje;
>   No temas conmover a los mejores,
>   La verdad será tu garantía:
>   Ve, pues he de morir sin remedio,
>   Y desmiente al mundo.
>
>   Ve y dile a la corte que brilla
>   Y reluce como la madera podrida;
>   Ve y dile a la iglesia que predica
>   El bien y no lo hace;
>   Y si la iglesia y la corte replican,
>   Entonces desmiéntelas.
>
>   Diles a los potentados que viven
>   De los actos de los demás;
>   Que no son amados hasta que dan,
>   Que sólo sus facciones los hacen fuertes:
>   Y si los potentados replican,
>   Desmiéntelos.
>
>   Diles a los hombres de elevada condición,
>   Que dirigen asuntos de Estado,
>   Que su propósito es la ambición,
>   Y su costumbre el odio;
>   Y si alguna vez replican,
>   Entonces desmiéntelos.
>
>   Dile al celo que le falta devoción,
>   Dile al amor que no es sino lujuria;

Dile al tiempo que no es sino movimiento,
Dile a la carne que no es sino polvo;
Y ruega por que no repliquen,
Pues deberás desmentirlos.

Dile a la edad que se consume a diario;
Dile al honor que se altera;
Dile a la belleza que se marchita;
Dile al favor que vacila;
Y como replicarán,
Desmiéntelos uno por uno.

Dile a la fortuna que es ciega;
Dile a la naturaleza que se descompone;
Dile a la amistad que es cruel;
Dile a la justicia que se retrasa;
Y, si se atreven a replicar,
Desmiéntelas a todas.

Y, cuando hayas terminado tu parloteo
Como te he encomendado,
Aunque desmentir
No merezca menos de una puñalada,
Que te apuñale quien quiera,
Pues ninguna puñalada puede matar el alma.

«Cuando muera,
Que no quede escrito el día»,
Ni doblen las campanas[5]:
«El amor lo recordará»

---

[5] Los concejales de la ciudad se negaron a que doblaran las campanas en esta ocasión. (Nota de Thoreau).

Cuando el odio se enfríe.

Tú, Agrícola[6], eres afortunado no sólo porque tu vida fue gloriosa, sino porque tu muerte fue oportuna. Como nos cuentan quienes oyeron tus últimas palabras, aceptaste tu sino inalterable y dispuesto, como si, de estar en tu poder, pudieras hacer que el emperador pareciera inocente[7]. Pero, además de la amargura de haber perdido a un padre, a nuestra pena se suma el que no se nos permitiera atender a tu salud, contemplar tu rostro y recibir tu último abrazo; seguro que habríamos escuchado palabras e instrucciones que habríamos atesorado en lo más profundo de nuestras almas. Ése es nuestro dolor, ésa nuestra herida… Con pocas lágrimas te enterraron y, en tu última luz terrenal, tus ojos buscaron algo que no vieron.

Si existe alguna morada para el espíritu de los píos, si, como suponen los sabios, las grandes almas no se extinguen con el cuerpo, que descanses en paz, y que tus familiares dejen los débiles lamentos y los plañidos de mujer y recuerden tus virtudes, que no han de dolerse ni en silencio ni en voz alta. Déjanos honrarte más con nuestra admiración que con efímeras alabanzas y, con ayuda de la naturaleza, emulándote. Ése es el verdadero honor, ésa la piedad de quien es más afín a ti. También le enseñaría a tu familia a venerar tu memoria atesorando todos tus actos y palabras y a abrazar tu carácter y la forma de tu alma en lugar de la de tu cuerpo, no porque crea que las estatuas de mármol

---

[6] Cneo Julio Agrícola (40-93) fue un general y político romano, gobernador de Britania entre los años 77 y 84. Fue el único capaz de culminar la conquista de la isla, no tanto por su consumada pericia militar como por su hábil política a la hora de hacer que los britanos aceptaran la soberanía romana. Thoreau parece comparar su figura y su muerte con la de Brown.
[7] Agrícola pasó los últimos años de su vida en un exilio encubierto en Roma, hasta que el emperador Domiciano, según insinúa Tácito y asevera Dión Casio, lo asesinó o al menos forzó su muerte, pues era incapaz de soportar que siguiera con vida, haciéndole de algún modo sombra, el único hombre que habría sido capaz de afrontar la difícil situación de los ejércitos romanos en Germania y los territorios al norte del Danubio.

o de bronce deban condenarse, sino porque, tal y como ocurre con los rasgos del hombre, las imágenes que nos formamos de ellos son frágiles y perecederas. La forma del alma es eterna y podemos conservarla y expresarla, no mediante un material o un arte extraños, sino a través de nuestras propias vidas. Sea lo que sea que hayamos amado de Agrícola, sea lo que sea lo que hayamos admirado, perdura y seguirá perdurando en las mentes de los hombres y en los anales de la Historia, por los siglos de los siglos. Muchos de los antiguos caerán en el olvido como si fueran ignominiosos e innobles: Agrícola, descrito y transmitido a la posteridad, sobrevivirá.

LOS ÚLTIMOS DÍAS DE JOHN BROWN

La trayectoria de John Brown durante sus últimas seis semanas de vida fue meteórica e iluminó la oscuridad en que vivimos. No conozco nada más milagroso en nuestra historia.

En aquellos momentos, si alguien citaba en una conferencia o conversación un ejemplo antiguo de heroísmo, como el de Catón, Tell o Winkelried, y pasaba por alto las recientes hazañas y palabras de Brown, cualquier audiencia inteligente de norteños lo consideraba soporífero e inexcusablemente inverosímil.

En cuanto a mí, por norma general presto más atención a la naturaleza que al hombre, aunque admito que cualquier acontecimiento humano conmovedor puede nublar nuestra vista ante los objetos naturales. Estaba tan absorto en él que me sorprendía al descubrir que el mundo natural seguía con su rutina o al toparme con personas que continuaban con sus asuntos como si tal cosa. Me resultaba extraño que el pequeño mirlo acuático se zambullera plácidamente en el río como siempre, lo que me sugería que ese pájaro continuará zambulléndose aquí cuando Concord deje de existir.

Me daba la sensación de que si le preguntaran a él, un prisionero condenado a muerte en medio de sus enemigos, sobre su próximo paso o estrategia, respondería con más sensatez que el resto de sus compatriotas. Era el que mejor comprendía su situación, el que la contemplaba con más calma. En comparación, los demás, tanto del Norte como del Sur, estaban fuera de sí. Nuestros pensamientos eran incapaces de remontarse a un hombre más grande, más sabio o mejor con quien compararlo, pues él estaba por encima de todos. El hombre al que este país estaba a punto de colgar parecía el más grande y mejor de su especie.

La opinión pública no necesitó años para experimentar una revolución; en este caso bastaron días, no, horas, para que se desencadenaran profundos cambios. Cincuenta hombres que, de camino al acto que celebramos en su honor en Concord, estaban dispuestos a pedir que lo colgaran probablemente no se atrevieran a decir lo mismo al salir. Escucharon la lectura de sus palabras, vieron los graves semblantes de la congregación y hasta puede que se unieran al canto del himno final de alabanza.

El orden de los instructores se invirtió. He sabido que un predicador, que en un principio se escandalizó y se mantuvo al margen, al final se vio obligado a convertir a Brown, después de que lo colgaran, en el tema de un sermón en el que, hasta cierto punto, lo elogiaba, aunque dijo que su acto había sido un fracaso. Un profesor influyente creyó necesario confesarles a sus alumnos mayores después del servicio que, al principio, pensaba como el predicador, pero que ahora creía que John Brown tenía razón. No obstante, resultaba patente que sus alumnos iban tan por delante del profesor como éste del sacerdote y sé a ciencia cierta que muchos niños pequeños ya habían preguntado a sus padres en casa con tono de sorpresa por qué Dios no había intervenido para salvarlo. En cada caso, los preceptistas autorizados eran conscientes sólo a medias de que no *dirigían*, sino que estaban siendo *arrastrados* y acusaban cierta pérdida de tiempo y poder.

Los predicadores más íntegros, los hombres de la Biblia, aquellos que hablan de principios y de no hacer a los demás lo que no querríamos que nos hicieran a nosotros, ¿cómo pudieron no reconocerlo si era con diferencia el mejor predicador de todos ellos, tenía la Biblia siempre presente en su vida y en sus actos, era la encarnación de los principios morales y quien verdaderamente aplicó la regla de oro? Todo aquel que había visto despertar su sentido moral, que había sentido la llamada del Altísimo para predicar, se ponía de su lado. ¡Qué confesiones arrancó a reticentes y conservadores! Es increíble, aunque en conjunto sea bueno, que no se aprovechara la ocasión para crear una nueva secta de *brownistas* en nuestro seno.

Aquellos que, tanto dentro como fuera de la Iglesia, se adhieren al espíritu y abandonan la letra y, por tanto, son llamados infieles, fueron, como de costumbre, los primeros en reconocerlo. Ya antes habían colgado a hombres en el Sur por intentar rescatar a esclavos y el Norte no se había inmutado demasiado por ello. ¿De dónde procede entonces esta maravillosa diferencia? No estábamos tan seguros de la devoción que aquéllos profesaban a sus principios. Habíamos establecido una sutil distinción, olvidado las leyes humanas y rendido homenaje a una idea. El Norte, quiero decir, el Norte *vivo*, se volvió completamente trascendental. Fue más allá de la ley humana, del fracaso aparente, y reconoció la justicia y la gloria eternas. Por norma general, los hombres viven según una fórmula y les basta con que se observe el orden de la ley, pero en este caso recuperaron, hasta cierto punto, el sentimiento original y se vivió un ligero resurgir de la antigua religión. Se dieron cuenta de que lo que se daba en llamar orden era confusión, la justicia, injusticia, y de que lo mejor se consideraba lo peor. Esta actitud sugería un espíritu más inteligente y generoso que el que había impulsado a nuestros antepasados y la posibilidad, con el paso de los años, de llevar a cabo una revolución en nombre de otro pueblo oprimido.

La mayoría de los norteños, y unos cuantos sureños, se conmovieron sobremanera por la conducta y las palabras de Brown. Vieron y sintieron que eran heroicas y nobles, y que no había habido nada que se les asemejara en este país ni en la historia reciente del mundo. Pero una minoría permaneció impasible. La actitud de sus vecinos sólo les provocaba sorpresa e irritación.

Admitían que Brown era valiente y que creía haber hecho lo correcto, pero no detectaron en él mayores peculiaridades.

Al no estar acostumbrados a realizar verdaderas distinciones ni a apreciar la magnanimidad, leyeron sus cartas y sus discursos como si no los hubieran leído. No eran conscientes de que se aproximaban a una declaración heroica, de que se *quemaban*. No advirtieron que Brown hablaba con autoridad y, en consecuencia, sólo recordaron que la ley debía cumplirse. Recordaban la vieja fórmula, pero no oían la nueva revelación. Quien no reconoce en las palabras de Brown sabiduría y nobleza y, por tanto, una autoridad superior a nuestras leyes, es un demócrata moderno. Ésa es la prueba para descubrirlo. En este sentido, no está ciego a propósito, sino de manera constitucional, y es coherente consigo mismo. Tal ha sido su vida en el pasado, sin la menor duda. De igual modo, ha leído la Historia y la Biblia, y acepta, o parece aceptar, esta última como una fórmula establecida, no porque le haya convencido. No encontraréis sentimientos semejantes en su breviario, si es que lo tiene.

Cuando se lleva a cabo un acto noble, ¿quién lo aprecia? Quienes son asimismo nobles. No me sorprendió que algunos de mis vecinos hablasen de John Brown como de un malhechor cualquiera, pues ¿qué son ellos? Tienen demasiadas carnes, demasiados cargos o demasiada ordinariez de algún tipo. No son ni mucho menos naturalezas etéreas. En ellos predominan las cualidades oscuras. Algunos son decididamente paquidérmicos. Lo digo con pena, no con enfado. ¿Cómo puede un hombre contemplar la luz si no tiene una luz interior propia? Son fieles a sus *miras*, pero cuando miran hacia este lado, no *ven* nada, están ciegos. Para los niños de la luz, combatir contra ellos es como una competición entre águilas y búhos. Mostradme a un hombre que sienta inquina hacia John Brown y dejadme oír qué noble verso es capaz de repetir. Se quedará tan mudo como si sus labios estuvieran sellados.

No todo el mundo puede ser cristiano, ni siquiera en un sentido muy moderado, sea cual sea la educación que se le dé. Después de todo, se trata de una cuestión de constitución y temperamento. Tendrá que volver a nacer muchas veces. He conocido a muchos que fingían ser cristianos, pero en ellos resultaba del todo ridículo, pues no tenían el genio necesario. Tampoco todo el mundo puede ser libre.

Los periódicos insistieron durante un tiempo en que Brown estaba loco, pero al final se limitaron a decir que había llevado a cabo un «plan disparatado» y la única prueba que aportaron fue que le había costado la vida. No me cabe duda de que, si hubiera ido con cinco mil hombres, liberado a mil esclavos y matado a cien o a doscientos esclavistas y hubieran muerto otros tantos en su bando pero no hubiera perdido la vida, estos mismos periódicos le habrían dedicado un apelativo más respetable. Sin embargo, él ha llegado mucho más lejos: ha liberado a muchos miles de esclavos, tanto en el Norte como en el Sur. Por lo visto, no saben lo que significa vivir o morir por una idea. Entonces todos lo llamaron loco; ¿quién lo llama loco ahora?

En medio de la agitación que ocasionó su excepcional intento y consiguiente conducta, la cámara legislativa de Massachusetts, que no dio un solo paso en defensa de sus ciudadanos, a los que probablemente llevaron a Virginia como testigos y expusieron a la violencia de la turba esclavista, se hallaba profundamente absorta en un asunto de venta de alcohol y se dejaba enredar en bromas pueriles sobre la palabra «extensión». Malos espíritus ocupaban sus pensamientos. Estoy seguro de que ningún estadista a la altura de las circunstancias habría atendido ese asunto en aquel momento, ¡un asunto demasiado vulgar para ser atendido en cualquier momento!

Cuando consulté la liturgia de la Iglesia de Inglaterra, publicada casi a finales del pasado siglo, para encontrar un servicio aplicable al caso de Brown, descubrí que el único mártir reconocido que presentaba era el rey Carlos I, un ilustre bribón. De todos los habitantes de Inglaterra y del mundo, él era el único al que, según esa autoridad, la Iglesia había convertido en mártir y santo, y llevaba más de un siglo celebrando su supuesto martirio mediante un servicio anual. ¡Menuda sátira sobre la Iglesia!

No busquéis vuestra guía en cámaras legislativas o iglesias, ni en ningún otro organismo desalmado o corporativo, sino en los *inspirativos* o inspirados.

¿De qué sirven todos vuestros logros y conocimientos eruditos a la luz del sentido común y la hombría? Fijaos en la obra que este hombre comparativamente analfabeto e iletrado escribió en seis semanas, por no hablar del resto de su comportamiento. ¿Dónde podemos encontrar un profesor de *Belles-lettres*, o de Lógica y Retórica, que escriba tan bien? En prisión no escribió una historia del mundo, como Raleigh, sino un libro americano que creo que perdurará mucho más. No me constan palabras semejantes, pronunciadas en esas circunstancias, y aun así con tanta prolijidad, en la historia romana, en la inglesa o en cualquier otra. ¡Qué variedad de temas tocó en tan poco espacio de tiempo! Hay palabras en la carta a su esposa sobre la educación de sus hijas que merecen ser enmarcadas y colgadas encima de cada chimenea del país. Comparad esta sincera sabiduría con la del pobre Ricardo[1].

La muerte de Irving, que en cualquier otro momento habría llamado la atención universal, al producirse cuando acontecieron estos hechos, pasó casi desapercibida. Tendré que leer sobre ella en la biografía de autores.

Literatos, jefes de redacción y críticos creen que saben escribir porque han estudiado Gramática y Retórica, pero se equivocan

---

[1] Referencia al *Almanaque del pobre Ricardo* (*Poor Richard's Almanack*), publicado anualmente entre 1732 y 1758 por Benjamin Franklin, que adoptó el seudónimo de «Pobre Ricardo» o «Richard Saunders».

de parte a parte. El arte de la composición es tan simple como un disparo realizado con un rifle, y sus obras maestras suponen una fuerza infinitamente mayor. El discurso y la escritura de este hombre iletrado muestran un inglés medio. Él ha adaptado a la lengua corriente algunas palabras y expresiones como «valdrá la pena», que antes se consideraban vulgarismos y americanismos. Esto sugiere que la mayor regla de composición —y, si yo fuera profesor de Retórica, insistiría en ello— es *decir la verdad*. Esto es así que asá, aquí y en Pekín. Semejante actitud requiere sobre todo seriedad y hombría.

Parece que hemos olvidado que, entre los romanos, la expresión «educación *liberal*» hacía referencia originalmente a una educación digna de hombres *libres*, mientras que el aprendizaje de los oficios y profesiones mediante los cuales nos ganamos la vida se consideraba sólo digno de *esclavos*. Sin embargo, siguiendo un indicio de la palabra, me atrevería a ir un paso más lejos y a afirmar que no es el hombre rico y ocioso quien, aunque se dedique al arte, la ciencia y la literatura, se educa en sentido estricto de manera *liberal*, sino el hombre cabal y *libre*. En un país esclavista como éste, el Estado no puede tolerar nada semejante a una educación liberal, y los eruditos de Austria y Francia que, por muy instruidos que sean, se conforman con sus tiranías, sólo han recibido una educación *servil*.

Nada podían hacer sus enemigos, y esto redundó en su infinito beneficio, es decir, en beneficio de su causa. No lo colgaron de inmediato, sino que esperaron a que les predicara. Y entonces cometieron otro error garrafal: no colgaron a sus cuatro seguidores con él; esa escena se pospuso y con ello su victoria se prolongó y completó. Ningún director teatral habría recreado tan bien las cosas para dar efecto a su conducta y a sus palabras. ¿Y quién creéis que fue el director? ¿Quién situó a la esclava y a su hijo, a quien Brown se inclinó a besar en un acto simbólico, entre su prisión y el patíbulo?

Pronto comprendimos, como él mismo comprendió, que nadie lo iba a perdonar ni a rescatar. Eso habría significado desarmarlo, devolverle un arma material, un rifle Sharps cuando él ya blandía la espada del espíritu, la espada con la que verdaderamente había ganado sus mayores y más memorables victorias. Ahora no ha depuesto la espada del espíritu, pues todo él es espíritu puro y su espada también.

Nada común o vulgar hizo o pronunció
En aquella memorable escena…
Ni clamó a los dioses con vulgar resentimiento,
Para reivindicar su inútil derecho;
Sino que inclinó su hermosa cabeza
Como sobre un lecho[2].

¡Qué tránsito el de su cuerpo horizontal y solitario recién descolgado de la horca! Hemos leído que, en ese momento, pasó por Filadelfia y el sábado por la noche había llegado a Nueva York. De modo que, como un meteoro, ¡atravesó la Unión desde las regiones del Sur hacia el Norte! Los vagones no habían transportado un cargamento semejante desde que lo condujeran vivo al Sur.

El día de su traslado, estoy seguro de haber oído que lo habían *colgado*, pero no supe lo que significaba; no sentí pena por ello; durante un día o dos ni siquiera oí que hubiera *muerto* y no di crédito hasta pasados unos días. De todos mis supuestos contemporáneos, me pareció que John Brown era el único que *no había muerto*. Y ahora soy incapaz de oír hablar de alguien que se apellide Brown —y oigo hablar de ellos muy a menudo— o de alguien especialmente valiente o serio sin que mi primer pensamiento sea para John Brown y para la relación que esa persona

---

[2] Versos de «An Horatian Ode upon Cromwell's Return from Ireland», del ya mencionado Andrew Marvell.

pueda tener con él. Me lo encuentro en cada esquina. Está más vivo que nunca. Ha logrado la inmortalidad. No está confinado en North Elba ni en Kansas. Ya no obra en secreto. Obra en público y a la luz más clara que haya iluminado esta tierra.

UNA VIDA SIN PRINCIPIOS

No hace mucho, en un liceo, tuve la sensación de que el conferenciante había elegido un tema que le era totalmente ajeno y no logró interesarme tanto como habría cabido esperar. Se notaba que hablaba de cosas de las que no estaba convencido y sus argumentos eran débiles y superficiales. En este sentido, no hubo un verdadero pensamiento central o centralizador en toda la ponencia. Mejor habría sido que hubiera hablado de su experiencia más íntima, como hace el poeta. El mayor cumplido que me han hecho jamás fue cuando alguien me preguntó qué *opinaba* y esperó mi respuesta. Cuando esto ocurre me sorprendo, y me regocijo, pues el interrogador hace de mí un uso muy poco corriente, como si estuviera familiarizado con la herramienta. Por lo general, si alguien quiere algo de mí, es sólo para saber cuántos acres calculo que miden sus tierras —puesto que soy agrimensor— o, como mucho, de qué noticias triviales voy cargado. Ellos nunca se meterán en pleitos por mi carne; prefieren la concha. Una vez, un hombre vino desde bastante lejos para pedirme que diera una conferencia sobre la esclavitud, pero, al conversar con él, descubrí que tanto él como su camarilla esperaban quedarse con siete octavos de la conferencia y dejarme a mí tan sólo con uno, así que decliné la oferta. Cuando me invitan a dar una conferencia en cualquier sitio —pues poseo cierta experiencia en este asunto—, doy por sentado que existe un deseo de escuchar lo que *pienso* sobre un tema determinado —aunque tal vez sea el loco más rematado del país— y no que deba limitarme a decir cosas agradables o con las que la audiencia comulgue; y decido, en consecuencia, darles una buena dosis de mí mismo. Han venido a buscarme, se han comprometido a pagarme y estoy decidido a entregarme en cuerpo y alma, aunque los aburra hasta lo indecible.

De modo que ahora os diré algo parecido, mis queridos lectores. Dado que *vosotros* sois mis lectores y yo no he sido un gran viajero, no os hablaré de gente que está a miles de millas de distancia, sino que me quedaré tan cerca de casa como me sea posible. Como dispongo de poco tiempo, dejaré de lado los cumplidos y me centraré en las críticas.

Pensemos en el modo en que pasamos nuestras vidas.

Este mundo es un lugar de negocios. ¡Qué incesante ajetreo! Casi todas las noches me despierta el jadeo de la locomotora. Interrumpe mis sueños. No hay domingos. Sería magnífico ver a la humanidad ociosa por una vez. Todo es trabajar, trabajar, trabajar. No me resulta fácil comprar un cuaderno en blanco en el que escribir pensamientos; siempre vienen rayados para los dólares y los centavos. Un irlandés, al verme apuntar algo en el campo, dio por sentado que estaba calculando mi salario. Si arrojaron a un hombre por una ventana cuando era niño y lo dejaron lisiado de por vida, o los indios le dieron un susto de muerte, la gente lo lamenta sobre todo porque eso lo incapacita para... ¡trabajar! Creo que no hay nada, ni siquiera el delito, más opuesto a la poesía, a la filosofía y a la vida misma, que este incesante ajetreo.

Un individuo codicioso, rudo y violento de las afueras de nuestra ciudad va a construir un muro al pie de la colina que rodee su finca. Las autoridades le han metido la idea en la cabeza con el fin de que evite visitas indeseadas y quiere que yo pase tres semanas allí cavando con él. Como resultado, él probablemente amase algo más de dinero y se lo deje a sus herederos para que lo dilapiden. Si lo hago, la mayoría me alabará por ser un hombre solícito y trabajador, pero si elijo dedicarme a otras tareas que me reportan más beneficio real, aunque poco dinero, posiblemente me consideren un holgazán. Sin embargo, como no necesito que la policía del trabajo ocioso me controle y no veo absolutamente nada más loable en el proyecto de este individuo que en muchas de las empresas de nuestro propio Gobierno o de Gobiernos extranjeros, por muy ameno que les resulte a él o a ellos, prefiero terminar mi educación en otra escuela.

Si un hombre dedica la mitad del día a pasear por el bosque por puro placer, corre el riesgo de que lo tilden de holgazán, pero si consagra todo el día a especular, a talar los bosques y a dejar la tierra baldía antes de tiempo, lo tendrán por un ciudadano solícito y emprendedor. ¡Como si el único interés de una ciudad por sus bosques fuera talarlos!

La mayoría de los hombres considerarían un insulto que los emplearan en lanzar piedras por encima de un muro y luego en lanzarlas en sentido contrario con el único fin de ganarse el sueldo. Pero muchos no tienen un trabajo más digno. Por ejemplo: justo después del amanecer, una mañana de verano, divisé a uno de mis vecinos caminando junto a su yunta de bueyes, que tiraba lentamente de una pesada piedra tallada pendiente del eje. Parecía estar envuelto en cierto halo de diligencia —su jornada laboral había empezado, le sudaba la frente, todo un reproche para los gandules y ociosos—, se detenía a la altura del lomo de los bueyes y medio se giraba haciendo un ademán con su látigo misericordioso, mientras los animales le pasaban de largo. Y pensé: «Ése es el trabajo que el Congreso americano debe proteger —un trabajo honrado, duro y viril: honrado como el que más, que hace más dulce el pan y que mantiene la dulzura de la sociedad—, algo que todos los hombres respetan y han consagrado: un hombre de la Banda Sagrada que soporta la carga necesaria, aunque fastidiosa, del trabajo». De hecho, sentí un ligero remordimiento, pues observaba esta escena desde una ventana y no estaba fuera atareado en una empresa similar. Ese mismo día pasé al atardecer por el patio de otro vecino que tiene muchos criados y que gasta dinero sin ton ni son, sin aportar nada al bien común, y allí reconocí la piedra de por la mañana junto a una caprichosa estructura que pretendía adornar la residencia de este tal «lord» Timothy Dexter y, en ese mismo instante, la dignidad del trabajo del yuntero se desvaneció ante mis ojos. En mi opinión, el sol fue creado para iluminar un trabajo más digno que ése. Añadiré que, poco después, su patrón huyó, dejando deudas en buena parte de la ciudad y, tras pasar por los tribunales, se ha asentado en otro sitio y ha vuelto a convertirse en mecenas de las artes.

Los modos por los que podemos ganar dinero nos envilecen casi sin excepción. Hacer algo por el *mero* hecho de ganar dinero es ser un auténtico vago o algo peor. Si el obrero no recibe más de lo que su patrón le paga, lo engañan y se engaña a sí mismo. Si ganaseis dinero como escritores o conferenciantes, os haríais famosos, lo cual conlleva un descenso perpendicular. Los servicios por los que la comunidad estará más dispuesta a pagar son los más desagradables de prestar. Te pagan por ser menos que un hombre. El Estado rara vez recompensa a un genio con mayor sensatez. Hasta el poeta laureado preferiría no tener que ensalzar los advenimientos de la realeza. Hay que sobornarlo con una pipa de vino; y tal vez aparten a otro poeta de su musa para evaluar esa misma pipa. En cuanto a mi propio negocio, a mis contratantes no les interesa ese tipo de agrimensura que yo haría con la mayor satisfacción. Preferirían que hiciese un trabajo tosco y no demasiado bien, no lo suficiente. Cuando observo que existen diferentes maneras de realizar la medición, mi patrón suele preguntarme cuál le proporcionará más terreno, no cuál es la más correcta. Una vez inventé una regla para medir leña apilada e intenté introducirla en Boston, pero el tasador de allí me dijo que los vendedores no querían que su leña se midiera correctamente, que él ya les resultaba demasiado preciso y, por tanto, hacían que se la midieran en Charlestown antes de cruzar el puente.

El objetivo del trabajador no debería ser ganarse el sustento ni conseguir un «buen empleo», sino dominar uno a la perfección y así a una ciudad le resultaría rentable, incluso en sentido pecuniario, pagar a sus trabajadores tan bien que éstos no sintieran que trabajan con fines pedestres, como la mera subsistencia, sino con fines científicos o incluso morales. No contratéis a alguien que trabaje por dinero, sino a quien lo haga por amor al arte.

Es sorprendente que haya pocos hombres tan bien empleados, tan conformes, que un poco de dinero o de fama no los aparte de su actual ocupación. Veo anuncios destinados a jóvenes *activos*, como si la actividad lo fuera todo en el capital de un joven. No obstante, me ha sorprendido que uno de ellos me haya propuesto en confianza a mí, un hombre adulto, que me embarque en una de sus empresas, como si yo no tuviera nada mejor que hacer y mi vida, hasta el momento, hubiera sido un completo fracaso. ¡Qué dudoso cumplido me hace! ¡Como si me hubiera encontrado en mitad del océano mientras luchaba contra el viento y sin rumbo y me propusiera que lo acompañase! Si lo hiciera, ¿qué creéis que pensarían las aseguradoras? ¡No, no! No estoy desempleado a estas alturas del camino. A decir verdad, vi un anuncio que buscaba marineros en buena condición física cuando era un crío y deambulaba por mi puerto natal y, en cuanto alcancé la mayoría de edad, me embarqué.

No hay soborno con el que la sociedad tiente a un hombre sensato. Podéis recaudar tanto dinero como para abrir un túnel en una montaña, pero no para contratar a un hombre que se ocupa de *sus propios* asuntos. Un hombre eficiente y capaz hace lo que sabe hacer, tanto si la comunidad le paga como si no. Los ineficientes ofrecen su ineficiencia al mejor postor y siempre están a la espera de que los coloquen. Como podemos suponer, rara vez quedan decepcionados.

Tal vez sea más celoso de lo normal con respecto a mi libertad. Siento que mi conexión y mi obligación para con la sociedad siguen siendo muy débiles y pasajeras. Esas pequeñas tareas que me proporcionan un sustento y que me permiten, hasta cierto punto, prestar un servicio a mis contemporáneos constituyen por lo general un placer para mí y no me recuerdan constantemente que son una necesidad. Por ahora me ha ido bien. No obstante, preveo que, si mis necesidades aumentasen mucho, el trabajo necesario para satisfacerlas se convertiría en una pesada carga. Si vendiera mis mañanas y mis tardes a la sociedad, como la mayoría parece hacer, estoy seguro de que no me quedaría nada por lo que seguir viviendo. Confío en que nunca tenga que vender mi primogenitura por un plato de lentejas[1]. Lo que pretendo sugerir es que un hombre puede ser muy trabajador y aun así no emplear bien el tiempo. No hay mayor inepto que el que pasa la mayor parte de su vida ganándose el pan. Todas las grandes empresas son autosuficientes. El poeta, por ejemplo, debe alimentar su cuerpo con la poesía, como un aserradero de vapor alimenta sus calderas con las virutas que produce. Debemos ganarnos la vida amando. Pero, como ocurre con los comerciantes, de los que se dice que noventa y siete de cada cien fracasan, la vida de los hombres en general, sometida a esta pauta, es un fracaso y la bancarrota puede profetizarse con total seguridad.

El simple hecho de venir al mundo como heredero de una fortuna no es nacer, sino más bien morir al nacer. Que nos mantenga la caridad de los amigos, una pensión del Gobierno —siempre y cuando sigamos respirando— o cualquiera de los refinados sinónimos con los que describís estas relaciones, es como ir a un

---

[1] Génesis 25, 34: «Entonces Jacob dio a Esaú pan y del guisado de las lentejas; y él comió y bebió, y se levantó y se fue. Así menospreció Esaú la primogenitura».

hospicio. Los domingos, el pobre deudor va a la iglesia para hacer balance de sus bienes y descubre, como es lógico, que sus gastos han sido mayores que sus ingresos. En la Iglesia católica, sobre todo, va a la cancillería, se confiesa, renuncia a todo y trata de empezar de nuevo. De este modo, los hombres se tumban a la bartola, hablan sobre la caída del hombre y nunca se esfuerzan por levantarse.

En cuanto a lo que los hombres piden a la vida en comparación, es importante diferenciar entre quien se conforma con cierto éxito y alcanza todas sus metas al instante y quien, por muy mediocre y desgraciada que sea su vida, eleva constantemente su objetivo, aunque en un ángulo muy leve con respecto al horizonte. Yo preferiría ser más bien como este último, aunque, como dicen los orientales: «La grandeza no llega al que siempre mira hacia abajo, y quienes miran hacia arriba se empobrecen».

Resulta curioso que haya poco o nada memorable escrito sobre la cuestión de ganarse la vida, sobre cómo hacer que no sea algo meramente honrado y honorable, sino por completo apetecible y glorioso, pues si *ganarse* la vida no es eso, entonces la vida no es vida. Podríamos pensar, al echar un vistazo a la literatura, que esta cuestión nunca ha perturbado las meditaciones de un solo individuo. ¿Es que acaso los hombres están tan asqueados de su experiencia como para hablar de ella? Pretendemos obviar la valiosa lección que enseña el dinero y que al Creador del Universo le ha costado tanto esfuerzo enseñarnos. En cuanto a los medios de ganarse la vida, es increíble la indiferencia que muestran hacia ellos los hombres de toda clase y condición, incluso los llamados reformistas, ya hereden, ganen o roben. Creo que la sociedad no ha hecho nada por nosotros a este respecto, o al menos ha deshecho lo que había hecho. El frío y el hambre parecen más acordes con mi naturaleza que los métodos que los hombres han adoptado y nos aconsejan para mantenerlos a raya.

El adjetivo *sabio* se aplica mal en la mayoría de los casos. ¿Cómo puede uno ser sabio si no sabe mejor que otro cómo vivir o si es tan sólo más astuto y sutil? ¿Trabaja la sabiduría en un molino de rueda o nos enseña a triunfar *siguiendo su ejemplo*? ¿Existe algo parecido a la sabiduría no aplicada a la vida o ésta no es más que el molinero que muele la lógica más fina? Resulta pertinente preguntar si Platón se ganaba la *vida* mejor o con más éxito que sus contemporáneos o si sucumbió a las dificultades de la vida como los demás. ¿Parecía prevalecer sobre algunos de ellos por mera indiferencia o por darse aires de grandeza? ¿O la vida le resultó más fácil porque su tía se acordó de él en su testamento? El modo en que la mayoría de los hombres se gana la vida, es decir, vive, no es más que un arreglo provisional y una forma de esquivar el verdadero propósito de la vida, y es así sobre todo porque éstos no conocen nada mejor y también porque no se lo plantean.

La avalancha hacia California, por ejemplo, y la actitud, no sólo de los comerciantes, sino de los supuestos filósofos y profetas al respecto, refleja la mayor desgracia de la humanidad. ¡Hay muchos hombres dispuestos a vivir de la fortuna y así conseguir dirigir el trabajo de otros menos afortunados sin aportar el menor valor a la sociedad! ¡Y a eso lo llaman emprender! No conozco mayor desarrollo de la inmoralidad del comercio y de los demás modos habituales de ganarse la vida. La filosofía, la poesía y la religión de esa humanidad no merecen el polvo de un bejín. El cerdo, que se gana la vida hozando y removiendo la tierra, se avergonzaría de semejante compañía. Aunque pudiera disponer de la riqueza de todos los mundos con sólo levantar un dedo, no pagaría *ese* precio. Hasta Mahoma sabía que Dios no creó este mundo en broma. Eso lo convertiría en un caballero acaudalado que tira un puñado de monedas para ver cómo la humanidad se pelea por ellas. ¡La lotería del mundo! ¡Echar a suertes el hecho de subsistir en los dominios de la Naturaleza! ¡Menuda crítica, menuda sátira sobre nuestras instituciones! La humanidad acabaría por colgarse de un árbol. ¿Es eso lo que los preceptos de todas las Biblias nos han enseñado? ¿Y es la última y más admirable invención de la raza humana un simple rastrillo para el estiércol? ¿Son éstas las premisas donde confluyen orientales y occidentales? ¿Así nos indicó Dios que nos ganásemos la vida, cavando donde nunca hemos plantado? ¿Acaso nos recompensará Él con pepitas de oro?

Dios le entregó al hombre justo un certificado que le daba derecho a comida y abrigo, pero el injusto encontró una copia del mismo en las arcas de Dios y se apropió de ella, y obtuvo comida y abrigo como el primero. Es uno de los sistemas más extendidos de falsificación que el mundo ha conocido. No sabía que la humanidad sufriera por falta de oro. Yo lo he visto en pequeña cantidad. Sé que es muy maleable, pero no tanto como el sentido común. Un grano de oro puede dorar una gran superficie, pero no tanto como un grano de sensatez.

El buscador de oro en los barrancos de las montañas es tan jugador como su compañero en los salones de San Francisco. ¿Qué diferencia hay entre agitar tierra o unos dados? Si ganas, la sociedad pierde. El buscador de oro es el enemigo del trabajador honrado, por muchas restricciones y compensaciones que haya de por medio. No basta con que me digáis que habéis trabajado duro para extraer vuestro oro. El diablo también trabaja duro. Los modos de los transgresores pueden ser duros en muchos aspectos. El observador más humilde que vaya a una mina verá y dirá que buscar oro es una especie de lotería; el oro así obtenido nada tiene que ver con el salario ganado por un trabajo honrado. Pero, en la práctica, olvida lo que ha visto, pues sólo ha percibido el hecho, no el principio, y se mete en el negocio, es decir, compra un boleto para lo que, por norma general, resulta ser otra lotería, aunque no tan obvia.

Una tarde, después de leer el relato de Howitt[2] sobre los buscadores de oro australianos, pasé toda la noche imaginando los numerosos valles con sus arroyos completamente fragmentados por fétidos pozos de diez a cien pies de profundidad y media docena de pies de ancho, tan cercanos entre sí como es posible cavarlos, y medio llenos de agua; la zona hacia la que los hombres se abalanzan con frenesí para probar fortuna, sin saber dónde deben abrir el suelo, ignorando si el oro está bajo su mismo campamento, perforando a veces ciento sesenta pies antes de dar con una veta, o sin encontrarla por un pie, convertidos en demonios que no respetan los derechos de los demás en su sed de riqueza; e imaginando los valles enteros a lo largo de treinta millas agujereados de repente como un panal de miel por los pozos de los mineros, donde incluso cientos de ellos perecen ahogados, pues, metidos en agua y cubiertos de lodo y barro, trabajan día y noche hasta morir de frío y enfermedad. Tras leer esto, y haberlo olvidado en parte, estuve pensando, por casualidad, en mi propia vida insatisfactoria haciendo lo mismo que los demás y, con esa visión de las excavaciones aún resonando en mi memoria, me pregunté por qué no me ponía *yo* a lavar un poco de oro cada día, aunque sólo fueran las partículas más finas; por qué no cavaba *yo* mismo una galería hasta el oro que hay en mi interior y trabajaba esa mina. *Ahí* está vuestro Ballarat, vuestro Bendigo. ¿Y si dierais con otro Sulky Gully? Al menos seguiría algún sendero, por muy solitario, estrecho y tortuoso que fuera, por el que caminar con amor y reverencia. Siempre que un hombre se separa de la multitud y sigue su propio camino con ese ánimo, se halla ciertamente ante una bifurcación en la carretera, aunque el viajero común sólo vea un hueco en

---

[2] William Howitt (1792-1879) fue un historiador y prolífico escritor inglés, autor, entre otras obras, de *Land, Labour, and Gold; or, Two Years in Victoria* (1855), donde habla de las minas de Ballarat, Bendigo y Sulky Gully.

la empalizada. Su camino solitario a campo traviesa resultará el *más elevado* de los dos.

Los hombres se dirigen en desbandada hacia California y Australia como si el verdadero oro se encontrara en esa dirección, pero van precisamente en el sentido contrario. Hacen prospecciones cada vez más lejos del verdadero filón y, cuanto más exitosos se creen, más desafortunados son. ¿No es aurífero nuestro suelo *natal*? ¿Acaso no fluye un arroyo por nuestro valle desde las montañas doradas? ¿Y no ha ido arrastrando durante eras geológicas partículas brillantes y formando pepitas para nosotros? En cambio, por extraño que parezca, si un buscador se escabullera a las soledades inexploradas que nos rodean para hacer prospecciones de este oro verdadero, no existiría peligro de que alguien siguiera sus pasos e intentara suplantarlo. Podría incluso reclamar y excavar todo el valle, tanto las parcelas cultivadas como las que no lo están, en paz durante toda su vida, pues nadie le disputaría jamás su derecho. No les importarían ni sus cribas ni sus canaletas. No estaría confinado a un espacio de doce pies cuadrados, como en Ballarat, sino que podría cavar en todas partes y lavar el mundo entero si quisiera en sus artesas.

Howitt dice del hombre que encontró la pepita gigante que pesó veintiocho libras en las excavaciones de Bendigo, en Australia: «Pronto empezó a beber, se compró un caballo y cabalgaba casi siempre a todo galope y, cuando se encontraba con alguien, le preguntaba si sabía quién era y luego le informaba amablemente de que era "el maldito desgraciado que había encontrado la pepita". Al final, se estrelló a toda velocidad contra un árbol y a punto estuvo de perder la sesera». Con todo, no creo que corriera ese peligro, pues ya la había perdido con la pepita. Howitt añade: «El individuo vive en la más absoluta miseria». Pero es un ejemplo de esa clase de hombres. Todos ellos son disolutos. Escuchad algunos de los nombres de los lugares donde excavan: «La llanura del imbécil», «El barranco de la cabeza de la oveja»,

«El banco de arena del asesino», etc. ¿No veis sátira en estos nombres? Dejad que se lleven su sucia riqueza adonde quieran; donde viven seguirá llamándose «La llanura del imbécil» o «El banco de arena del asesino».

La última fuente de nuestra energía ha sido la profanación de tumbas en el istmo de Darién, una empresa que parece estar en su primera infancia, pues, según dicen, en la cámara legislativa de Nueva Granada se ha aprobado una ley en segunda lectura que regula este tipo de minería y un corresponsal del *Tribune* ha escrito: «En la estación seca, cuando el tiempo permita que se hagan prospecciones adecuadas del terreno, no cabe duda de que se descubrirán otras guacas [es decir, cementerios] ricas». A los emigrantes, les dice: «No vengáis antes de diciembre; tomad la ruta del istmo mejor que la de la Boca del Toro; no traigáis equipaje innecesario y no carguéis con una tienda, aunque os vendrán bien un par de mantas; un pico, una pala y un hacha de buena calidad serán casi todo lo que necesitéis», consejo que podría haber extraído perfectamente de la *Guía de Burke*[3]. Y concluye con esta línea en bastardilla y versalitas: «*Si os va bien en casa*, QUEDAOS AHÍ», que muy bien puede interpretarse como: «Si os ganáis bien la vida expoliando cementerios en casa, quedaos ahí».

Pero ¿por qué ir a California a por un lema? Este estado es la criatura de Nueva Inglaterra, criada en su propia escuela e iglesia.

Resulta inconcebible que, entre todos los predicadores, haya tan pocos maestros de la moral. Los profetas se dedican a excusar el comportamiento de los hombres. La mayoría de los reverendos de cierta edad, los *illuminati* de esta era, me recomiendan,

---

[3] William Burke (1792-1829) fue un famoso asesino irlandés que, junto con William Hare (1792 o 1804-1829), mató a dieciséis personas, cuyos cadáveres vendió a la Facultad de Medicina de la Universidad de Edimburgo, y que profanaba tumbas con el mismo propósito.

con una sonrisa amable y nostálgica en los labios, entre un suspiro y un estremecimiento, que no me enternezca demasiado con estas cosas..., que deje el agua correr, es decir, que deje correr el oro. El mejor consejo que he oído al respecto era rastrero. En resumidas cuentas, venía a decir: «No merece la pena perder el tiempo en emprender la reforma del mundo en este sentido. No preguntéis cómo untan mantequilla a vuestro pan; si lo hacéis, os arrepentiréis», y cosas por el estilo. Un hombre debería pasar hambre antes que perder su inocencia mientras se gana el pan. Si dentro del hombre sofisticado no hay otro sencillo, entonces no es más que un ángel del diablo. A medida que envejecemos, vivimos de manera más tosca, relajamos un poco nuestra disciplina y, hasta cierto punto, dejamos de obedecer nuestros instintos más puros. Pero deberíamos ser escrupulosos hasta el extremo de la cordura e ignorar las burlas de aquellos que son menos afortunados que nosotros.

Ni siquiera en nuestra ciencia y filosofía se da una explicación verdadera y absoluta de las cosas. El espíritu de secta y de intolerancia ha plantado su pezuña entre las estrellas. Sólo hay que abrir un debate sobre si las estrellas están habitadas o no para descubrirlo. ¿Por qué vamos a embadurnar los cielos como hemos hecho con la tierra? Que el doctor Kane y sir John Franklin fueran masones resultó ser un descubrimiento desafortunado, pero más cruel fue la sugerencia de que, posiblemente, ésa fuera la razón por la que el primero fue en busca del segundo[4]. No hay una revista popular en este país que se atreva a publicar la opinión de un niño sobre temas importantes sin añadir algún comentario. Todo debe pasar por los doctores en Teología. Yo preferiría que lo sometieran al juicio de la avefría.

---

[4] Elisha Kent Kane (1820-1857), oficial médico estadounidense de la Armada de los Estados Unidos, participó en dos de las expediciones al Ártico organizadas para rescatar a la desaparecida expedición británica de sir John Franklin (1786-1847).

Venimos de asistir al funeral de la humanidad para asistir a un fenómeno natural. Una pequeña idea entierra a todo el mundo.

No conozco a casi ningún *intelectual* que sea tan verdaderamente liberal y tenga la amplitud de miras suficiente para que se pueda pensar en alto en su presencia. La mayoría de aquellos con los que intento hablar no tardan en arremeter contra alguna institución en la que parecen tener cierto interés, es decir, muestran una manera particular, no universal, de ver las cosas. Nos interponen continuamente su techo bajo, con un estrecho tragaluz, cuando lo que deberían verse son cielos despejados. ¡Apartad las telarañas de vuestro camino; limpiad vuestras ventanas! En algunos liceos me comentan que han decidido eliminar el tema de la religión, pero ¿cómo sé yo cuál es su religión y cuándo estoy cerca o lejos de ella? He abordado semejante tema y he hecho lo posible por confesar mi vivencia personal con la religión, y la audiencia nunca ha sospechado de qué hablaba. La conferencia les resultaba tan inofensiva como la luz de la luna. En cambio, si les hubiera leído la biografía de los grandes pícaros de la Historia, habrían pensado que había escrito las vidas de los diáconos de su iglesia. Por lo general, la pregunta es: «¿De dónde viene?» o «¿Adónde va?», pero una vez oí que uno de mis oyentes le planteaba a otro una pregunta mucho más pertinente: «¿A favor de qué es la conferencia?». Me hizo estremecer.

Para ser imparcial, he de confesar que los mejores hombres que conozco no son serenos, no son un mundo en sí mismos. En su mayoría, se obsesionan por las formas y halagan y estudian las apariencias con más perspicacia que el resto. Seleccionamos el granito para apuntalar nuestras casas y graneros, construimos cercas de piedra, pero nosotros no descansamos en puntales de verdad granítica, la roca más primitiva de todas. Nuestros cimientos están podridos. ¿De qué material está hecho el hombre que no coexiste en nuestro pensamiento con la verdad más pura y sutil? A menudo acuso a mis mejores amigos de una inmensa frivolidad, pues, aunque no caemos en formalidades y cumplidos, no nos damos el uno al otro lecciones de honradez y sinceridad como hacen los animales, ni de firmeza y solidez como hacen las rocas. Sin embargo, la culpa suele ser mutua, porque no acostumbramos a exigir demasiado los unos de los otros.

¡Fijaos qué típico, a la par que superficial, fue ese entusiasmo por Kossuth[5]! Sólo otra especie de política o de baile. Los hombres le dedicaron discursos por todo el país, pero todos expresaban únicamente la idea, o la falta de ideas, de la multitud. No había ni un solo hombre genuino. Se limitaban a hacer piña, como de costumbre: los unos se apoyaban en los otros, y todos juntos en la nada; como los hindúes que hacían descansar el mundo en un elefante, el elefante en una tortuga y la tortuga en una serpiente y no tenían nada que poner bajo la serpiente. Nosotros, como único fruto de toda esa conmoción, tenemos el sombrero de Kossuth.

Sirva este ejemplo para demostrar cuán vacía e inútil es, en su mayor parte, nuestra conversación cotidiana. La superficie topa con la superficie. Cuando nuestra vida deja de ser interior y privada, la conversación degenera en simple cotilleo. Rara vez nos encontramos con alguien que nos cuente alguna noticia que no haya leído en un periódico o que no le haya contado su vecino y, casi siempre, la única diferencia entre nosotros y nuestro semejante es que él ha leído el periódico o ha salido a tomar el té y nosotros no. En proporción al fracaso de nuestra vida interior, vamos con más asiduidad y desesperación a la oficina de correos. Podéis estar seguros de que el pobre diablo que va con el mayor

---

[5] Luis Kossuth de Kossuth y Udvard (1802-1894) fue un político y patriota noble húngaro. Se caracterizó por ser un ferviente nacionalista, contrario a mantener algunas concesiones a la Casa de Austria y por defender la independencia de Hungría. Sus propósitos independentistas fueron aplastados en 1849 y se vio obligado a exiliarse del país. Kossuth trató de instalarse en el Reino Unido, pero la reina Victoria medió para impedirlo, temerosa de posibles represalias del Continente por dar cobijo a un revolucionario. Posteriormente, se instaló en Estados Unidos. De hecho, un condado de Iowa lleva su nombre.

número de cartas, orgulloso de tan abultada correspondencia, no ha tenido noticias de sí mismo desde hace tiempo.

Yo no sé, pero leer un periódico a la semana me parece ya demasiado. Lo he intentado recientemente y me pareció que durante todo este tiempo no había vivido en mi región natal. El sol, las nubes, la nieve y los árboles no me cuentan tanto. No podéis servir a dos amos[6]. Necesitáis dedicar más de un día a conocer y poseer la riqueza de un día.

Puede que nos avergüence contar las cosas que hemos leído u oído a lo largo del día. No sé por qué mis noticias tienen que ser tan triviales, teniendo en cuenta cuáles son nuestros sueños y expectativas, ni por qué nuestro progreso tiene que ser tan insignificante. La mayoría de las noticias que oímos no aportan nada a nuestro espíritu. Son rancias repeticiones. A menudo nos sentimos tentados de preguntar por qué se da tanto énfasis a tal o cual experiencia que hemos vivido: ¡después de veinticinco años hemos vuelto a encontrarnos con Hobbins, registrador de sucesos, por la calle! ¿Es que acaso no hemos avanzado ni una pulgada? Ésas son las noticias del día. Los sucesos parecen flotar en la atmósfera, insignificantes como las esporas de los hongos, e impactar contra algún *thallus* abandonado o contra la superficie de nuestras mentes, que les proporciona una base sobre la que crecer como parásitos. Deberíamos librarnos de semejantes noticias. ¿Qué consecuencia tendría que nuestro planeta explotara si no hubiera nadie involucrado en la explosión? En nuestro sano juicio, no sentimos la menor curiosidad por semejantes acontecimientos. No vivimos para el divertimento ocioso. Yo no doblaría corriendo la esquina para ver cómo explota el mundo.

Puede que durante todo el verano, y hasta bien entrado el otoño, os hayáis olvidado inconscientemente de los periódicos

---

[6] Mateo 6, 24: «Ninguno puede servir a dos señores; porque o aborrecerá al uno, y amará al otro; o apreciará al uno, y menospreciará al otro. No podéis servir a Dios y a las riquezas».

y de las noticias y ahora hayáis descubierto que era porque vuestras mañanas y vuestras tardes estaban llenas de ellas. Vuestros paseos estaban llenos de incidentes. No atendíais a los asuntos de Europa, sino a vuestros propios asuntos en los campos de Massachusetts. Si resulta que vivís, os movéis y os encontráis en ese fino estrato en el que transpiran los acontecimientos que generan las noticias —más fino que el papel en el que están impresas—, entonces estas cosas llenarán vuestro mundo, pero si os eleváis por encima de ese plano u os sumergís por debajo de él, ya no las recordaréis, ni ellas a vosotros. Ver realmente cómo sale y se pone el sol cada día, participar en un hecho universal, nos mantendrá cuerdos por siempre jamás. ¡Naciones! ¿Qué son las naciones? ¡Tártaros, hunos y chinos! Pululan como un enjambre de insectos. El historiador lucha en vano por hacerlos memorables. Hay muchos hombres, pero ni uno solo de verdad. Son los individuos los que pueblan el mundo. Cualquier hombre pensante podría decir con el espíritu de Lodin:

Desde las alturas contemplo las naciones
Y se convierten en cenizas ante mí,
Mi morada en las nubes es tranquila,
Placenteros son los grandes campos de mi reposo[7].

Que nos dejen vivir sin ser arrastrados por perros —a la manera de los esquimales— que recorren montañas y valles y se muerden las orejas los unos a los otros.

De vez en cuando suelo advertir, no sin cierto estremecimiento ante el peligro, lo cerca que ha estado mi mente de admitir los detalles de algún asunto trivial, las noticias de la calle, y me

---

[7] Thoreau copió este poema en su diario a partir de una edición de 1790 de *The Poems of Ossian*, de James Macpherson (1736-1796). Thoreau se refiere al espíritu de Loda, cuyo discurso parafrasea con ligeras variantes.

sorprende observar lo dispuesta que está la gente a abarrotar sus mentes con semejante basura, a permitir que rumores ociosos e incidentes de la mayor insignificancia irrumpan en un terreno que habría de estar consagrado al pensamiento. ¿Debería ser la mente una plaza pública donde se discutieran los asuntos de la calle y los cotilleos de la hora del té o una estancia del propio cielo, un templo hipetro, consagrado al servicio de los dioses? Me resulta tan difícil desechar los pocos hechos que me parecen significativos que vacilo ante la idea de sobrecargar mi mente con aquellos que son insignificantes y que sólo una mente divina podría ilustrar. Tales son, en general, las noticias de los periódicos y las conversaciones. Es importante preservar la castidad de la mente al respecto. ¡Imaginad que admitiéramos los detalles de un solo caso de la sala de lo penal en nuestros pensamientos y profanásemos su mismísimo *sanctum sanctorum* durante una o muchas horas! ¡Que hiciéramos de la estancia más íntima de la mente una auténtica taberna, como si el polvo de la calle nos hubiera invadido durante mucho tiempo, como si la propia calle, con todo su trasiego, su ajetreo y su suciedad, hubiera pasado por el santuario de nuestros pensamientos! ¿No sería eso un suicidio moral e intelectual? Cuando me he visto obligado a sentarme como espectador y oyente en la sala de un tribunal durante horas y he visto que mis vecinos, que no estaban obligados, entraban sigilosamente de vez en cuando andando de puntillas con las manos y las caras lavadas, me ha dado la impresión de que, al quitarse el sombrero, sus orejas se desplegaban de repente hasta formar grandes tolvas auditivas entre las que incluso sus estrechas cabezas se comprimían. Como las aspas de los molinos de viento, captaban las ondas anchas pero superficiales del sonido que, tras unos cuantos giros que producían un cosquilleo en sus cerebros dentados, salía por el otro lado. Me pregunté si, al llegar a casa, pondrían tanto empeño en lavarse las orejas como habían hecho antes con las manos y las caras. En esos momentos me pareció que el público y los testigos, el jurado y el abogado, el juez y el delincuente en el banquillo —suponiendo que sea culpable antes de ser condenado— eran igual de culpables y que un rayo iba a descender para fulminarlos a todos.

¡Excluid mediante toda clase de trampas y cartelas que amenacen con el castigo último de la ley divina a esos intrusos del único terreno sagrado para vosotros! ¡Resulta tan difícil olvidar lo que no sirve de nada recordar! Si tuviera que ser un cauce, preferiría serlo de los riachuelos de las montañas, de los arroyos parnasos, y no de las alcantarillas de una ciudad. Está la inspiración, ese bisbiseo que llega al oído de una mente atenta desde las cortes celestiales, y está la revelación profana y manida de la taberna y del juzgado de guardia. El mismo oído está capacitado para recibir ambas comunicaciones, pero sólo el carácter del que escucha determina a cuál se abre y a cuál no. Creo que la mente puede quedar permanentemente profanada por el hábito de dar pábulo a asuntos triviales, de modo que todos nuestros pensamientos se vean teñidos de trivialidad. Nuestro propio intelecto debería estar, por así decir, macadamizado, con un buen recebo sobre el firme, para que las ruedas del viaje pasaran sin problema por encima; y, si queréis saber cómo construir un pavimento más duradero, mejor que con cantos rodados, bloques píceos y asfalto, sólo tenéis que examinar algunas de las mentes que se han sometido a este tratamiento durante mucho tiempo.

Si nos hemos profanado a nosotros mismos de ese modo —¿y quién no?—, el remedio será volver a consagrarnos con cautela y devoción y convertir de nuevo la mente en un templo. Deberíamos tratar a nuestras mentes, es decir, a nosotros mismos, como a niños inocentes e ingenuos de los que somos guardianes, y vigilar qué objetos y cuestiones reclaman su atención. No leáis el *Times*. Leed el *Eternidad*[8]. Los convencionalismos son tan malos

---

[8] Juego de palabras con el nombre del famoso periódico británico *The Times*, cuyo significado literal es «los tiempos».

como las inmoralidades. Incluso los descubrimientos científicos pueden empañar la mente con su aridez, a menos que se borren de algún modo cada mañana o los fertilice el rocío de la verdad fresca y viva. El conocimiento no nos llega mediante detalles, sino a través de destellos de luz procedentes del cielo. Sí, cada pensamiento que pasa por la mente contribuye a desgastarla y desgarrarla y a ahondar los surcos que, como en las calles de Pompeya, dan cuenta del uso que de ellas se hizo. ¡Sobre cuántas cosas deberíamos deliberar para decidir si sería mejor conocerlas, dejar que condujeran sus carretas, incluso al trote o paso más lento, por ese puente glorioso que confiamos atravesar al fin desde el margen más lejano del tiempo hasta la orilla más cercana de la eternidad! ¿Acaso no tenemos cultura, refinamiento? ¿O es que tan sólo disponemos de habilidad para vivir toscamente y servir al diablo, para adquirir un poco de riqueza mundana, o fama, o libertad, y alardear de ella como si fuésemos todo cáscara y concha, sin pulpa viva y tierna? ¿Serán nuestras instituciones como esas castañas que contienen frutos malogrados y que sólo sirven para pincharnos los dedos?

Dicen que América es el campo donde se librará la batalla por la libertad, pero lo cierto es que no puede referirse a libertad en el sentido estrictamente político. Aunque admitamos que el americano se ha librado de un tirano político, sigue siendo esclavo de un tirano económico y moral. Ahora que la república —la *res publica*— se ha consolidado, es hora de prestar atención a la *res privata* —los asuntos privados— y de procurar que, como el Senado romano aconsejaba a sus cónsules, *ne quid res PRIVATA detrimenti caperet*, que los asuntos *privados* no sufran detrimento alguno.

¿Es ésta la que llamamos la tierra de los hombres libres? ¿Qué sentido tiene liberarse del rey Jorge y continuar siendo los esclavos del rey Prejuicio? ¿Qué sentido tiene nacer libres y no vivir libremente? ¿Cuál es el valor de la libertad política sino el de un medio para alcanzar la libertad moral? ¿De qué nos jactamos: de nuestra libertad para ser esclavos o de nuestra libertad para ser libres? Somos un país de políticos, preocupados únicamente por la defensa más superficial de la libertad. Con suerte, los hijos de nuestros hijos serán realmente libres. Nos imponemos una carga injusta. Hay una parte de nosotros que no está representada. Es un gravamen sin representación. Alojamos a tropas, a tontos y a ganado de todo tipo. Alojamos a nuestros bastos cuerpos en nuestras pobres almas, hasta que los primeros devoran toda la sustancia de las segundas.

Con respecto a una cultura y una virilidad auténticas, seguimos siendo esencialmente provincianos, no metropolitanos: meros fulanos. Somos provincianos porque no encontramos nuestro modelo en casa; porque no veneramos la verdad, sino el reflejo de la verdad; porque la devoción exclusiva a los negocios, al comercio, a las fábricas, a la agricultura y similares, que no son más que medios, no fines, nos pervierte y nos limita.

El Parlamento inglés también es provinciano. Se traicionan a sí mismos como simples paletos de campo en cuanto se les presenta un asunto más importante que resolver: la cuestión irlandesa, por ejemplo. ¿Por qué no habré dicho «la cuestión inglesa»? Sus naturalezas están condicionadas por aquello en lo que trabajan. Su «buena cuna» sólo respeta aspectos secundarios. Los modales más refinados del mundo se convierten en torpeza y necedad cuando se los compara con una inteligencia superior. Se nos presentan como simples modas del pasado: mera cortesía, jarreteras y calzones estrechos, todos anticuados. Es el vicio, y no la exquisitez de los modales, lo que los despoja de carácter; son ropas o conchas desechadas, que exigen el respeto que pertenecía a la criatura que las habitaba. Se nos muestra la concha en lugar de la carne y no es excusa que, en el caso de ciertos moluscos, las conchas valgan más que la carne. Quien me impone sus modales actúa como si insistiera en mostrarme su gabinete de curiosidades, cuando lo que yo quiero es verlo a él. No fue en este sentido en el que el poeta Decker llamó a Cristo «el primer caballero de verdad que jamás haya existido»[9]. Repito que, en este sentido, la corte más espléndida de la cristiandad es provinciana, pues sólo tiene autoridad para hacer consultas sobre intereses transalpinos, no sobre los asuntos de Roma. Un pretor o un procónsul bastarían para resolver las cuestiones que absorben la atención del Parlamento inglés y del Congreso americano.

¡Gobierno y legislación! ¡Y yo que creía que ésas eran profesiones respetables! Hemos oído hablar de Numas, Licurgos y Solones celestiales en la historia del mundo, cuyos *nombres* al menos pueden representar a legisladores ideales, pero ¡pensad en lo que supone legislar para *regular* la crianza de esclavos o la exportación de tabaco! ¿Qué tienen que ver los legisladores divinos con la exportación o la importación del tabaco? ¿Y los humanos con la crianza de esclavos? Suponed que tuvierais que plantearle la cuestión a un hijo de Dios cualquiera —¿es que Él no tiene hijos en el siglo XIX? ¿Acaso se trata de una familia extinta? ¿En qué circunstancias la recuperaríais?—: ¿Qué diría de sí mismo el día del Juicio Final un estado como Virginia, cuya principal cosecha, cuya materia prima, ha sido ésa? ¿Qué espacio queda para el patriotismo en semejante estado? Extraigo los datos de las tablas estadísticas que los propios estados han publicado.

¡Un comercio que blanquea los mares en busca de nueces y pasas y que convierte a sus marineros en esclavos con este propósito! El otro día vi un navío que había naufragado; se habían perdido muchas vidas y su cargamento de harapos, nebrinas y almendras amargas andaba desperdigado por la orilla. No me pareció que mereciera la pena tentar los peligros del mar entre

---

[9] Cita de *The Honest Whore*, comedia jacobina cuya primera parte fue escrita al alimón por Thomas Dekker o Decker (1572-1632) y Thomas Middleton (1580-1627).

Leghorn y Nueva York por un cargamento de nebrinas y almendras amargas. ¡América va al Viejo Mundo en busca de sus frutos amargos! ¿No son ya el piélago y el naufragio autóctonos lo bastante amargos como para hundir en ellos el cáliz de la vida? Y, sin embargo, así es en gran medida nuestro comercio tan cacareado; y quienes se precian de ser estadistas y filósofos están tan ciegos que piensan que el progreso y la civilización dependen precisamente de este tipo de intercambio y actividad, que más bien parece la actividad de las moscas sobrevolando una cuba de melaza. «Sería estupendo que los hombres fueran ostras», observa uno. «Sería estupendo que fueran mosquitos», contesto yo.

El teniente Herndon, a quien nuestro Gobierno envió a explorar el Amazonas, según dicen, para extender el área de la esclavitud, advirtió que allí hacía falta «una población laboriosa y activa que supiese cuáles son las comodidades de la vida y que tuviera necesidades artificiales que les indujeran a extraer los grandes recursos del país». Pero ¿cuáles son esas «necesidades artificiales» que hay que fomentar? Creo que no es el amor a los lujos, como el tabaco y los esclavos de su Virginia natal, ni el hielo, el granito u otras riquezas materiales de nuestra Nueva Inglaterra natal; ni tampoco «los grandes recursos de un país» son la fertilidad o la aridez del suelo que los produce. La principal necesidad que he detectado en cada uno de los estados que he visitado es la de un propósito elevado y serio en sus habitantes. Eso es lo único que extrae «los grandes recursos» de la Naturaleza y, en última instancia, le confiere valor más allá de éstos, pues el hombre se extingue, de manera natural, sin ella. Cuando preferimos la cultura a las patatas y la ilustración a las ciruelas confitadas, los grandes recursos de un mundo son valorados y extraídos, y el resultado, o la materia prima esencial, no son los esclavos ni los obreros, sino los hombres, esos frutos singulares a los que llamamos héroes, santos, poetas, filósofos y redentores.

En resumen, al igual que cuando deja de soplar el viento se forma un cúmulo de nieve, podríamos decir que cuando deja de soplar la verdad, surge una institución, aunque la verdad le sopla encima y finalmente la derriba.

Lo que se da en llamar política es algo tan superficial e inhumano en comparación que en la práctica nunca he reconocido abiertamente que me interese. Veo que los periódicos dedican algunas de sus columnas específicamente a la política o al Gobierno sin cargo alguno, y esto, podríamos decir, es lo único que los salva, pero, como adoro la literatura y, hasta cierto punto, también la verdad, nunca leo esas columnas. No quiero embotar demasiado mi sentido de lo correcto. No he tenido que rendir cuentas por haber leído un solo mensaje del presidente. ¡Qué era tan extraña la de este mundo en la que imperios, reinos y repúblicas vienen a pedir a la puerta de un hombre y le vierten todas sus quejas! No puedo coger un periódico sin descubrir que algún Gobierno desdichado, acorralado y en las últimas, me pide a mí, el lector, que le vote, con mayor insistencia que un mendigo italiano; y, si se me ocurre echar un vistazo a su certificado, redactado, tal vez, por el secretario de un comerciante benévolo o por el patrón del barco que lo trajo, pues no habla ni una palabra de inglés, probablemente leeré algo sobre la erupción de algún Vesubio o el desbordamiento de algún Po, verdadero o falso, que lo redujo a esa condición. En ese caso, no dudo en sugerirle que trabaje o que acuda a un hospicio. O si no, ¿por qué no aguanta su vela, como suelo hacer yo? El pobre presidente, entre preservar su popularidad y cumplir con su deber, está desbordado por completo. Los periódicos son el poder dominante. Cualquier otro Gobierno se reduce a unos cuantos infantes de marina en Fort Independence. Si un hombre descuida su lectura del *Daily Times*, el gobierno se arrodillará ante él, pues ésa es la única traición en nuestro tiempo.

Las cosas que más atraen ahora la atención de los hombres, como la política y la rutina diaria, son, ciertamente, funciones vitales de la sociedad humana, pero deberían llevarse a cabo de forma inconsciente, como ocurre con las correspondientes funciones fisiológicas del cuerpo. Son *infrahumanas*, una especie de vegetación. A veces las descubro funcionando a mi alrededor en una suerte de semiconsciencia, como quien se percata de ciertos procesos digestivos en un estado mórbido y tiene lo que llaman dispepsia. Es como si un pensador se sometiera a que lo triturase la gran molleja de la Creación. La política es, por así decir, la molleja de la sociedad, llena de gravilla y arena, y los dos partidos políticos son sus dos mitades enfrentadas; a veces se dividen en cuartos y se restriegan entre sí. Por tanto, no sólo los individuos, sino también los estados, han confirmado su dispepsia, que ya podréis imaginar con qué elocuencia se expresa. De modo que en nuestra vida no todo es olvidar, sino también, ¡ay!, en gran medida, recordar aquello de lo que nunca deberíamos haber sido conscientes, al menos no en nuestras horas de vigilia. ¿Por qué no nos reunimos alguna vez, no sólo como dispépticos que se cuentan sus pesadillas, sino como *eupépticos*, para congratularnos los unos a los otros por el glorioso amanecer de cada día? Estoy seguro de que no es una petición desorbitada.

*Desobe-
diencia* es el vigésimo
octavo libro de la colección La
muchacha de dos cabezas. Compuesto en
tipos Dante, se terminó de imprimir en los talleres de KADMOS por cuenta de ERRATA NATURAE EDITORES en octubre de dos mil quince, dos milenios y dos
siglos después de que miles y miles de mujeres romanas,
que ya no ostentaban la docilidad de sus nobles matronas, se
echaran a la calle y cerraran el paso al Foro y a los templos,
acosando con sus razonamientos a los hombres por calles
y plazas, en un clima de evidente insurrección, hasta que
al cabo de unos días el Senado de la República se vio
obligado a derogar por fin la infame Lex Oppia que
prohibía, tanto a las mozas como a las damas, pasear con una mínima cantidad de oro, llevar
vestidos coloridos o conducir ellas
mismas los carros.